国家出版基金项目
NATIONAL PUBLICATION FOUNDATION

中国社会科学院
庆祝中华人民共和国成立70周年书系
总主编 谢伏瞻
国家哲学社会科学学术研究史

新中国产业与区域经济研究

黄群慧 李晓华 叶振宇 / 主编

70年

中国社会科学出版社

图书在版编目（CIP）数据

新中国产业与区域经济研究70年／黄群慧，李晓华，叶振宇主编 . —北京：中国社会科学出版社，2020.7

（庆祝中华人民共和国成立70周年书系）

ISBN 978 - 7 - 5203 - 5749 - 4

Ⅰ.①新…　Ⅱ.①黄…②李…③叶…　Ⅲ.①区域经济发展—产业发展—研究—中国—1949 - 2019　Ⅳ.①F127

中国版本图书馆 CIP 数据核字(2019)第 272404 号

出 版 人	赵剑英
责任编辑	车文娇
责任校对	张依婧
责任印制	王 超

出　　版	中国社会科学出版社
社　　址	北京鼓楼西大街甲 158 号
邮　　编	100720
网　　址	http://www.csspw.cn
发 行 部	010 - 84083685
门 市 部	010 - 84029450
经　　销	新华书店及其他书店

印刷装订	北京君升印刷有限公司
版　　次	2020 年 7 月第 1 版
印　　次	2020 年 7 月第 1 次印刷

开　　本	710 × 1000　1/16
印　　张	20
字　　数	310 千字
定　　价	129.00 元

凡购买中国社会科学出版社图书，如有质量问题请与本社营销中心联系调换
电话:010 - 84083683

中国社会科学院
《庆祝中华人民共和国成立70周年书系》
编撰工作领导小组及委员会名单

编撰工作领导小组：

组　长　谢伏瞻

成　员　王京清　蔡　昉　高　翔　高培勇　杨笑山

　　　　姜　辉　赵　奇

编撰工作委员会：

主　任　谢伏瞻

成　员　（按姓氏笔画为序）

卜宪群　马　援　王　巍　王立胜　王立峰

王延中　王京清　王建朗　史　丹　邢广程

刘丹青　刘跃进　闫　坤　孙壮志　李　扬

李正华　李　平　李向阳　李国强　李培林

李新烽　杨伯江　杨笑山　吴白乙　汪朝光

张　翼　张车伟　张宇燕　陈　甦　陈光金

陈众议　陈星灿　周　弘　郑筱筠　房　宁

赵　奇　赵剑英　胡　滨　姜　辉　莫纪宏

夏春涛　高　翔　高培勇　唐绪军　黄　平
黄群慧　朝戈金　蔡　昉　樊建新　潘家华
魏后凯

协调工作小组：

 组　长　蔡　昉

 副组长　马　援　赵剑英

 成　员（按姓氏笔画为序）

  王子豪　王宏伟　王　茵　云　帆　卢　娜

  叶　涛　田　侃　曲建君　朱渊寿　刘大先

  刘　伟　刘红敏　刘　杨　刘爱玲　吴　超

  宋学立　张　骅　张　洁　张　旭　张崇宁

  林　帆　金　香　郭建宏　博　悦　蒙　娃

总　序

与时代同发展　与人民齐奋进

谢伏瞻[*]

今年是新中国成立 70 周年。70 年来，中国共产党团结带领中国人民不懈奋斗，中华民族实现了从"东亚病夫"到站起来的伟大飞跃、从站起来到富起来的伟大飞跃，迎来了从富起来到强起来的伟大飞跃。70 年来，中国哲学社会科学与时代同发展，与人民齐奋进，繁荣中国学术，发展中国理论，传播中国思想，为党和国家事业发展作出重要贡献。在这重要的历史时刻，我们组织中国社会科学院多学科专家学者编撰了《庆祝中华人民共和国成立 70 周年书系》，旨在系统回顾总结中国特色社会主义建设的巨大成就，系统梳理中国特色哲学社会科学发展壮大的历史进程，为建设富强民主文明和谐美丽的社会主义现代化强国提供历史经验与理论支持。

壮丽篇章　辉煌成就

70 年来，中国共产党创造性地把马克思主义基本原理同中国具体实际相结合，领导全国各族人民进行社会主义革命、建设和改革，

＊　中国社会科学院院长、党组书记，学部主席团主席。

战胜各种艰难曲折和风险考验，取得了举世瞩目的伟大成就，绘就了波澜壮阔、气势恢宏的历史画卷，谱写了感天动地、气壮山河的壮丽凯歌。中华民族正以崭新姿态巍然屹立于世界的东方，一个欣欣向荣的社会主义中国日益走向世界舞台的中央。

我们党团结带领人民，完成了新民主主义革命，建立了中华人民共和国，实现了从几千年封建专制向人民民主的伟大飞跃；完成了社会主义革命，确立社会主义基本制度，推进社会主义建设，实现了中华民族有史以来最为广泛而深刻的社会变革，为当代中国的发展进步奠定了根本政治前提和制度基础；进行改革开放新的伟大革命，破除阻碍国家和民族发展的一切思想和体制障碍，开辟了中国特色社会主义道路，使中国大踏步赶上时代，迎来了实现中华民族伟大复兴的光明前景。今天，我们比历史上任何时期都更接近、更有信心和能力实现中华民族伟大复兴的目标。

中国特色社会主义进入新时代。党的十八大以来，在以习近平同志为核心的党中央坚强领导下，我们党坚定不移地坚持和发展中国特色社会主义，统筹推进"五位一体"总体布局，协调推进"四个全面"战略布局，贯彻新发展理念，适应我国社会主要矛盾已经转化为人民日益增长的美好生活需要和不平衡不充分的发展之间的矛盾的深刻变化，推动我国经济由高速增长阶段向高质量发展阶段转变，综合国力和国际影响力大幅提升。中国特色社会主义道路、理论、制度、文化不断发展，拓展了发展中国家走向现代化的途径，给世界上那些既希望加快发展又希望保持自身独立性的国家和民族提供了全新选择，为解决人类问题贡献了中国智慧和中国方案，为人类发展、为世界社会主义发展做出了重大贡献。

70年来，党领导人民攻坚克难、砥砺奋进，从封闭落后迈向开放进步，从温饱不足迈向全面小康，从积贫积弱迈向繁荣富强，取得了举世瞩目的伟大成就，创造了人类发展史上的伟大奇迹。

经济建设取得辉煌成就。70年来，我国经济社会发生了翻天覆地的历史性变化，主要经济社会指标占世界的比重大幅提高，国际地位和国际影响力显著提升。经济总量大幅跃升，2018 年国内生产总值比 1952 年增长 175 倍，年均增长 8.1%。1960 年我国经济总量占全球经济的比重仅为 4.37%，2018 年已升至 16% 左右，稳居世界第二大经济体地位。我国经济增速明显高于世界平均水平，成为世界经济增长的第一引擎。1979—2012 年，我国经济快速增长，年平均增长率达到 9.9%，比同期世界经济平均增长率快 7 个百分点，也高于世界各主要经济体同期平均水平。1961—1978 年，中国对世界经济增长的年均贡献率为 1.1%。1979—2012 年，中国对世界经济增长的年均贡献率为 15.9%，仅次于美国，居世界第二位。2013—2018 年，中国对世界经济增长的年均贡献率为 28.1%，居世界第一位。人均收入不断增加，1952 年我国人均 GDP 仅为 119 元，2018 年达到 64644 元，高于中等收入国家平均水平。城镇化率快速提高，1949 年我国的城镇化率仅为 10.6%，2018 年我国常住人口城镇化率达到了 59.58%，经历了人类历史上规模最大、速度最快的城镇化进程，成为中国发展史上的一大奇迹。工业成就辉煌，2018 年，我国原煤产量为 36.8 亿吨，比 1949 年增长 114 倍；钢材产量为 11.1 亿吨，增长 8503 倍；水泥产量为 22.1 亿吨，增长 3344 倍。基础设施建设积极推进，2018 年年末，我国铁路营业里程达到 13.1 万公里，比 1949 年年末增长 5 倍，其中高速铁路达到 2.9 万公里，占世界高铁总量 60% 以上；公路里程为 485 万公里，增长 59 倍；定期航班航线里程为 838 万公里，比 1950 年年末增长 734 倍。开放型经济新体制逐步健全，对外贸易、对外投资、外汇储备稳居世界前列。

科技发展实现大跨越。 70 年来，中国科技实力伴随着经济发展同步壮大，实现了从大幅落后到跟跑、并跑乃至部分领域领跑的历史性跨越。涌现出一批具有世界领先水平的重大科技成果。李四光等人提出"陆相生油"理论，王淦昌等人发现反西格玛负超子，第一颗原子弹装置爆炸成功，第一枚自行设计制造的运载火箭发射成功，在世界上首次人工合成牛胰岛素，第一颗氢弹空爆成功，陈景润证明了哥德巴赫猜想中的"1＋2"，屠呦呦等人成功发现青蒿素，天宫、蛟龙、天眼、悟空、墨子、大飞机等重大科技成果相继问世。相继组织实施了一系列重大科技计划，如国家高技术研究发展（863）计划、国家重点基础研究发展（973）计划、集中解决重大问题的科技攻关（支撑）计划、推动高技术产业化的火炬计划、面向农村的星火计划以及国家自然科学基金、科技型中小企业技术创新基金等。研发人员总量稳居世界首位。我国研发经费投入持续快速增长，2018 年达 19657 亿元，是 1991 年的 138 倍，1992—2018 年年均增长 20.0%。研发经费投入强度更是屡创新高，2014 年首次突破 2%，2018 年提升至 2.18%，超过欧盟 15 国平均水平。按汇率折算，我国已成为仅次于美国的世界第二大研发经费投入国家，为科技事业发展提供了强大的资金保证。

人民生活显著改善。我们党始终把提高人民生活水平作为一切工作的出发点和落脚点，深入贯彻以人民为中心的发展思想，人民获得感显著增强。70 年来特别是改革开放以来，从温饱不足迈向全面小康，城乡居民生活发生了翻天覆地的变化。我国人均国民总收入（GNI）大幅提升。据世界银行统计，1962 年，我国人均 GNI 只有 70 美元，1978 年为 200 美元，2018 年达到 9470 美元，比 1962 年增长了 134.3 倍。人均 GNI 水平与世界平均水平的差距逐渐缩小，1962 年相当于世界平均水平的 14.6%，2018 年相当于世界平均水平的 85.3%，比 1962 年提高了 70.7 个百分点。在世界银行公布的人均 GNI 排名中，2018 年中国排名第 71 位（共计 192 个经济体），比 1978 年（共计 188 个经济体）提高 104 位。组织实施了一系列中长期扶贫规划，从救济式扶贫到开发式扶贫再到精准扶贫，探索出一条符合中国国情的农村扶贫开发道路，为全面建成小康社会奠定了坚实基础。脱贫攻坚战取得决定性进展，贫困人口大幅减少，为世界减贫事业做出了重大贡献。按照我国现行农村贫困标准测算，1978 年我国农村贫困人口为 7.7 亿人，贫困发生率为 97.5%。2018 年年末农村贫困人口为 1660 万人，比 1978 年减少 7.5 亿人；贫困发生率为 1.7%，比 1978 年下降 95.8 个百分点，平均每年下降 2.4 个百分点。我国是最早实现联合国千年发展目标中减贫目标的发展中国家。就业形势长期稳定，就业总量持续增长，从1949年的1.8亿人增加到2018年的7.8亿人，扩大了3.3倍，就业结构调整优化，就业质量显著提升，劳动力市场不断完善。教育事业获得跨越式发展。1970—2016年，我国高等教育毛入学率从0.1%提高到48.4%，2016年我国高等教育毛入学率比中等收入国家平均水平高出13.4个百分点，比世界平均水平高10.9个百分点；中等教育毛入学率从1970年的28.0%提高到2015年的94.3%，2015年我国中等教育毛入学率超过中等收入国家平均水平16.5个百分点，远高于世界平均水平。我国总人口由1949年的5.4亿人发展到2018年的近14亿人，年均增长率约为1.4%。人民身体素质日益改善，居民预期寿命由新中国成立初的35岁提高到2018年的77岁。居民环境卫生条件持续改善。2015年，我国享有基本环境卫生服务人口占总人口比重为75.0%，超过中等收入国家66.1%的平均水平。我国居民基本饮用水服务已基本实现全民覆盖，超过中等偏上收入国家平均水平。

思想文化建设取得重大进展。党对意识形态工作的领导不断加强，党的理论创新全面推进，马克思主义在意识形态领域的指导地位更加巩固，中国特色社会主义和中国梦深入人心，社会主义核心价值观和中华优秀传统文化广泛弘扬。文化事业繁荣兴盛，文化产业快速发展。文化投入力度明显加大。1953—1957年文化事业费总投入为4.97亿元，2018年达到928.33亿元。广播影视制播能力显著增强。新闻出版繁荣发展。2018年，图书品种51.9万种、总印数100.1亿册（张），分别为1950年的42.7倍和37.1倍；期刊品种10139种、总印数22.9亿册，分别为1950年的34.4倍和57.3倍；报纸品种1871种、总印数337.3亿份，分别为1950年的4.9倍和42.2倍。公共文化服务水平不断提高，文艺创作持续繁荣，文化事业和文化产业蓬勃发展，互联网建设管理运用不断完善，全民健身和竞技体育全面发展。主旋律更加响亮，正能量更加强劲，文化自信不断增强，全党全社会思想上的团结统一更加巩固。改革开放后，我国对外文化交流不断扩大和深化，已成为国家整体外交战略的重要组成部分。特别是党的十八大以来，文化交流、文化贸易和文化投资并举的"文化走出去"、推动中华文化走向世界的新格局已逐渐形成，国家文化软实力和中华文化影响力大幅提升。

生态文明建设成效显著。70 年来特别是改革开放以来，生态文明建设扎实推进，走出了一条生态文明建设的中国特色道路。党的十八大以来，以习近平同志为核心的党中央高度重视生态文明建设，将其作为统筹推进"五位一体"总体布局的重要内容，形成了习近平生态文明思想，为新时代推进我国生态文明建设提供了根本遵循。国家不断加大自然生态系统建设和环境保护力度，开展水土流失综合治理，加大荒漠化治理力度，扩大森林、湖泊、湿地面积，加强自然保护区保护，实施重大生态修复工程，逐步健全主体功能区制度，推进生态保护红线工作，生态保护和建设不断取得新成效，环境保护投入跨越式增长。20 世纪 80 年代初期，全国环境污染治理投资每年为 25 亿—30 亿元，2017 年，投资总额达到 9539 亿元，比 2001 年增长 7.2 倍，年均增长 14.0%。污染防治强力推进，治理成效日益彰显。重大生态保护和修复工程进展顺利，森林覆盖率持续提高。生态环境治理明显加强，环境状况得到改善。引导应对气候变化国际合作，成为全球生态文明建设的重要参与者、贡献者、引领者。[①]

新中国 70 年的辉煌成就充分证明，只有社会主义才能救中国，只有改革开放才能发展中国、发展社会主义、发展马克思主义，只有坚持以人民为中心才能实现党的初心和使命，只有坚持党的全面领导才能确保中国这艘航船沿着正确航向破浪前行，不断开创中国特色社会主义事业新局面，谱写人民美好生活新篇章。

[①]　文中所引用数据皆来自国家统计局发布的《新中国成立 70 周年经济社会发展成就系列报告》。

繁荣中国学术　发展中国理论
传播中国思想

70 年来，我国哲学社会科学与时代同发展、与人民齐奋进，在革命、建设和改革的各个历史时期，为党和国家事业作出了独特贡献，积累了宝贵经验。

一　发展历程

——**在马克思主义指导下奠基、开创哲学社会科学**。新中国哲学社会科学事业，是在马克思主义指导下逐步发展起来的。新中国成立前，哲学社会科学基础薄弱，研究与教学机构规模很小，无法适应新中国经济和文化建设的需要。因此，新中国成立前夕通过的具有临时宪法性质的《中国人民政治协商会议共同纲领》明确提出："提倡用科学的历史观点，研究和解释历史、经济、政治、文化及国际事务，奖励优秀的社会科学著作。"新中国成立后，党中央明确要求："用马列主义的思想原则在全国范围内和全体规模上教育人民，是我们党的一项最基本的政治任务。"经过几年努力，确立了马克思主义在哲学社会科学领域的指导地位。国务院规划委员会制定了1956—1967 年哲学社会科学研究工作远景规划。1956 年，毛泽东同志提出"百花齐放、百家争鸣"，强调"百花齐放、百家争鸣"的方针，"是促进艺术发展和科学进步的方针，是促进中国的社会主义文化繁荣的方针"。在机构设置方面，1955 年中国社会科学院的前身——中国科学院哲学社会科学学部成立，并先后建立了 14 个研究所。马克思主义指导地位的确立，以及科研和教育体系的建立，为新中国哲学社会科学事业的兴起和发展奠定了坚实基础。

——**在改革开放新时期恢复、发展壮大哲学社会科学**。党的十一届三中全会开启了改革开放新时期，我国哲学社会科学从十年

"文革"的一片荒芜中迎来了繁荣发展的新阶段。邓小平同志强调"科学当然包括社会科学",重申要切实贯彻"双百"方针,强调政治学、法学、社会学以及世界政治的研究需要赶快补课。1977年,党中央决定在中国科学院哲学社会科学学部的基础上组建中国社会科学院。1982年,全国哲学社会科学规划座谈会召开,强调我国哲学社会科学事业今后必须有一个大的发展。此后,全国哲学社会科学规划领导小组成立,国家社会科学基金设立并逐年开展课题立项资助工作。进入21世纪,党中央始终将哲学社会科学置于重要位置,江泽民同志强调"在认识和改造世界的过程中,哲学社会科学和自然科学同样重要;培养高水平的哲学社会科学家,与培养高水平的自然科学家同样重要;提高全民族的哲学社会科学素质,与提高全民族的自然科学素质同样重要;任用好哲学社会科学人才并充分发挥他们的作用,与任用好自然科学人才并发挥他们的作用同样重要"。《中共中央关于进一步繁荣发展哲学社会科学的意见》等文件发布,有力地推动了哲学社会科学繁荣发展。

——在新时代加快构建中国特色哲学社会科学。党的十八大以来,以习近平同志为核心的党中央高度重视哲学社会科学。2016年5月17日,习近平总书记亲自主持哲学社会科学工作座谈会并发表重要讲话,提出加快构建中国特色哲学社会科学的战略任务。2017年3月5日,党中央印发《关于加快构建中国特色哲学社会科学的意见》,对加快构建中国特色哲学社会科学作出战略部署。2017年5月17日,习近平总书记专门就中国社会科学院建院40周年发来贺信,发出了"繁荣中国学术,发展中国理论,传播中国思想"的号召。2019年1月2日、4月9日,习近平总书记分别为中国社会科学院中国历史研究院和中国非洲研究院成立发来贺信,为加快构建中国特色哲学社会科学指明了方向,提供了重要遵循。不到两年的时间内,习近平总书记专门为一个研究单位三次发贺信,这充分说明党中央对哲学社会科学的重视前所未有,对哲学社会科学工作者的关怀前所未有。在党中央坚强领导下,广大哲学社会科学工作者增强"四个意识"，坚定"四个自信"，做到"两个维护"，坚持以习近平新时代中国特色社会主义思想为指导，坚持"二为"方向和"双百"方针，以研究我国改革发展稳定重大理论和实践问题为主攻方向，哲学社会科学领域涌现出一批优秀人才和成果。经过不懈努力，我国哲学社会科学事业取得了历史性成就，发生了历史性变革。

二　主要成就

70 年来，在党中央坚强领导和亲切关怀下，我国哲学社会科学取得了重大成就。

马克思主义理论研究宣传不断深入。新中国成立后，党中央组织广大哲学社会科学工作者系统翻译了《马克思恩格斯全集》《列宁全集》《斯大林全集》等马克思主义经典作家的著作，参与编辑出版《毛泽东选集》《毛泽东文集》《邓小平文选》《江泽民文选》《胡锦涛文选》等一批党和国家重要领导人文选。党的十八大以来，参与编辑出版了《习近平谈治国理政》《干在实处　走在前列》《之江新语》，以及"习近平总书记重要论述摘编"等一批代表马克思主义中国化最新成果的重要文献。将《习近平谈治国理政》、"习近平总书记重要论述摘编"翻译成多国文字，积极对外宣传党的创新理论，为传播中国思想作出了重要贡献。先后成立了一批马克思主义研究院（学院）和"邓小平理论研究中心""中国特色社会主义理论体系研究中心"，党的十九大以后成立了 10 家习近平新时代中国特色社会主义思想研究机构，哲学社会科学研究教学机构在研究阐释党的创新理论，深入研究阐释马克思主义中国化的最新成果，推动马克思主义中国化时代化大众化方面发挥了积极作用。

为党和国家服务能力不断增强。新中国成立初期，哲学社会科学工作者围绕国家的经济建设，对商品经济、价值规律等重大现实问题进行深入研讨，推出一批重要研究成果。1978 年，哲学社会科学界开展的关于真理标准问题大讨论，推动了全国性的思想解放，为我们党重新确立马克思主义思想路线、为党的十一届三中全会召开作了重要的思想和舆论准备。改革开放以来，哲学社会科学界积极探索中国特色社会主义发展道路，在社会主义市场经济理论、经济体制改革、依法治国、建设社会主义先进文化、生态文明建设等重大问题上，进行了深入研究，积极为党和国家制定政策提供决策咨询建议。党的十八大以来，广大哲学社会科学工作者辛勤耕耘，紧紧围绕统筹推进"五位一体"总体布局、协调推进"四个全面"战略布局，推进国家治理体系和治理能力现代化，构建人类命运共同体和"一带一路"建设等重大理论与实践问题，述学立论、建言献策，推出一批重要成果，很好地发挥了"思想库""智囊团"作用。

学科体系不断健全。新中国成立初期，哲学社会科学的学科设置以历史、语言、考古、经济等学科为主。70年来，特别是改革开放以来，哲学社会科学的研究领域不断拓展和深化。到目前为止，已形成拥有马克思主义研究、历史学、考古学、哲学、文学、语言学、经济学、法学、社会学、人口学、民族学、宗教学、政治学、新闻学、军事学、教育学、艺术学等20多个一级学科、400多个二级学科的较为完整的学科体系。进入新时代，哲学社会科学界深入贯彻落实习近平总书记"5·17"重要讲话精神，加快构建中国特色哲学社会科学学科体系、学术体系、话语体系。

学术研究成果丰硕。70年来，广大哲学社会科学工作者辛勤耕耘、积极探索，推出了一批高水平成果，如《殷周金文集成》《中国历史地图集》《中国语言地图集》《中国史稿》《辩证唯物主义原理》《历史唯物主义原理》《政治经济学》《中华大藏经》《中国政治制度通史》《中华文学通史》《中国民族关系史纲要》《现代汉语词典》等。学术论文的数量逐年递增，质量也不断提升。这些学术成果对传承和弘扬中华民族优秀传统文化、推进社会主义先进文化建设、增强文化自信、提高中华文化的"软实力"发挥了重要作用。

对外交流长足发展。70年来特别是改革开放以来，我国哲学社会科学界对外学术交流与合作的领域不断拓展，规模不断扩大，质量和水平不断提高。目前，我国哲学社会科学对外学术交流遍及世界 100 多个国家和地区，与国外主要研究机构、学术团体、高等院校等建立了经常性的双边交流关系。坚持"请进来"与"走出去"相结合，一方面将高水平的国外学术成果译介到国内，另一方面将能够代表中国哲学社会科学水平的成果推广到世界，讲好中国故事，传播中国声音，提高了我国哲学社会科学的国际影响力。

人才队伍不断壮大。 70 年来，我国哲学社会科学研究队伍实现了由少到多、由弱到强的飞跃。新中国成立之初，哲学社会科学人才队伍薄弱。为培养科研人才，中国社会科学院、中国人民大学等一批科研、教育机构相继成立，培养了一批又一批哲学社会科学人才。目前，形成了社会科学院、高等院校、国家政府部门研究机构、党校行政学院和军队五大教研系统，汇聚了 60 万多专业、多类型、多层次的人才。这样一支规模宏大的哲学社会科学人才队伍，为实现我国哲学社会科学建设目标和任务提供了有力人才支撑。

三　重要启示

70 年来，我国哲学社会科学在取得巨大成绩的同时，也积累了宝贵经验，给我们以重要启示。

坚定不移地以马克思主义为指导。 马克思主义是科学的理论、人民的理论、实践的理论、不断发展的开放的理论。坚持以马克思主义为指导，是当代中国哲学社会科学区别于其他哲学社会科学的根本标志。习近平新时代中国特色社会主义思想是马克思主义中国化的最新成果，是当代中国马克思主义、21 世纪马克思主义，要将这一重要思想贯穿哲学社会科学各学科各领域，切实转化为广大哲学社会科学工作者清醒的理论自觉、坚定的政治信念、科学的思维方法。要不断推进马克思主义中国化时代化大众化，奋力书写研究阐发当代中国马克思主义、21 世纪马克思主义的理论学术经典。

坚定不移地践行为人民做学问的理念。 为什么人的问题是哲学社会科学研究的根本性、原则性问题。哲学社会科学研究必须搞清楚为谁著书、为谁立说，是为少数人服务还是为绝大多数人服务的问题。脱离了人民，哲学社会科学就不会有吸引力、感染力、影响力、生命力。我国广大哲学社会科学工作者要坚持人民是历史创造者的观点，树立为人民做学问的理想，尊重人民主体地位，聚焦人民实践创造，自觉把个人学术追求同国家和民族发展紧紧联系在一起，努力多出经得起实践、人民、历史检验的研究成果。

坚定不移地以研究回答新时代重大理论和现实问题为主攻方向。习近平总书记反复强调："当代中国的伟大社会变革，不是简单延续我国历史文化的母版，不是简单套用马克思主义经典作家设想的模板，不是其他国家社会主义实践的再版，也不是国外现代化发展的翻版，不可能找到现成的教科书。"哲学社会科学研究，必须立足中国实际，以我们正在做的事情为中心，把研究回答新时代重大理论和现实问题作为主攻方向，从当代中国伟大社会变革中挖掘新材料，发现新问题，提出新观点，构建有学理性的新理论，推出有思想穿透力的精品力作，更好服务于党和国家科学决策，服务于建设社会主义现代化强国，实现中华民族伟大复兴的伟大实践。

坚定不移地加快构建中国特色哲学社会科学"三大体系"。加快构建中国特色哲学社会科学学科体系、学术体系、话语体系，是习近平总书记和党中央提出的战略任务和要求，是新时代我国哲学社会科学事业的崇高使命。要按照立足中国、借鉴国外，挖掘历史、把握当代，关怀人类、面向未来的思路，体现继承性、民族性，原创性、时代性，系统性、专业性的要求，着力构建中国特色哲学社会科学。要着力提升原创能力和水平，立足中国特色社会主义伟大实践，坚持不忘本来、吸收外来、面向未来，善于融通古今中外各种资源，不断推进学科体系、学术体系、话语体系建设创新，构建一个全方位、全领域、全要素的哲学社会科学体系。

坚定不移地全面贯彻"百花齐放、百家争鸣"方针。"百花齐放、百家争鸣"是促进我国哲学社会科学发展的重要方针。贯彻"双百方针"，做到尊重差异、包容多样，鼓励探索、宽容失误，提倡开展平等、健康、活泼和充分说理的学术争鸣，提倡不同学术观点、不同风格学派的交流互鉴。正确区分学术问题和政治问题的界限，对政治原则问题，要旗帜鲜明、立场坚定，敢于斗争、善于交锋；对学术问题，要按照学术规律来对待，不能搞简单化，要发扬民主、相互切磋，营造良好的学术环境。

坚定不移地加强和改善党对哲学社会科学的全面领导。哲学社会科学事业是党和人民的重要事业，哲学社会科学战线是党和人民的重要战线。党对哲学社会科学的全面领导，是我国哲学社会科学事业不断发展壮大的根本保证。加快构建中国特色哲学社会科学，必须坚持和加强党的领导。只有加强和改善党的领导，才能确保哲学社会科学正确的政治方向、学术导向和价值取向；才能不断深化对共产党执政规律、社会主义建设规律、人类社会发展规律的认识，不断开辟当代中国马克思主义、21世纪马克思主义新境界。

《庆祝中华人民共和国成立70周年书系》坚持正确的政治方向和学术导向，力求客观、详实，系统回顾总结新中国成立70年来在政治、经济、社会、法治、民族、生态、外交等方面所取得的巨大成就，系统梳理我国哲学社会科学重要学科发展的历程、成就和经验。书系秉持历史与现实、理论与实践相结合的原则，编撰内容丰富、覆盖面广，分设了国家建设和学科发展两个系列，前者侧重对新中国70年国家发展建设的主要领域进行研究总结；后者侧重对哲学社会科学若干主要学科70年的发展历史进行回顾梳理，结合中国社会科学院特点，学科选择主要按照学部进行划分，同一学部内学科差异较大者单列。书系为新中国成立70年而作，希望新中国成立80年、90年、100年时能够接续编写下去，成为中国社会科学院学者向共和国生日献礼的精品工程。

是为序。

目　　录

下篇　区域经济

导　论

新中国 70 年工业化进程的
历史性成就与经验[*]

　　自 18 世纪 70 年代工业革命以来，工业化一直是世界经济发展的主题。世界经济史表明，没有经历成功的工业化进程，就几乎不能成为繁荣富强的发达国家。即使在当今时代，发达国家的服务业在国民经济结构中的占比居绝对优势，一些发达国家也在不断推进所谓的"再工业化"。实际上，从全世界范围看，当今世界仍处于工业化不断深化的时代。对于中国而言，把中国这样一个落后的农业国建设成为一个发达的工业国，实现工业化，是近代以来众多仁人志士奋斗一生的伟大梦想。但中国的近代史表明，这个梦想只有在中国共产党领导的新中国才可能实现。2019 年是新中国成立 70 年，新中国开启的社会主义工业化道路已经取得了伟大成就，我们离工业化梦想的实现从来没有如此之近。值此新中国成立 70 年之际，分析中国社会主义工业化的进程、成就和经验，对理解中国道路、讲好中国故事、提供中国方案具有特别重要的意义。

一　新中国开启了伟大的社会主义工业化进程

　　中国最早的工业化思想甚至可以追溯到 1840 年鸦片战争失败

---

　*　导论部分已经发表在《光明日报》2019 年 7 月 9 日理论版。

之后以洋务思想为代表的近代工业思想，洋务运动标志着中国工业化的开端（赵晓雷，2010）。虽然辛亥革命后中国也逐步积累了一些现代工业基础，但是，几经战争破坏，到 1949 年几乎没有留给新中国多少经济遗产，当时中国的经济基础甚至还落后于同期的印度（巴里·诺顿，2010）。实际上，中国真正意义的大规模工业化进程是在新中国成立以后。新中国成立以后，中国开始了自己的伟大的社会主义工业化进程，这个进程可以划分为改革开放前和改革开放后两个大的历史时期，分别是计划经济体制下的社会主义工业化道路时期以及市场经济体制下的中国特色社会主义工业化道路时期。

1949—1978 年是新中国计划经济体制下的社会主义工业化道路时期，这个时期工业化战略的核心是政府作为投资主体、国家指令性计划作为配置资源手段的封闭型的重工业优先发展。这个时期中，1949—1952 年国民经济得到了恢复和重建，1953—1956 年的"第一个五年计划"取得巨大成功，其中在 1953 年党的过渡时期总路线明确提出了要在相当长的一个时期内实现国家的社会主义工业化，"一五"时期开始布局的 156 个重点工业项目初步奠定了新中国工业化的基础，后又经历了"大跃进"、"三线"建设和"文化大革命"等阶段。这个时期经济政策极不稳定，经过了数次投资扩张和紧缩调整阶段，工业化进程也多次因政治运动而受阻，加之国家外部严酷的发展环境，总体上社会主义工业化建设并不顺利，但是，经过了近 30 年的工业化建设，新中国在工业建设中取得了重大成就，逐步建立了独立的比较完整的工业体系和国民经济体系，打下了较好的工业基础特别是重工业基础。在辽阔的内地和少数民族地区，兴建了一批新的工业基地。国防工业从无到有逐步建设起来，特别是成功地发射"两弹一星"，巩固了国家政权稳定。资源勘探工作成绩很大，铁路、公路、水运、航空和邮电事业，都有很大的发展。1980年同刚刚完成经济恢复的 1952 年相比，全国工业固定资产按原价计算，增长 26 倍多，达到 4100 多亿元；棉纱产值增长 3.5 倍，达到

293 万吨；原煤产量增长 8.4 倍，达到 6.2 亿吨；发电量增长 40 倍，达到 3000 多亿千瓦时；原油产量达到 1.05 多亿吨；钢产量达到 3700 多万吨；机械工业产值增长 53 倍，达到 1270 多亿元。全国粮食增长近 1 倍，棉花增长 1 倍多，全民所有制商业收购商品总额由 175 亿元增长到 2263 亿元。① 总体上看，这个时期社会主义工业化建设，为改革开放后中国的快速的工业化进程奠定了相应的发展基础。

改革开放以后，中国工业化进程进入社会主义工业化建设的新时期——中国特色社会主义工业化建设时期，积极探索，确立了社会主义市场经济体制下的工业化道路，工业化战略重心逐步转向市场在配置资源中发挥决定性作用、低成本出口导向、建设开放经济、基于产业演进规律不断促进产业结构优化升级。以市场化改革为维度，这个时期经历了 1978—1993 年社会主义市场经济方向探寻阶段，1994—2013 年社会主义市场经济构建完善阶段，以及党的十八大以来全面深化改革的中国社会主义市场经济建设新时代。在第一阶段，前期由于农村联产承包制，农业发展迅速，后期随着城市改革的推进，轻工业发展迅速，呈现出矫正计划经济时代重工业优先发展战略造成的结构失衡的特点。在第二阶段，伴随着居民消费重点转向耐用消费品，这个阶段体现出重化工主导特征，促进了经济结构快速升级，同时中国经济外向性极大提升，出口导向工业化战略取得巨大成效。2003 年，中国明确提出以信息化带动工业化、以工业化促进信息化、科技含量高、经济效益好、资源消耗低、环境污染少、人力资源优势得到充分发挥的新型工业化战略。在第三阶段，中国工业化进程进入中国特色社会主义建设的新时代，工业化战略更加强调新型工业化、新型城镇化、信息化和农业现代化"四化"同步发展，更加强调满足创新驱动、包容和可持续的工业化要

---

① 数据来自《中国共产党中央委员会关于建国以来党的若干历史问题的决议》，人民出版社 1981 年版，第 8 页。

求，中国经济呈现出增速趋缓、结构趋优和动力转换的"新常态"特征，中国经济正从高速增长逐步转向高质量发展。

中国特色社会主义工业化道路取得巨大的成功，中国成为一个经济总量居世界第二的经济大国，国内生产总值从 1978 年的 3679 亿元达到 2017 年的 827122 亿元，按可比价格计算 1979—2017 年年平均增速达到 9.5%。以 2010 年不变价美元计算，中国经济总量在世界的占比从 1978 年的 1.8% 提高到 2017 年的 15.2%，1979—2017 年中国经济增长对世界经济增长的平均贡献率达到了 18.3%，2013—2017 年的平均贡献率更是达到了 28.1%，超过美国 11.5 个百分点；国内生产总值中三次产业 1979—2017 年平均增速分别为 4.4%、10.7% 和 10.5%，第二产业发挥了龙头带动作用；货物进出口总额从 1978 年的 355 亿元增长到 278101 亿元，1979—2017 年的平均增速达到 18.6%，2017 年实际利用外资 1310 亿美元，累计使用外商直接投资超过 2 万亿美元，2017 年非金融类对外直接投资 1395 亿美元，对外投资总额达到 1.9 万亿美元，对外开放对经济增长的贡献十分突出。①

新中国成功开启并快速推进的社会主义工业化进程，具有伟大的世界意义。其一，新中国的工业化，是世界头号人口大国的工业化，70 年工业化进程的成功推进，解决了 8.5 亿人口脱贫问题，这无疑对整个人类社会持续发展贡献巨大。不仅如此，从工业化史看，经过 200 多年的发展，现在世界上也只有约 10 亿人成为工业化人口，而对于具有十几亿人口的中国而言，一旦实现工业化，意味着世界工业化人口将翻倍，也就是说中国的工业化进程对全世界的工业化进程具有"颠覆性"的贡献。其二，伴随着中国"一带一路"

---

① 数据来自国家统计局，转引自《经济社会统计：改革开放 40 年辉煌成就（经济篇）》，《求是》2019 年第 1 期。人均国内生产总值从 1978 年的 385 元达到 2017 年的 59660 元，1979—2017 年年平均增长 8.5%，同期全国居民可支配收入年平均增长 8.5%，居民收入和人均国内生产总值实现同步增长。

全球化倡议的提出，中国这个人均占有资源稀少的和平崛起的大国，其工业化进程正在产生更大的全球"外溢"效应，为后发国家提供新的工业化经验，促进"一带一路"国家产业升级、经济发展和工业化水平的进一步提升，这对世界工业化进程的推进意义巨大。其三，新中国开启并成功推进的是中国共产党领导的社会主义工业化道路，在国家主权完整和坚持共产党领导的前提下，有效推进了社会主义与市场经济的有机结合，建立了社会主义市场经济体制，成功解决了计划经济体制下社会主义工业化模式所遗留的问题，纠正了苏联不曾解决的重工业化优先发展战略造成的经济结构失衡弊端，这不仅对世界社会主义理论和实践做出了重大贡献，而且对当今世界主流经济学中的经济理论创新发展也具有重大指导意义。

二 新中国70年工业化进程取得了辉煌的历史性成就

中国特色社会主义工业化道路取得巨大成功，直观表现在一系列"靓丽"的经济社会发展统计数据，数据背后是新中国工业化进程给中国这个古老国度带来的历史性巨变。从历史意义看，新中国70年工业化进程，中国工业化水平实现了从工业化初期到工业化后期的历史性飞跃，中国的基本经济国情实现了从落后农业大国向世界工业大国的历史性转变。这两大巨变表明中国已经在实现中华民族伟大复兴的"中国梦"征程上迈出了决定性的步伐。

新中国成立以来，尤其是改革开放以来，中国快速地推进了工业化进程，实现了从工业化初期到工业化后期的历史性飞跃。中国已经处于工业化后期阶段，这个判断是基于严谨的学术研究得到的。工业化是发展经济学的核心概念之一，工业化是由一国工业增长引起的，体现为人均国民收入水平增加和经济结构高级化的经济发展和经济现代化过程，一个国家工业化阶段所描述的是其经济发展和经济现代化水平。基于发达国家的经验，经济学中工业化理论一般把工业化进程划分为前工业化、工业化初期、工业化中期、工业化后期以及后工业化五个阶段。关于中国的工业化进程，近些年大多数研究笼统地指出中国处于工业化中后期。基于对工业化内涵的基本理解，我们选用人均GDP、三次产业产值比例、制造业增加值占总商品增加值比例、人口城市化率、第一产业就业占总体就业比重五个指标并赋予不同权重，取发达国家这五个指标在不同工业化阶段的经验数值范围作为标准值，构造了工业化水平综合指数。基于对工业化水平指数多年连续跟踪计算，2011年以后中国工业化水平就进入了工业化后期。中国进入工业化后期与中国经济进入"新常态"的时间节点大体一致，基于工业化规律，在工业化后期经济体的产业结构将由重化工主导转向技术密集型主导，相应地，经济增速也将由高速增长转向中速增长，而这又与近些年中国经济运行所呈现出的"经济新常态"特征——增速趋缓、结构趋优、动力转换——基本一致。这也正说明中国的确已经步入工业化后期阶段。进一步基于工业化水平综合指数预测，到2020年中国会基本实现工业化，这与党的十八大报告提出的目标基本吻合，再经过10年到20年的工业化深化过程，到2035年中国能全面实现工业化。

在经过新中国70年工业化发展，中国已经步入工业化后期并即将基本实现工业化，新中国的工业化速度是令人惊叹的。一个大国要从工业化初期步入工业化后期，即使是成功也往往需要上百年的历史，考虑到改革开放之初中国经济整体上还处于工业化初期阶段，实际上中国工业化进程从初期到后期也就是经历30多年的时间。虽然一般而言，后发国家在追赶实现工业化进程中都会在工业化中期有一段时间高速增长，但是能够保持40年接近两位数增长的大的经济体还没有过。从现在看，只有中国持续了40年如此高的经济增速，虽然我们无法确定这个伟大的经济增长奇迹是否会"后无来者"，但可以确信这是"前无古人"的。正如习近平总书记2018年12月18日在庆祝改革开放40周年大会上的讲话所指出，"我们用几十年时间走完了发达国家几百年走过的工业化历程"①，这种辉煌的历史成就无疑是值得骄傲的。

伴随着快速的工业化进程和工业化阶段的飞越，中国从一个落后的农业大国转变为世界工业大国，我们当代人见证了一个千年文明古国是如何崛起为世界性的工业大国的。1949年新中国成立时，全国人口5.42亿，其中农业人口达到4.84亿，当时农业和传统手工业收入占国民收入比例接近90%，人均国民收入不足印度一半，也远低于亚洲平均水平，主要工业产品产量在世界中的份额可以忽略不计，当时的基本国情就是一个"一穷二白"的落后的农业大国。虽然说，发展经济学一般概念上的工业国是指实现了工业化的国家，我们还不能说现在我国已经成为工业国，但是，我国已经成为世界第一大工业产出国，非农产业增加值占比已经超过了90%，中国主要的工农产品产量现在大都已居世界前列，粮食、油料、肉类、原煤、水泥、粗钢、钢材和发电量已经连续多年居世界首位，500种主要工业品中有220多种产量位居全球第一。可以说，中国是名副其实的世界第一工业大国，与第一工业大国地位相匹配，2013年中国成为世界第一的货物贸易大国。我国现在的基本国情已经与所谓的落后的农业国完全不可同日而语，我国基本国情不再是一个农业大国，而是一个工业大国。从农业国到工业国，如果综合考虑产业规模大小和产业结构的演进规律，可以把一个大国的基本经济国情随着工业化进程推进而演变的阶段划分为两个过程，即从农业大国到工业大国和从工业大国到工业强国也就是工业国。随着新中国工业化进程的推进，在进入21世纪初期中国就已经实现了从农业大国到工业大国的国情转变，但"大而不强"，中国现在正在从工业大国向工业强国的转变过程中，因此，中国的最大国情还是处于社会主义初级阶段（陈佳贵、黄群慧，2006）。

中国现在的基本经济国情之所以可以用世界工业大国来概括，

---

① 习近平：《在庆祝改革开放40周年大会上的讲话》，http://www.xinhua-net.com/2018－12/18/c_1123872025.htm，2018年12月18日。

还有两个突出原因。一是中国建立了世界上最完整的现代工业体系，拥有 39 个工业大类，191 个中类，525 个小类，成为全世界唯一拥有联合国产业分类中全部工业门类的国家。正是这个完整的现代工业体系，使得中国产业具备了最完善的配套能力，保证中国经济在外界不可控因素冲击下仍具有巨大的韧性，这成为中国经济运行的一个突出特征。二是中国成为工业大国的核心是制造业的大发展。伴随着中国快速的工业化进程，中国制造业不断发展壮大，世界 230 多个国家和地区都能见到"中国制造"的身影，2010 年以后中国就已成为世界产出第一的制造业大国。据联合国统计司数据库数据显示，到 2016 年，中国制造业增加值达到 30798.95 亿美元，占世界比重达到 24.5%，比世界第二位美国的制造业增加值 21830 亿美元多出了近万亿美元，几乎是世界第二位美国和第三位日本制造业增加值的总和。在 1984 年，美国制造业增加值占世界比例曾达到过 29%，几经起伏，2016 年美国制造业增加值占全球制造业比例只有 17.3%；日本在 20 世纪 90 年代制造业增加值占全球制造业增加值比例达到 21.5% 的峰值，到 2016 年，该比例只有 7.7%。实际上，正是由于中国制造业的快速发展，世界制造业的格局才发生了巨大的变化。总体而言，虽然高收入国家仍占据世界制造业增加值大约 60% 的比例，但是近 20 年高收入国家制造业增加值比重不断下降，在很大程度上与亚洲特别是中国相关。中国占全球制造业增加值的比重从 1970 年的可忽略不计上升到 2016 年占据全球 1/4。经过两个多世纪的迁移，世界制造业的中心无疑已经转移到中国。当然，用世界工业大国描述当前中国的基本经济国情，并不仅仅因为从产业规模上看工业尤其是制造业在世界处于第一位，更因为从经济国情角度看，需考虑到工业尤其是制造业的创新效应、就业效应和外汇效应，考虑工业在经济发展中的"中流砥柱"地位以及农业、服务业对工业的"依附"关系，以及中国出口主要是工业制成品贸易出口。

习近平总书记在庆祝改革开放 40 周年大会上的讲话指出："我

国主要农产品产量跃居世界前列，建立了全世界最完整的现代工业
体系，科技创新和重大工程捷报频传。我国基础设施建设成就显著，
信息畅通，公路成网，铁路密布，高坝矗立，西气东输，南水北调，
高铁飞驰，巨轮远航，飞机翱翔，天堑变通途。现在，我国是世界
第二大经济体、制造业第一大国、货物贸易第一大国、商品消费第
二大国、外资流入第二大国，我国外汇储备连续多年位居世界第一，
中国人民在富起来、强起来的征程上迈出了决定性的步伐！"① 这是
对当今中国这个世界工业大国国情最好的描述，也是对中国特色社
会主义工业化道路取得的辉煌成就的最好概括。

三 新中国 70 年工业化进程积累了丰富的宝贵经验

新中国 70 年的工业化进程，集曲折的过程和辉煌的成就于一
身，积累了丰富的宝贵经验。从哲学层面看，新中国成功推进工业
化进程的基本经验在于遵循了一个共性和个性相统一的基本原理，
具体就是遵循了一个大国工业化进程的基本共性规律，但是又尊重
了自己的独特国情背景，寻求适合自己国情的工业化道路，最终探
索走出了中国特色社会主义工业化道路。这一道路基于中国处于社
会主义初级阶段的最大国情，充分考虑到必须坚持中国共产党领导
的社会主义制度的政治原则，充分考虑到中国人口众多、人均收入
很低、后发赶超的农业国的经济背景，充分考虑到大量的农业人口、
典型"二元结构"的社会环境，充分考虑到计划体制下重工业优先
的发展战略奠定了一定的工业基础，遵循了工业化的产业演进发展
的规律，顺应了经济全球化的世界经济发展趋势，构建了符合市场
化规律的经济激励机制，适应了工业化和城市化互动协同的发展逻
辑。也就是说，新中国工业化成功的关键是将工业化的共性规律与
中国的个性化国情背景进行了有效结合，形成了中国特色社会主义

---

① 习近平：《在庆祝改革开放 40 周年大会上的讲话》，http：//www. xinhuanet.
com/2018－12/18/c_1123872025. htm，2018 年 12 月 18 日。

工业化道路。

推进工业化进程是一项长期的、复杂的、巨大的系统工程。从系统论角度看，工业化进程的影响因素可以概括为四个方面：环境因素——工业化进程中的国家社会政治文化环境，条件因素——工业化进程中人口、资金、技术、自然资源等经济增长的基础要素，动力因素——驱动工业化进程的技术创新、制度创新和管理创新，过程因素——与工业化推进过程相作用的各类社会经济技术发展过程。相应地，从新中国 70 年工业化进程中可以归结出四个方面的宝贵经验。

一是努力构建稳定的社会政治环境，"稳中求进"持续深化工业化进程。从发展中国家向发达国家发展的现代化进程，工业化是必由之路。工业化进程一旦开始，要保证这个进程不会由于战争、危机或社会动荡等各种社会政治环境的不稳定因素而被中断，实现工业化才有可能。历史上因危机或者战乱而中断现代化进程的国家并不鲜见，这也是世界工业化史已 200 多年但真正实现工业化的也只有 30 多个国家和地区的一个重要原因。因此，社会政治环境的稳定是工业化进程持续推进的基本前提要求。新中国成立以后，中国的工业化进程一度由于"文化大革命"而受阻。改革开放以来，虽然也遇到了这样和那样的问题与挑战，但始终坚持"以经济建设为中心""稳定压倒一切"的指导思想，实施"渐进式"改革，以"稳中求进"为经济改革和发展工作的总基调，努力构建和谐稳定的发展环境，在保证经济运行稳定的基础上，不断深化改革和结构调整，促进中国产业持续成长和工业化进程的不断深化。

当今世界正处于百年未有之大变局，经济全球化进程和全球治理规则正受到挑战，中国自身也已经发展到工业化后期阶段，需要继续推进从工业大国向工业强国转变，各种发展不平衡不充分问题比较突出，如区域发展差距、城乡发展差距、收入水平差距、产业"大而不强"、经济"脱实向虚"、环境和资源制约，等等，这需要进一步处理好改革、发展与稳定的关系，坚持"稳中求进"的工作总基调，为持续深化工业化进程创造稳定的环境，确保中国最终实现工业化。

二是有效利用资源基础条件，"因地制宜"优化工业化要素配置。新中国工业化的起始条件并不优越，虽然国土面积较大，但农业人口众多，人均收入低，人均占有资源少，"人口多、底子薄"是基本国情。新中国成立以后，虽然计划体制下重工业优先发展的工业化战略造成了经济结构的严重失衡，但为中国快速建立起了初步的工业基础。改革开放以后推进的农村联产承包制度、乡镇企业快速发展不仅解决了农民基本生活问题，更为重要的是把大量的农业人口从土地上解放出来，为工业化提供了"无限供给"的低成本劳动力，二元经济条件下"人口红利"对中国经济增长做出了巨大的贡献。这样的工业化进程使得大量的农村人口的作用得到充分有效发挥，工业化初始的限制条件转化为工业化进程的驱动条件。从工业化进程的资金需求看，中国人的储蓄习惯是工业化进程的良好的资金支撑，而且改革开放以后财政体制、金融体制、投资体制的改革不断深化，逐步发展出多元化的金融体系、多元化的投资主体，民营资本和外商投资日益增加，为产业发展提供了相应的资金保证。

另外，中国是一个大国，幅员辽阔，人口众多，各地的资源禀赋、经济条件、文化习惯等差异性较大，工业化进程非常重视地方政府的创新精神，鼓励地方政府"因地制宜"探索科学的区域工业化模式，有效利用各地的资源条件发展地方经济。改革开放以来，各个地区结合自己的具体情况，创造出许多不同的经济发展模式。中国曾产生了一些具有鲜明地区特点和时代特征的经济发展模式，例如"珠江三角洲模式""苏南模式""温州模式"等，这些模式在启动条件、发动主体、资本形成方面都是不同的，但都促进了当地的工业化进程，进而对全国的工业化进程起到了巨大的带动作用。在各地工业化进程中，工业园区发挥了重要作用。工业园区是现代化产业分工协作生产区，包括经济技术开发区、高新技术产业开发区、保税区、出口加工区等。工业园区能依靠政策引导集聚生产要素、提高集约水平、突出产业特色、优化产业布局，对推进工业化具有重要意义。

三是正确处理政府和市场关系，"改革开放"创新工业化发展动力。工业化进程从发动因素划分，可以分为私人发动工业化、政府发动工业化、由政府与个人共同发动的工业化，英国、美国和法国的工业化大体归为私人发动，德国、日本的工业化大体可归为政府与个人共同发动（张培刚，1984），苏联和计划经济体制下新中国的工业化大体可以归为政府发动。改革开放以后，中国推进了市场化改革，新中国工业化从单纯政府发动转向政府和私人共同发动。

一方面，中国积极推进了市场化改革的制度创新，经过多年理论探索，形成了中国特色社会主义市场经济理论体系，强调发挥市场在资源配置中的决定性作用，同时也强调更好地发挥政府作用，坚持毫不动摇巩固和发展公有制经济、坚持毫不动摇鼓励支持和引导非公有制经济的发展，通过坚持"两个毫不动摇"培育了大量的市场主体，既包括通过深化改革推向市场的国有企业，也包括在市场中成长起来的大量个体民营企业以及通过开放引入的外资企业，充分调动企业家的创新精神，这为中国工业化提供了多元的全面协调的动力机制。正确处理市场和政府的关系，体现在国家经济政策方面，就是尊重工业化进程中的产业结构演进规律，有效协调产业政策与竞争政策，通过技术创新实现产业效率的不断提升和产业结构的持续高级化。迄今为止的中国工业化进程的成功推进，在很大程度上得益于中国基于工业化发展阶段把握产业升级的方向，不断提出合意的产业政策，实现产业政策与竞争政策有效协调，随着工业化发展阶段对产业政策内容、实施方式进行动态调整，有效地促进了技术进步、提高了产业效率并促进了产业结构高级化。

另一方面，中国顺应经济全球化趋势，积极融入全球分工体系，进而推进了中国的工业化进程。从设立特区，到开放沿海 14 个城市，再到加入 WTO，中国在对外开放自己市场的同时，也逐渐吸引了大量的外资，引进了大量的先进技术和管理知识，提升了自己的创新能力。当今世界，由于产品模块化程度的提升和生产过程可分性的增强，以及信息技术、交通技术等"空间压缩"技术带来的交易效率提高和交易成本的下降，基于价值链不同工序、环节的产品内分工获得极大的发展，制造业全球价值链分工成为一种主导的国际分工形式。因此，一个国家的产业发展，必须对外开放，融入全球价值链中。改革开放 40 年的经验表明，中国经济所取得的发展奇迹，十分得益于中国制造业的对外开放。到 2017 年，在制造业 31 个大类、179 个中类和 609 个小类中，完全对外资开放的已有 22 个大类、167 个种类和 585 个小类，分别占 71.0%、93.3% 和 96.1%。中国在对外开放过程中，加速了自身的市场化进程，培育了工业化全面发展动力，同时顺应全球化分工合作共赢趋势，为世界发展做出了巨大贡献。

四是全面平衡社会经济可持续发展，"四化同步"协调工业化的过程。工业化是一个十分复杂的经济现代化的过程，即使做到了上述社会政治环境因素稳定、条件因素有效利用、创新驱动因素充足等要求，这个过程还会发生不平衡不协调问题，如果这些问题得不到有效解决，工业化也不能最终成功实现。这些问题既包括经济增长中的产业之间、区域之间、要素之间的不平衡不协调，也包括经济增长与社会、民生、生态等方面的不平衡不协调，动态控制工业化的过程，科学调整工业化战略重心，保证工业化进程的平衡协调推进，也是新中国 70 年工业化进程的一条关键经验。例如，在工业化进度方面，中国各个区域发展并不平衡，长期以来形成了东中西三大区域的梯度发展的格局，为此，中国制定并实施了一系列的整体区域协调战略并保证有效实施。近年来，为了促进区域协调发展，中国持续推进了西部大开发、中部崛起、京津冀协同发展、推进长江经济带发展、东北老工业基地振兴等重大区域发展战略。

实际上，习近平总书记在党的十九大报告中指出，"推动新型工业化、信息化、城镇化、农业现代化同步发展",就是一个综合考虑了我国社会经济可持续发展需求的协调工业化过程的重大战略。一方面,新型工业化本身就是考虑资源环境约束、强调现代信息技术与人力资源协调的可持续工业化战略,另一方面,"四化同步"又对中国工业化过程与社会技术的协调发展提出了要求。一个国家的经济现代化过程是工业化与城市化互动发展的过程。工业化为城市化提供了经济基础和成长动力,而城市化为工业化提供了要素集聚和广阔的需求市场。从发展经济学看,工业化实质上是国民经济中一系列重要的生产要素组合方式连续发生由低级到高级的突破性变化,进而推动人均收入提高和经济结构转变的经济增长过程。伴随着这个经济增长的工业化过程,人口、资本等生产要素逐步从农村向城镇集聚,城镇规模逐步扩张,城市化进程也在不断加快,而这个不断加快的城镇化进程也进一步促进了经济结构转变和人均收入增加的工业化进程。当今世界正处在以信息技术突破性发展驱动新一轮科技革命和产业变革的信息化时代,信息化已经成为现代化的核心特征,信息化与工业化深度融合并持续改变着城市化内涵。而工业化和城镇化的互动发展,也带动了农业现代化,进而随着农业产业效率提升也促进农业人口向城镇集聚。因此,信息化和工业化深度融合、工业化和城镇化良性互动、城镇化和农业现代化相互协调的"四化同步",是当今时代现代化进程的内在要求和基本规律。

上　篇

产业经济

第 一 章

工业化研究

工业化不仅仅是工业的发展、工业产值和就业比重的提高，还是从传统农业社会向现代化工业社会变化的过程，是人类文明发展的一个阶段。新中国的发展史也是一个工业化的历史，70年来，国内研究围绕工业化的战略重点、工业化阶段的判断、新型工业化、工业高质量发展、新工业革命等问题，不断进行研究和探索，为我国高速工业化提供了理论支撑。

第一节　中国工业化进程及特征

中国的"资本主义萌芽""现代化因素"最早可以追溯到16世纪。到19世纪60年代，伴随着早期洋务思想的"采西制""制洋器""兴机器制造"的经济主张，出现了相对于传统手工业的现代化工业，这种现代机器生产较之手工生产"省费倍微，售价既廉，行销愈广"。

新中国成立之后，中国开启了自主的工业化进程。1949—1978年是传统的、学习苏联的社会主义工业化探索阶段；1979年改革开放至今是中国特色社会主义工业化建设阶段。

改革开放之前，我国工业化主要是学习和借鉴苏联的赶超经济战略，在一穷二白的基础上进行社会主义工业化探索。其基本特征包括：（1）国民经济底子薄，人民生活穷困，这是我国工业化起步的基本背景；（2）工业化的目标是快速赶超资本主义国家，建立国家工业体系，解决国内市场需求；（3）工业化是在封闭的国际环境下推进的，除了同苏联和少数社会主义国家有一些贸易往来，与资本主义国家几乎没有产品流通；（4）为了实现赶超的战略目标，将国家全部资源集中在发展重工业上，并采取高关税、高估本国货币等方式来推进进口替代。

改革开放之后，中国进入了建设中国特色社会主义工业化道路的发展阶段。这一时期的基本特征可以概括为：（1）国民经济基础仍然较弱，国民收入水平仍然很低；（2）市场化改革和对外开放是区别于上一阶段最重要的特征；（3）改善国民经济结构、提高人民生活水平、实现富裕是工业化的基本目标；（4）工业化的四个基本战略是促进农轻重工业均衡发展，促进产业的高级化和多种经济成分的共同发展，积极利用外资和国外市场，梯度的区域经济发展。由于40年的经济高速发展，中国经济总量、人均国民收入得到了巨大的提高，产业结构也得到了极大的提升，中国成为一个工业大国，中国创造了经济增长的奇迹（陈佳贵、黄群慧，2006）。中国特色的社会主义工业化道路的成功经验至少可以归结为以下几方面。一是建设和谐稳定的发展环境，保持工业化进程的连续性。二是遵循产业结构的演进规律，促进工业化进程的高级化。三是坚持改革开放和"内外双源"发展，构建"内源性"和"外源性"全面的工业化动力机制。四是探索正确的区域工业化模式，注重发挥工业园区的作用（黄群慧，2013）。

如果放到世界工业化史中去看，中国的工业化进程是人类历史前所未有的伟大的现代化进程。具体而言，中国工业化进程有以下几方面的突出特征（黄群慧等，2017）。第一，中国的工业化是一个具有十几亿人口大国的工业化，中国的人口超过了所有工业化国家和地区人口的总和。从工业化史看，经过200多年的发展，世界上也只有约10亿人实现了工业化，而中国的工业化则是一个具有13

亿人口大国的工业化，因此，中国的工业化进程对整个人类的工业化进程具有"颠覆性"的影响，中国是否实现了工业化，不仅仅事关一个国家能否繁荣富强，还决定着整个人类的现代化进程。第二，中国的工业化是一个长期、快速推进的工业化。我们把工业化划分为前工业化、初期、中期、后期和后工业化阶段，利用人均 GDP、三次产业产值比例、制造业增加值占总商品增加值比重、人口城市化率、第一产业就业占总体就业比重五个指标并赋予不同权重，取发达国家这五个指标在不同工业化阶段的经验数值范围作为标准值，可以构造工业化水平综合指数。利用这个工业化水平综合指数进行测算，结果表明，改革开放初期中国工业化进程处于工业化初期阶段，到 2015 年，中国的工业化进程已经快速地推进到工业化后期的后半阶段。第三，中国的工业化是一个区域发展极不平衡的工业化，中国各地区工业化进程差异之大在工业化史上实属罕见。由于梯度发展战略，以及各个区域资源禀赋、工业发展基础差异等原因，中国的工业化进程在不同地区发展极不平衡，形成了东部、中部和西部逐步降低的梯度差距。第四，中国的工业化是一个外向型的工业化，不仅得益于上一轮全球化背景，在"一带一路"倡议的号召下，中国工业化进程也会对未来全球化产生日益深远的影响。改革开放以来，在上一轮全球化背景下，中国成功推进了低成本的出口导向的工业化战略，在世界的每个角落都能够找到物美价廉的中国制造产品。从工业化视角看，"一带一路"推出，表明一个和平崛起的大国的工业化进程正在产生更大的"外溢"效应，在"一带一路"合作框架下，中国也将给全球化带来合作方所需要的一体化的服务方案。第五，中国实现的工业化是中国特色的新型工业化，是与信息化深度融合的工业化。中国所实现的工业化，并不是传统意义的工业化，而是信息化时代以信息化引导工业化、信息化与工业化深度融合的新型工业化道路下的工业化。2015 年提出的《中国制造2025》，是中国响应制造业信息化的世界工业化发展趋势而制定的一项深化工业化进程的战略。

第二节　农业优先发展时期

　　不同国家基础不同、资源禀赋不同、国情不同，会选择不同的工业化发展道路。对于中国而言，在不同历史时期，工业化的重点任务有所不同，优先发展的产业部门也存在区别，这不仅反映在对三次产业优先发展的战略选择上，也反映在工业内部轻重工业优先发展的选择上。新中国成立初期，我国第一产业的比重很高，且还没有完全解决温饱问题，经济发展，乃至国家安全对农业的依赖性很大，工业化的主要任务除了构建社会主义工业体系，还要大力发展农业生产，提高农业生产效率，这构成了当时工业化研究的基本背景。王思华（1956）认为在新中国成立初期，要优先发展农业，将农业合作化步骤与工业化步骤相适应，工业化是一个艰巨的任务，需要很长的时间才能够实现。杨坚白（1959）较早提出了中国推进工业化要处理和协调中央与地方的关系、沿海与内陆的关系、不同产业间发展速度的关系，特别是社会主义建设要在优先发展重工业的条件下，实现农业和工业的同步发展。许涤新（1962）从当时的情况出发，提出工业化要以农业为基础，大力发展农业，这不仅是经济问题，更是政治问题，是中国人民群众的根本利益所在。

　　中国学者在借鉴钱纳里、赛尔奎等国外学者对工业化阶段划分方法的基础上，不断根据中国国情和世情进行创新，在工业化基础建设阶段、工业大国发展阶段和工业强国发展阶段，都提出适应当时发展要求的工业化阶段划分和评价体系，进一步从评价结果中找到工业化的短板和与发达国家的差距。到改革开放前，我国工业化发展不均衡且速度波动大，但确实建立了较为完备的基础工业体系。郑经青（1959）认为在新中国成立头15年里，工业在整个国民经济中的地位发生显著变化，占国内生产总值的比重提高了一倍，新中国处于加速工业化的进程。王思华（1956）提出加速实现国家的社会主义工业化是当时最重要的任务，而钢铁等重工业的发展是奠定工业基础的关键所在。到 20 世纪 80 年代，很多研究都提出我国已经初步建立了较为完整的工业体系，特别是基础工业的门类比较齐全，但与发达国家工业化水平的差距仍然非常显著。例如，杨沐、杨世涛（1985）从技术水平、生产效率和工业品附加值水平等角度，比较了我国与发达国家的工业化水平，认为中国的工业化任重道远。

第三节　重工业优先发展时期

改革开放以后，在三次产业的关系上，工业的主导作用不断增强。冯海发、李溦（1989）认为在 20 世纪 80 年代末中国已经进入工业化第二阶段，在新的发展阶段，农业不再是制约经济增长的主要原因，工业效率的提高是国民经济发展和工业化推进的主要力量，缺少工业的发展和效率提升，农业再难实现无限的要素供给。当然，在 80 年代，中国的粮食问题并没有得到彻底解决，粮食供应仍然实行配给制度，很多学者继续坚持农业的基础作用。例如，梁文森（1983）认为应采取以农轻重为序的工业化道路，多发展一些农业和轻工业，这其实是优先满足人民群众最基本的需求。严瑞珍（1991）认为"先工后农"违背了工农业之间的本质联系，造成了农业的长期落后，破坏了工农业之间的平衡发展。在工业内部，轻工业和重工业孰轻孰重也是研究的重点。武力、温锐（2006）发现，1949—2005 年，中国工业化"轻、重"关系发生了三次大的转变：1949—1978 年的求强阶段，表现为"重重轻轻"；1979—1997 年的求富阶段，表现为"农、轻、重"同步发展；1998—2005 年探索新型工业化道路阶段，表现为政府和企业在轻工业和重工业部门寻求新的增长点。邓宏图、徐宝亮等（2018）发现了重工业资本存量比重与全社会的总产出表现为倒"U"形关系，这解释了新中国成立初期、改革开放之后以及在新时期我国工业化不同的轻重工业比重关系。

从 20 世纪 80 年代开始，我国开启了向工业大国发展的帷幕，到 2015 年，中国工业总产值达到世界第一，500 余种主要的工业产品中，几乎一半产品的产量世界第一，中国成为名副其实的全球第一工业大国。杜辉（1992）将工业化进程划分为前工业化阶段、一次工业化阶段、二次工业化阶段、超工业化阶段，从 90 年代初开始，我国向二次工业化升级转换。郭克莎（2000）以人均收入水平为主、三次产业结构和工业内部结构为辅来分析工业化进程，2000 年前后，中国已经步入工业化中期的上半阶段，但产业结构和工业结构调整较慢，是当时制约工业化持续推进的重要原因。陈佳贵、黄群慧等（2006）提出 1995—2004 年是中国加速工业化阶段，但先进地区与落后地区之间的工业化差距在不断拉大，2000 年以后，工业结构升级代替产业结构调整成为大部分地区工业化的主要动力。

第四节　新型工业化和"四化同步"时期

2002 年，党的十六大提出了走新型工业化道路后，学术界对此做了大量研究工作，特别是 2010 年以后的研究在已有成果的基础上有明显的深化和细化。庞瑞芝等（2011）提出了"新型工业化"生产力的概念，认为"新型工业化"生产技术是在既定投入下试图达到最大的工业增加值与最少的环境污染的结合。王燕梅（2011）认为，转变发展方式反映了国家发展战略目标的多元化，就是从单纯追求劳动财富的最大化到追求劳动财富、自然财富、人文财富的综合最大化。按照新型工业化发展思路，对工业发展水平评测也有新的内容。李廉水（2015）等界定了制造业"新型化"内涵，并构建了"新型化"评价指标体系，发现 2003—2012 年，中国制造业"新型化"程度不断提高，制造业整体发展态势良好。在全球化背景下，通过国际比较也能够准确和科学地判断我国工业竞争力水平的现状，一些研究得出我国制造业在全球的优势出现调整的结论。戴翔（2015）基于贸易附加值，测算了中国各制造业的显示性比较优势指数，结果表明，中国在全球产业链布局中的现实地位及进一步发展基本上是"依托低端，挺进中端，遥望高端"。

20 世纪末开始，中国城市化进程加速，工业化与城市化如何实现协调推进成为学术研究的新的热点，总体上看，大多研究都认为在 20 世纪末和 21 世纪头十年，中国主要是依靠工业化带动城市化，2010 年前后开始，城市化开始推动工业化的进一步发展。章元、许庆等（2012）提出中国通过优先发展城市工业部门来推动工业化并推动经济增长和降低农村贫困有其必然性，城市工业不断创造新的增长点和就业岗位，吸收农村剩余劳动力，另外，贫困地区农户通过进入劳动密集型工业部门，是其分享工业化成就最简单、最直接的途径，也是摆脱贫困最迅速的渠道。

2007 年，党的十七大报告提出了"两化融合"概念，信息化带动工业化、以工业化促进信息化，这是新型工业化的重要内容。早在 20 世纪 90 年代初，乌家培（1993）就已经提出在信息化过程中，工业作后盾，信息业应先导。发达国家先工业化再信息化的路径不适合中国，中国也不可能跳过必要的工业化阶段，以信息化代替工业化，须同时推进工业化与信息化，用工业化培育信息化，用信息化促成工业化。冯昭奎（2001）提出 21 世纪将出现信息技术革命、工业化进化与新产业文明兴起这三大技术发展潮流，这三大潮流的一个关键就是工业化和信息化的深度融合发展。郭祥才（2003）指出中国新型工业化道路的内在机制是以信息化带动工业化，以工业化促进信息化的双向互动，这是中国区别于发达国家和其他发展中国家工业化的主要特征。谢康、肖静华（2012）认为工业化与信息化融合对中国转变经济增长方式、三次产业结构调整、降低能耗有不同程度的影响，实证研究的结果表明，工业化和信息化融合程度增加一个百分点，人均国内生产总值可以增加 0.06%。

2010 年之后，中国工业的基本国情变为"工业大国"。黄群慧（2012）认为中国已经开始了从"工业大国"向"工业强国"的转变，且将在 2020 年前后初步建成世界工业强国，在 2040 年前后全面建成世界工业强国。黄群慧（2014）从工业增长速度变化、工业需求侧变化、工业产业结构和区域结构变化以及工业企业微观主体表现进行分析，认为：种种迹象表明中国工业经济正走向一个速度趋缓、结构趋优的"新常态"。郭克莎（2016）从适应生产力发展阶段角度，判断中国工业化过程已进入后期阶段，在这一新阶段，经济增速、产业结构、增长动力将发生较大变化，这些趋势性变化与新常态的主要特点是一致的。

2017 年，党的十九大报告指出，我国经济已由高速增长阶段转向高质量发展阶段，正处在转变发展方式、优化经济结构、转换增长动力的攻关期。推动经济发展的质量变革、效率变革、动力变革是高质量发展的内在要求，中国工业化也进入高质量发展的新阶段。针对高质量工业化，党的十九大报告指出，推动新型工业化、信息化、城镇化、农业现代化同步发展，是新时代我国建设富强民主文明和谐美丽的现代化强国的一个重要战略部署，是我国经济从高速增长转向高质量发展阶段的必然要求。

关于工业高质量发展的内涵，金碚（2018）认为高质量发展阶段必须有更具本真价值理性的新动力机制，即更自觉地主攻能够更直接体现人民向往目标和经济发展本真目的的发展战略目标；黄速建等（2018）从目标状态和发展范式角度识别出企业高质量发展的七个核心特质，这些研究为界定工业高质量发展的内涵提供了一些启示。关于工业高质量发展的驱动力量，袁富华等（2016）、戴翔等（2016）从供给侧角度，指出在传统竞争优势丧失的背景下需要重塑中国工业的竞争优势，必须提升要素供给质量，以知识资本和人力资本积累为核心打造新的要素资源禀赋，推动"人口红利"向"人才红利"转型。孙早和许薛璐（2018）从需求侧角度，认为利用消费升级机遇诱导本国工业企业提升自主创新能力和品牌建设，为工业高质量发展提供持续动能。关于工业高质量发展的实现路径，学者从不同视角提出建议：一是从推进供给侧结构性改革的视角，比如僵尸企业退出与消化落后产能（Shen and Chen，2017；史丹、张成，2017）、供给侧优化与提高制造业供给体系质量（黄群慧，2016）等。二是从破除体制障碍的视角，如遏制非正规部门的灰色竞争环境（张峰等，2016）、优化对中国创造的激励机制（Wei et al.，2017）、制定合意的产业政策（黄群慧，2018）等。三是从落实新发展理念的视角，比如抢抓新一轮科技革命和产业变革的历史机遇，加快发展先进制造业和对传统制造业的技术升级（黄群慧等，2017）；推进制造业与服务业、实体经济与虚拟经济良性互动与协调发展，破解结构性失衡难题（袁富华等，2016；黄群慧，2017）；推动工业绿色发展（史丹，2018），制定差异化的行业和区域环境规制政策（余东华、孙婷，2017）。四是深化工业对外开放的视角，例如通过加强国际产能合作优化资源的全球配置（佟家栋等，2017；吴福象、段巍，2017）。

第五节　新工业革命问题研究[①]

工业革命是经济起飞和加速发展的重要动力，英国 *Economist* 杂志在 2012 年 4 月号刊出以"第三次产业革命"为题的特别报道，引起了国内外对新工业革命的关注和热烈探讨。沿着德国"工业4.0"、美国工业互联网等构想，国内学者不约而同地把新工业革命的核心性质定义为"工业智能化"，如贾根良（2016）认为与前几次工业革命的核心是以机器替代工人的体力劳动不同，新工业革命的核心是以人工智能系统替代人类的脑力劳动，以智能制造为核心

[①] 国内研究中也称作"第三次工业革命""第四次工业革命"或者"新科技革命和产业变革"。

的工业智能化是工业化的新类型及高级阶段。黄群慧和贺俊（2013）、Balogh（2017）、Kim（2018）等认为新工业革命以智能化、数字化、信息化技术的发展为基础，以新一代信息技术与制造业的深度融合为典型特征，工业智能化时代将成为现实。近几年，人工智能成为产业界讨论的一个焦点问题，更加坚定了学者对新工业革命性质的判断。

新工业革命对工业化和工业部门的发展产生多方面的影响：一是制造流程的智能化程度快速提升，例如富金鑫和李北伟（2017）指出工业产品与机器设备能够实现自由沟通，制造工艺根据环境、过程实时优化，提升制造的柔性程度。二是制造范式向个性化大规模定制转变，例如冯国华（2015）认为基于工业智能化对制造流程的重塑，可以在一条生产流水线上设置全流程的控制程序，使以规模化的方式来获得个性化和定制化的产品成为可能。三是新的生产组织形式开始涌现，例如王如玉等（2018）提出工业的地理空间集聚弱化，虚拟集聚成为新一代信息技术与实体经济深度融合的空间组织新形态，产业集聚呈现出上下游企业主体以任务型合作为出发点，在网络信息空间上企业与企业之间、企业与消费者之间的信息耦合度显著增强，在网络空间相聚并形成关联。四是全球工业竞争格局重构，例如贾根良（2016）指出一国的国际竞争力将日益取决于"资本的智能生产率"；Liu（2017）认为新工业革命可能会加强发达国家在全球制造业分工中的竞争力，依赖低劳动力成本优势的国家和企业的竞争力将被削弱。

新工业革命为中国从"工业大国"向"工业强国"的跨越提供了宝贵的机会窗口，能否把握新的历史机遇决定了中国经济增长和工业发展的前景。吕铁等（2012）指出了四个方面的威胁：比较成本优势加速削弱的风险、新兴产业竞争压力增大的风险、技术密集型和劳动集约型行业国际投资回溯的风险、经济增长点断档的风险。他们提出，在新工业革命浪潮中，中国制造业应当努力实现由低附加值向高附加值、由低技术密集向高技术密集、由粗放发展向精益制造、由大规模生产向大规模定制与个性化生产的全面战略转型，显著提升在全球制造业分工中的位势。党的十九大报告进一步提出推动"互联网、大数据、人工智能和实体经济深度融合"，中国正在积极迎接新工业革命的到来。学者普遍对中国把握新工业革命的机遇充满信心和期待，例如 Balogh（2017）认为中国在基于消费者导向型和效率驱动型创新的行业中成为世界领导者，中国支持 R&D 和高技术公司的创新生态系统是有效率的。全球竞争格局的改变使创新和生产率提高变得更为重要，基于这种判断，国内学者系统思考了应对新工业革命的战略选择和政策思路。黄群慧和贺俊（2013）从国家战略角度指出未来中国需要在转型升级战略、全球竞争战略、技术创新战略、产业发展战略、国家信息战略等多方面进行适时调整。吕铁和韩娜（2015）从政策思路角度提出要把基础系统软件的开发和标准的制定纳入顶层设计，加强关键核心技术攻关和自主品牌建设，大力培养技能工人和高端技术人才，完善落实相关配套政策等具体措施。

第六节 评论与展望

70 年来，特别是改革开放之后，我国通过加速工业化过程，把握新工业革命机遇，不断缩小与发达国家的发展差距。对工业化相关问题的研究跨越了计划经济和市场经济，从最早学习苏联工业化模式到后来的遵循市场经济模式，既有对工业化规律的梳理和总结，也有对现实问题的探索。总体上看，我国学者对工业化问题的研究以发展中大国为出发点，这不仅是对世界工业化学术研究的重要补充，也为其他发展中国家的工业化路径选择、战略和政策制定提供了参考。

由于中国加速的工业化，以及世界经济政治环境的迅速变化，现实情况的变化往往超前于学术研究，使得对新问题、新现象、新矛盾的解释不能形成学术概念和系统学术研究框架。例如，中国必然要走高质量发展的工业化道路，但"高质量发展"本身还不是学术概念，对该问题的研究存在很大困难，主要表现在：第一，工业的高质量发展并不是一个"点"，而是一个复杂体系下多种因素综合作用的结果，涉及体制优化、要素升级、环境约束等维度，很多驱动工业高质量发展的因素并不直接由工业产业本身决定，如支撑先进制造业的基础研究更多地依赖国家科技体系。构建工业高质量发展的理论体系和逻辑框架是极为必要的，否则对该问题的阐述就会陷入表面和琐碎的泛泛而谈，但相关变量过多使研究框架的建立并非易事。第二，工业高质量发展与工业的供给侧结构性改革、工业竞争力提升、工业转型升级等以往的研究领域有很多相似甚至重叠之处，厘清这些研究概念的联系和区别很有必要，研究工业的高质量发展无须另起炉灶。同样，整合这些研究领域也存在极大挑战。本章对近年来可以纳入工业高质量发展研究范畴的文献进行了简要概述，并思考了下一步的研究方向。

对新工业革命的讨论已经持续数年，国内学者的相关讨论也在逐渐深入，取得了一些成果和共识，但也存在明显短板，主要表现在：第一，从研究方法看，相关研究以定性分析为主，实证分析缺乏，并且定性分析一般也未纳入规范的理论框架，研究的学术价值有待提高；第二，从研究对象看，国内经济学家对人工智能的研究相对滞后，人工智能早已成为产业界关注的焦点，国外经济学家已就人工智能对经济增长、产业组织、就业、工资、收入分配和福利等各经济变量的影响展开了深入分析（Aghion et al.，2017；Acemoglu and Restrepo，2018），国内经济学家需要及时推进相关研究。

我国当前工业化已经摆脱优先解决基本供需矛盾，或者是在要素不足情况下被迫做出有限选择的约束，工业化的重点是解决新的结构性矛盾，推动全球价值链攀升的主动升级、变革和调整。作为世界第二大经济体和人口最多的国家，人均收入水平达到中等偏上国家水平，中国工业化的继续推进已经很难再借鉴其他国家的经验，环境和阶段的变化对我国工业化及相关问题的研究提出了更高的要求。因此，未来有关工业化和工业革命的学术研究既要站在进入工业化后期的新的起点，也要立足中国发展中大国的情况加强原创型和基础型的研究。

第 二 章

产业升级研究

　　自 1949 年以来，关于中国产业结构升级的研究逐步发展，关于产业升级的问题经历了从认识到深化的过程，不同阶段关于这一问题的探讨有不同的特点。为了厘清新中国成立 70 年来中国产业升级研究的脉络，本章将研究分为五个阶段，分别包括：新中国成立后到改革开放前的研究（1949—1977 年）、改革开放初期的研究（1978—1983 年）、有计划的商品经济提出后的研究（1984—1991年）、社会主义市场经济确立后的研究（1992—1999 年）、21 世纪产业升级的系统化研究（2000 年至今）。从各个阶段研究的侧重点来看，由于新中国成立初期的产业发展尚不完善，新中国成立后到改革开放前的研究主要侧重于关于农业、轻工业和重工业发展次序的讨论；改革开放初期的研究，重点关注了产业发展中的企业组织以及不同产业结构的变化；有计划的商品经济提出后，产业升级的研究重点开始转向了第三产业和产业政策；社会主义市场经济确立后，中国学者在产业升级这一研究方向上重点分析了产业结构矛盾和产业组织理论；21 世纪以来的产业升级研究呈现系统化、全面化的特点，从产业升级指标的测算、升级的路径、对策建议等问题展开系统化的研究。本章针对中国 1949 年以来有关产业升级研究的回顾与评价，重点从以上五个时期分别进行阐述。

第一节　新中国成立后到改革开放前的研究（1949—1977 年）

1949 年 10 月 1 日，中华人民共和国成立，此时的中国经济基础相对薄弱，全国上下百废待兴，产业发展速度缓慢且难以满足全国人民的物质需求。"一五"时期，在苏联的援助下，中国兴建了一批大型重工业企业，初步形成了门类比较齐全的现代工业体系，开始了"经济大生产"。这一时期关于产业升级方面的研究文献资料少之又少，相关研究主要依靠翻译苏联的经济理论书籍，引入苏联社会主义经济理论的研究范式。结合当时国家的经济环境和农村人口占据了较大的人口比重的现状，农业、轻工业和重工业之间的比例关系如何调整，如何才能够确立合适的农业和工业的发展模式以推进国家经济繁荣，是当时全国上下重点关注的发展问题。

关于农业、轻工业和重工业的发展次序的讨论，陈云（1957）认为，国民经济的发展要重视工业发展问题，尤其应当着重强调煤矿、运输工程以及机械制造业这类重工业的发展，只有突出的重工业成绩才能够给予国民经济保障，同时才能够维护国家权威。乌家培（1978）对中国经济发展中的生产资料顺序这一问题进行分析，他认为，对农业、轻工业与重工业之间的比例关系的调整是一个长期的过程，因为这个过程需要考虑全社会的劳动力资源和物质资本。蒋家俊（1962）对农业、轻工业与重工业之间的顺序问题提出了见解，他认为农业、轻工业与重工业之间的发展顺序比想象中要复杂得多，不能仅仅为了重工业的发展而忽视农业的发展，农业发展是维持国家基本生存的命脉。金学（1962）指出，在新中国成立初期，不能将农业、轻工业与重工业之间的发展关系与苏联国家的发展模式直接等同，而是应当依据当时国内物质资料的状况因地制宜地进行改造。

虽然在新中国成立初期的理论研究中尚没有直接涉及产业升级这一类关键词，但是值得注意的是，中国第一张实物型投入产出表就是在这一时期出现的，该表包含了 1973 年的 61 种主要产品，涵盖了约 85% 的农产品、30% 的轻工业产品、60% 的重工业产品，以及部分建筑业产品和货运周转量。通过对农业产品、轻工业产品、重工业产品以及建筑业产品进行计算，测算出这些产品的直接消耗系数和间接消耗系数等指标，第一次具体地量化分析了当时中国各个生产部门的产业发展情况，有利于以后的产业基础研究。

综上所述，新中国成立后到对外开放前的这一时期，中国产业升级研究的基础相对薄弱，有关产业发展的经济理论大多是参考苏联社会主义理论、西方论著和翻译的国外文章（李必强、任俨，1964；乔荣章，1965）。基于当时国家薄弱的产业基础和经济状况，国内大多数学者的关注焦点是农业、轻工业与重工业之间的发展关系和次序，尤其是就农业、轻工业与重工业之间的发展关系引发了一定的讨论。

第二节　改革开放初期的研究（1978—1983 年）

自 1978 年党的十一届三中全会召开以来，中国开始了具有历史性意义的改革开放，经济发展速度和产业升级研究视角经历了重大且快速的发展。此间，中国的学者开始逐渐了解更多国外产业经济模式，并学习到相关的理论研究，这些都有利于对当时中国的现实性产业问题进行解答。这一时期，国内学者主要针对产业升级涉及的企业发展以及产业结构分类问题展开了详细的探究。

一　关于企业发展的研究

在改革开放初期，企业研究的出现对于中国经济发展具有重要的理论参考价值。这是由于中国之前的研究主要是以苏联的社会主义理论研究为基础，但是现实中，与苏联高度集中的生产结构有所不同的是，中国的经济市场分布了较多的中等规模企业与小型企业，这类企业中大部分是民营企业，如何对这些中等企业和小型企业的发展结构问题予以解答成为当时需要研究的主要问题。孙尚清（1984）对当时中国经济中出现中等规模企业与小型企业的原因进行了解释，他认为当时的经济发展结构并不完善，大规模企业容易出现工人劳动生产率低、生产积极性较差等现象，但是中等规模企业与小型企业可以更加容易地管理员工，通过薪酬激励促进员工的生产积极性，从而导致市场中出现大量的中等规模企业与小型企业。随后学者陆续提出了相似的观点，即在经历了一些不利冲击的影响后，国民劳动力的积极性受到了一定的负面影响，大型企业难以调动全员的生产积极性，同时大型企业规模大、管理效率低下等问题突出，中等规模企业与小型企业的出现弥补了一定的不足（朱耀明，1981）。刘国光（1981）认为，不同规模的企业对国民经济的贡献不同，大型企业主要通过规模化生产为国家提供军事储备和机械设备，用于完成国家的基础设施建设，而中等规模企业与小型企业可以利用其专业化分工帮助国家实现就业问题和生产资料供给。

二 关于产业结构分类的研究

在改革开放初期，国内学者虽然没有系统化地研究产业升级，但是对产业结构的研究也开始起步（孙冶方，1981；季伟，1984）。1978 年之前，国家针对产业划分主要依据马克思的两大部类理论，即采取了比较普遍的两部类分析法或者是农业、轻工业与重工业这种分类方法，分类的方法较为单一，并且往往在实际的产业升级研究中存在一定的局限性。为弥补这一不足，当时的学者开始尝试采取新的产业分类方法。例如，在农业和工业的基础之上，加上了服务业这一个概念。服务业的出现打破了之前的两大部类分类法，具有较强的创新价值，并且服务业这一概念对当时国民经济的现实问题进行了很好的解释（杨坚白等，1981）。当然，对服务业和第三次产业概念的提出，也存在一定的反对意见。有一些学者认为，第三次产业这种概念具有十分强烈的资本主义色彩，有悖于中国的社会主义形态，是不可取的（杨治，1985）。也有学者认为，这种农业、工业和服务业的划分是没有合理科学的分类标准的，对现实问题的解决没有实际价值（高钟，1985；何建章，1985）。

综上所述，这一时期的产业升级研究总体上得到了一定的发展。中国学者对产业升级研究的关注重点已经从传统的两部类方法与农业、轻工业和重工业的讨论转变为对三次产业的讨论，这是极其具有创新意义的研究，为后续的产业升级研究打下了基础。对此当时具有一定的认识分歧，现在看来也还存在一定的时代局限性。这一时期，与苏联的经济模式相比中国经济发展已经出现了较大的差异，国外经济理论并不完全适用中国实际问题的解决。因此，如何对从国外引入的经济理论进行思考和借鉴成了当时学界在产业升级研究中的重点和难点。

第三节　有计划的商品经济提出后的研究（1984—1991 年）

1984 年，中国第一次提出了商品经济，这是针对当时国内经济状况提出的灵活发展的经济模式，这个阶段的产业升级研究也随着经济模式的不同而发生变化，研究视角聚焦于经济周期对产业的影响以及三次产业等方面，并且开始关注产业政策的重要性。

一　关于经济周期的研究

在商品经济提出之后，中国的产业升级研究也从过去的静态理论研究转变为动态的研究模式。有部分学者开始关注经济发展周期对产业结构变化的影响（刘鹤，1990；刘伟，1992）。例如，马建堂（1990）指出，不同经济发展周期对产业升级研究的影响并不相同，基于三次产业的分类，不同产业的发展速度对于中国经济发展的周期具有不同的敏感度，其中工业对经济发展的周期具有最高的敏感程度。从经济发展周期的原因来看，国民经济组成中的投资结构不停地变化，导致经济周期对产业结构产生冲击。

二　关于三次产业的研究

商品经济提出后，中国学者尚在讨论三次产业分类法与两大部类分类法的关系以及在中国应用第三产业这个概念的可行性。到20世纪80年代中期前后，随着中国第三产业的迅速发展和越来越多的国外有关文献介绍进中国，学术界已经开始认可三次产业分类的科学性和合理性。学者开始将三次产业与消费结构等关系进行探究。例如，李江帆（1984）认为，服务业的兴起带动了消费结构的转变，其原因在于生产率的提升缩短了劳动力的工作时间，逐渐增多的劳动力会逐渐转向服务业，服务业生产规模的扩张则会增加服务业消费品的需求。王忠民等（1988）也认为，服务业的发展是经济发展的必然阶段，服务业规模的扩张会刺激社会消费结构的升级。

三　关于产业政策的研究

在过去的产业升级研究中，重点讨论了经济周期对产业的影响、不同产业分类产生的影响，但是并没有涉及产业政策对一个国家产业发展的影响。在商品经济提出之后，部分学者将产业政策纳入产业升级研究框架，这主要是借鉴了日本国家产业政策的相关研究（小宫隆太郎，1988）。例如，1986年，有学者将"七五"计划引入产业经济研究，并且对国家产业政策在产业发展中的影响给予了充分的肯定（黄一义，1988；李泊溪等，1988）。此外，在后续研究中，周叔莲和杨沐（1988）将中国的产业政策与其他多个国家的产业政策进行对比分析，认为产业政策对产业发展的影响具有一定的普遍意义和政策价值。金碚（1989）认为，通过将逆价格调节的产业政策与有计划的商品经济相结合，能够解决国家产业结构失衡的问题。周叔莲和金碚（1991）指出，产业各部门的技术进步需要产业政策的刺激，产业政策的实施要符合经济体制发展的趋势，通过实施鼓励性产业政策能够提高经济发展的质量。

综上所述，关于有计划的商品经济提出后的研究，中国学者开始重点关注经济发展周期、三次产业分类以及产业政策。在这一时期，大多数学者开始基于中国特殊的经济发展模式进行思考。例如，对于中国产业政策的思考成了当时中国产业升级研究的热点和创新点，这个研究思路的创新对于当时中国产业升级研究具有十分重要的理论意义。

第四节　社会主义市场经济确立后的研究（1992—1999 年）

1992 年，中国通过将社会主义基本制度和市场经济相结合，确立了社会主义市场经济体制。这一阶段产业经济的研究也随之产生新的变化，学者开始思考市场经济体制中产业结构的影响因素以及对产业组织的研究。

一　关于产业结构的影响因素

在市场经济确立后，部分学者认为中国产业升级研究的基础是经济结构，经济周期的变化对产业发展的影响至关重要（郭克莎，1993；孙尚清、马建堂，1991），例如，原毅军（1991）思考了产业结构变化的原因，他认为经济周期的不稳定造成了产业结构变化，并且通过构建"产业结构失衡度"这一变量，系统测算了当时中国的农业、工业、建筑业等产业之间的关系，研究结果显示经济周期的变动导致了产业结构的变化。此外，也有学者研究了产业调整目标对产业结构的重要性，例如，刘鹤（1991）指出，中国经济结构中出现的需求结构变化是产业结构变动的主要原因，国家供需矛盾刺激进口需求，能够对国家产业结构变化产生重大冲击。张立群（1992）认为，过去过度的重工业化目标不合理，国家虽然将发展目标转变为轻工业化发展，但是发展状况仍然不够良好，同时还产生了大量的经济矛盾，因此，需要进一步增加国内基础设施建设。增强国内投资吸引力以促进产业结构升级。郭克莎（1999）指出，在外资引入的过程中，资金技术要素对产业内资源配置具有重要影响，并且外商直接投资在三次产业之间的比例具有一定倾斜性，投资更多地集中于工业和服务业，能够促进中国产业结构升级。

二　关于产业组织的研究

在市场经济确立之后，中国学者开始引入国外的产业组织理论，并且参考国外产业组织理论对中国产业升级问题进行思考。例如，王慧炯（1991）引入西方的产业组织规范，基于中国的行业数据，实证分析了中国产业组织的发展变化，并进一步对大型企业、中型企业和小型企业的规模界定进行规范。

综上所述，在社会主义市场经济确立之后，中国的产业升级研究发生了重要改变。在市场经济体制中，学者开始从经济周期变化、市场矛盾变化等视角思考产业结构的影响因素。在市场经济体制中，不能照搬国外的产业组织理论，国外的产业理论并不能完全适应本国的产业升级研究，需要基于中国发展的实际情景对产业组织展开研究。

第五节　21 世纪产业升级的系统化
研究（2000 年至今）

21 世纪以来，中国已经从农业大国转变为工业大国，尤其是中国加入 WTO 以后，学术界对产业升级研究的热度不断高涨，产业升级研究已进入规范化和系统化阶段，这一时期，国内学者主要在产业升级的定义、产业升级的路径、产业升级的主体、产业升级的新特点、产业升级面临的问题以及产业升级的对策六个方面展开研究。

一　关于产业升级的定义

在产业升级的概念上，不同学者对此的观点不一致，按照现有研究可以将产业升级的概念划分为三类：一是根据产业结构定义；二是价值链攀升视角下的产业升级；三是广义视角下的产业升级。

（1）根据产业结构定义。威廉·配第（2010）首次提出产业间资源流动是衡量产业结构升级的重要标准，国内学者大多在其研究的基础上展开分析。例如，姜泽华和白艳（2006）认为，产业升级的过程是不同产业从低程度向高水平过渡的过程。李子伦（2014）认为，产业之间的结构改变实际上是产业结构不断高级化的过程。

（2）价值链攀升视角下的产业升级。随着中国加入 WTO，中国的贸易飞速发展，中国产业的每一个制造环节都嵌入了全球价值链，因此，中国制造业在全球价值链上的位置变动体现了产业升级的变化（王直等，2015）。从这个角度来看，全球价值链攀升的过程也可以刻画出产业升级。例如，张耀辉（2002）认为，伴随着中国制造业从低附加值转变为高附加值，中国的产业呈现不断升级的态势；蒋兴明（2014）指出，只有同时实现了在全球价值链环节上的升级和对全球价值链控制力的升级，才能够实现中国产业升级的最优化。

（3）广义视角下的产业升级。较多学者尝试在研究中采取广义视角下的产业升级定义。例如，朱卫平和陈林（2011）发现产业升级的概念应拓展到产业高度化、价值链攀升以及生产活动的高级化。潘冬青和尹忠明（2013）发现，产业升级的定义不能局限为产业结构升级，应同时包括产业的高度化、产业的合理化以及产业的高级化。刘会政等（2019）指出产业升级的定义是与时俱进的，伴随着信息化时代的到来，信息化也应当嵌入产业升级的概念。

二　关于产业升级的路径

目前，中国经济高质量发展对产业升级提出了更高的要求。为了实现产业升级，众多学者从不同角度进行了路径分析。例如，刘健（1999）认为不同国家实现产业升级的路径差异性较大，经济增长较快的国家往往采取梯度型升级方式，经济增长较慢的国家往往采取跨梯度的升级方式。周叔莲和王延中（2000）认为，实现中国产业升级的有效路径是深化国有企业改革，将国有企业改革与国民经济的发展有机结合，以推进经济转型。夏京文（2007）认为嵌入全球价值链是实现中国产业升级的有效路径。干春晖和余典范（2003）认为，城市化是产业调整的重要推动力，城市化通过调整人口布局和提升消费需求，能够带动区域产业竞争力，从而实现产业升级。张晓云等（2009）坚持中国的产业升级是需要知识溢出的，应不断吸收发达地区的产业升级经验以达到落后地区实现产业升级的目标。在产业升级的路径讨论中，具有代表性的是产业价值链理论（潘成云，2001；马云俊，2010），通过合理地配置资源和要素，能够将中国的产业价值链不断延伸，以促进产业升级（杜义飞，2005）。陈佳贵（2012）认为，可以依靠消费刺激拉动内需，从而实现产业升级，同时，需要注意合理化收入分配格局，以强化消费需求对经济增长的推力。黄群慧（2018）指出，实现产业升级的路径需要将产业成长规律、产业结构理论以及产业政策变化等方面有机结合起来；改革开放以来，工业化进程逐渐加快，资源配置能力的高低直接关系产业升级的高低，合理地调整政府和市场之间的关系是提高产业资源配置效率的重要路径。

三　关于产业升级的主体

过往的研究往往将产业升级的主体限定为企业，然而，伴随着国家经济政策的调整，产业升级的主体不再局限于企业。例如，吕政（2000）认为，基于中国的发展现状，政府在经济发展中扮演着重要角色，因此，政府对中国产业升级具有重要助力。张春霖（2000）认为，产业升级的主体包括企业和政府，政府可以推进中国经济体制变革，通过产业政策直接调节产业结构，企业是产业政策的直接主体。企业和政府两个角色恰好对应了微观和宏观两个层面。江小涓（2015）利用中国家用电器行业的有关数据进行分析，并指出，不能直接引用国外产业组织理论解释中国的产业发展，对中国市场经济体制中的产业组织评价需要基于中国经济理论展开。黄群慧（2017）认为，实体经济体和虚拟经济体均是产业升级的主体，通过深化供给侧结构性改革，同时提升技术创新能力，能够有效地化解虚实经济体结构失衡。

四　关于产业升级的新特点

伴随着国家经济繁荣，产业升级逐渐呈现出不同的特征，例如，吕政（2004）认为，中国产业升级的着力点在不断变化，产业调整的主体慢慢地从政府机构转变为企业部门，从宏观转变为微观，产业升级更多地倾向于技术驱动。张玉春和李宗植（2006）认为，目前的产业升级逐步走向高级化，地区的主导产业类别不断更换，产业升级速度开始加快。刘世锦（2010）认为，产业升级的过程中应当注重资源环境约束，绿色化应当融入产业升级的含义，通过提升资源利用效率优化产业结构和产业布局。

五　关于产业升级面临的问题

目前，产业升级需要解决一些急迫性问题。例如，李寿生（2003）发现，目前企业规模小，分布离散，竞争力也不够，导致出口附加值不高,产业升级具有较强压力。张玉春和李宗植(2006)研究发现,中国产业在某些领域缺乏核心的自主创新能力,在资源利用率上存在严重的浪费现象,导致中国的制造业生产的产品具有较弱的竞争力。吕政(2007)则认为,产业升级的问题在于正视其与结构调整之间的矛盾。黄群慧和王钦(2007)认为,产能过剩问题是阻碍中国产业结构升级的重要因素。李晓华(2012)发现,落后产能问题是产业结构转型升级中的一大障碍,其通过价格扭曲和资源浪费等途径对产业生产率造成较大威胁。金碚(2013)发现,产业重复性建设以及产品同质化不利于产业结构优化。沈坤荣和徐礼伯(2014)指出,目前造成中国产业升级困难的最大阻碍是体制障碍、企业的思维僵化、发展模式中的路径依赖性较强。罗超平等(2016)认为,金融规模和金融发展效率的不足在一定程度上阻碍了中国的产业升级,因此,中国的金融市场仍须进一步完善和规范。

六　关于产业升级的对策

针对产业升级存在的一些问题,众多学者也从不同视角进行对策分析。例如,周叔莲和王伟光(2001)认为,加快基础设施建设能够促进产业升级,通过强化农业基础可以调整城乡产业布局,同时,体制创新和技术创新能够加速产业结构调整速度,实现经济高质量发展。吕政(2007)指出,降低产业低质量的重复建设、加快处置僵尸企业才能够提高产业活力,实现产业升级。王岳平(2002)认为,有针对性地对有潜力的产业进行扶持是有利于实现产业升级的,尤其是国家报告中提及的"战略性行业"。刘东英和程姿(2015)认为,通过基础设施投资、开拓消费者市场能够显著促进产业升级。黄兴年和王庆东(2016)发现,制定合理的贸易准则,能够提高我国贸易规模和出口积极性,贸易能够促进产业结构升级。史丹和王蕾(2015)认为,提高能源利用效率能够促进产业结构调整,采取绿色技术创新可以帮助实现清洁能源的推广,从而实现污染型企业改造和产业整体转型。邓向荣和曹红(2016)认为,实施积极的产业政策能够帮助产业升级。王荣（2019）发现，人工智能化的发展能够显著提高产业生产率，促进产业升级。

第六节 文献评述与研究展望

中国产业升级70年的研究呈现出显著的阶段性。在第一阶段，新中国成立后到改革开放前的研究重点回顾了一些学者对农业、轻工业与重工业之间比例关系的研究；在第二阶段，改革开放初期，学者重点关注企业研究与产业结构分类讨论；在第三阶段，有计划的商品经济提出后，有关经济周期、三次产业以及产业政策的文献研究得到了足够的关注；在第四阶段，社会主义市场经济确立后，学者针对产业升级研究的基础和产业组织理论的思考成了当时的重点；在第五阶段，21世纪以来，学者对产业升级展开了系统化研究，即从产业升级的概念、路径、主体、新特点、问题以及对策六个方面展开。

现有研究存在的不足和研究展望包括如下。

（1）产业升级的主导者究竟是政府还是市场，该问题的争议较多，政府和市场两个角色在经济发展中的影响力在大量研究中均得到了验证，但是有关政府和市场如何进行配合以实现产业升级的研究仍然有待进一步发掘。

（2）有关产业升级的影响因素分析较多。目前，学者根据产业升级的市场因素、政治因素、经济因素、文化因素和贸易因素等视角展开分析，但是这些影响因素对产业升级的具体影响力有多大？这些影响路径要怎样协调才能实现产业升级？这也是未来研究的一个关注方向。

（3）大量研究探究了产业升级的各种路径，然而尚没有研究指出各类路径的实现难度有多大，有哪些因素会阻碍产业升级路径的实现，对于不同地区不同行业的企业究竟该采取怎样的方案实现产业结构最优化。对产业升级路径的可行性分析具有一定现实意义，也是未来的研究方向之一。

（4）产业升级的研究更多地集中在理论研究上，如何进一步地展开微观层面的产业升级讨论仍然需要进一步努力。未来的研究可以通过调查企业数据对不同行业的企业发展程度进行评价，通过分析不同行业的产业升级模式，提炼出中国不同行业产业升级的特色方案。

第 三 章

工业技术创新研究

70 年来，中国工业技术水平不断提高，技术创新能力不断增强，中国工业整体技术水平与发达国家的差距逐步缩小，中国工业以至整个经济的进一步发展都将依赖于自主的技术创新，这已经是中国工业发展的基本主题。中国工业生产技术的现代化既是提高生产效率和资源配置效率的主要途径，也是工业化的基本前提和主要表现，是中国产业结构变化、劳动生产率提高的主要推动力。在工业技术水平发展的不同阶段，工业技术创新的研究有不同侧重点，经历了从早期技术引进为主，到技术引进基础上的消化吸收再创新，再到自主创新为主和依靠创新驱动工业发展的阶段，但在各个阶段都围绕实现技术赶超的目的。

第一节 技术引进为主时期的技术
赶超问题研究

新中国成立初期，工业技术基础一穷二白，无论是在改革开放之前的计划经济时代，还是在改革开放之后逐步完善的市场经济下，积极引进和学习国外先进技术，填补国内空白一直是我国工业技术进步快速发展并缩小与发达国家差距的重要手段，这一点得到了广泛认可，但在不同发展阶段，对于技术引进的具体方式、效果，不同学者和研究有不同看法。

新中国成立初期，我国工业主要引进和借鉴苏联的技术和经验，奠定了工业发展的技术基础，但以市场为导向的技术引进是在改革开放以后。孙尚清（1959）认为从新中国成立到 20 世纪 50 年代中期，移交基础设施和合股公司、提供长期贷款、转让工艺技术、赠送机械装备、派遣专家学者等方式对我国建设工业基础起到了积极作用。20 世纪 80 年代开始，我国积极承接国际产业转移，在吸引 FDI 的同时也引进大量先进技术，推动了国内工业技术水平的迅速提高。何道峰（1986）指出后起国家的工业化和现代化，无一例外都是从国外引进高位差技术设备，又不断将其产品推向国际市场的经济技术置换过程。贺沛海（1995）以轻工业为例，提出借鉴世界先进国家的领先技术，以某项、某几项技术引进的再创新为依托，能够带动整个企业、行业和地区的工业技术进步，从而实现"跳跃式"发展的战略目标。当然，仅仅依靠技术引进并不能真正获得技术能力，有很多国家在长期技术引进下并未实现国家的技术强大，我国的技术引进始终伴随着对引进技术的消化吸收和再创新。杨宁（1989）对玉溪卷烟厂技术引进和改造进行了研究，较早以案例方式论证了"引进、消化、吸收、再创新"路径的有效性。20 世纪末，在多个行业，通过引进国外先进技术，确实大大节省了技术发展的时间，迅速提高技术水平并缩小了与发达国家的技术差距。大多数学者也强调引进国外先进技术的同时要将重点从外延式方式向内涵式方式转变，增强自身技术开发能力，实现技术引进的良性循环。林毅夫、张鹏飞（2005）提出了一个落后国家通过发挥后发优势来实现技术追赶的内生增长模型，落后国家从发达国家获得技术可以实现更快的增长，并依靠技术进步最终收敛到发达国家。

总体上看，技术引进缩短了我国赶超发达国家的时间。并且，技术引进的路线到现在也没有放弃，技术赶超的目标到现在也没有改变。但在不同历史时期，针对不同行业、不同技术来源国、不同引进方式，技术引进的效果特别是对国内工业技术进步的促进作用有所区别。欧阳峣、易先忠等（2012）发现由于发展阶段不同，生产性投资与研发投资、模仿与创新对经济增长和技术进步的效应存在差异，由于中国梯度发展特征明显，在不同地区要有不同的配置，才能够实现技术创新对经济增长的最佳效果。徐涛（2003）的研究发现，引进 FDI 在解决一国资金缺口的同时还能实现技术引进，并且，FDI 与国内资金非同质性的高低会对技术引进的效果产生影响。张平等（2010）测算了 1978—2008 年全国各省全要素生产率，提出了对技术进步促进经济增长的一种理解，他们认为在由计划经济向市场经济的转轨过程中，资本深化在 20 世纪八九十年代起到了积极作用，但在后来资本深化与技术赶超出现了负向关系，中国在 2000 年以后 TFP 增长缓慢的一个原因是资本深化的持续技术创新的抑制作用。李向阳（1990）比较研究了日本和美国在跨国投资和技术转移中的差异，发现日本企业更愿意采用合资方式，加强对当地雇员的培训，向东道国出口机器设备来实现技术转移，但转移的技术多为水平较低、劳动密集程度较高的工艺技术。相比较而言，美国企业更喜欢独资方式，注重当地雇员和当地研发活动的技术转移，转移的技术和工艺水平也更高。唐未兵、傅元海（2014）认为技术引进的效果受技术引进依赖、技术创新的机会成本和逆向溢出等因素的影响；受技术差距、消化吸收能力等因素的影响，技术引进对经济增长方式转变的作用更加复杂。王然、燕波等（2010）的研究发现，基于研发外溢的 FDI 能够显著提高在国内下游内资企业的创新能力，而基于技术升级的 FDI 关联作用不明显。王子君、张伟（2002）认为对于发展中国家而言，技术许可比 FDI 有更好的技术溢出效果。王俊（2010）认为跨国外包并不像 FDI 或国际贸易那样通过单一路径发生技术溢出，我国当地企业难以通过"出口中学习""交流中学习"实现技术创新。安同良（2003）认为企业主体复杂性发育程度、技术环境变迁、市场结构、企业技术发展资源及投入是中国企业技术选择存在复杂适应性主体的路径依赖，在各种约束条件下，我国工业技术演进虽然不是最优路径但也是较好选择。

技术创新或技术引进提高全要素生产率仅是技术创新或技术进步促进经济增长方式转变的必要条件，而非充分条件，这就引起了学术界对技术引进与自主创新关系的研究。一些研究认为两者关系不明显，例如邢斐、张建华（2009）发现技术贸易对我国企业研发投入既产生直接的替代效应，也通过技术溢出提升企业技术创新能力，FDI 在短期对自主研发表现出显著促进或抑制作用，但长期影响不显著。但更多的研究认为技术引进并非在各种情境下都能够促进本国的自主创新，有时会产生抑制作用。肖利平、谢丹阳（2016）认为技术吸收能力决定了国外引进技术最终是促进还是抑制了本国技术进步，因此自主创新对创新增长有明显的效应，而直接购买国外产品的效果较弱，同时，存在"门槛"效应，即能力低于一定水平将很难从技术引进中吸收国外技术。傅晓霞、吴利学（2013）认为后发国家经济增速收敛到发达国家水平的同时，就技术赶超可以继续。后发国家的技术路线选择会对其研发产生决定性影响，自主研发成果对引进技术替代性越强，技术赶超效果越明显，但同时对国外技术依赖性也越强。

第二节　自主创新时期的技术能力
构建问题研究

随着我国工业技术水平的不断提高、工业化发展阶段的不断推进，国际技术转移环境也发生深刻变化，2000 年以后，中国工业技术水平的进一步提升再难建立在以技术引进为主上。2006 年，胡锦涛同志在全国科技大会上宣布了中国未来 15 年的科技发展目标，提出到 2020 年要建成创新型国家。从文献梳理可以很清晰地发现，在2005 年前后，对"自主创新"的研究开始明显多于"技术引进"，并且各类文献都基本认可自主创新已经成为工业技术能力提升最根本的动力。例如，李平和随洪光（2008）测算了原始创新、集成创新和消化吸收再创新三种创新能力在中国技术进步中的作用，结果表明，原始创新能力和集成创新能力对中国技术进步的贡献度在1998年之后呈持续上升趋势，而消化吸收再创新能力的贡献度则在1998年之后显著下降，直至2002年前后各种创新能力的贡献度渐趋平稳。

学术界对于如何提升自主创新的效率有几个研究思路。关于自主创新的模式选择，绝大多数研究认为，我国技术仍然与世界领先水平存在显著差距，并且中国工业发展和经济增长必须依赖开放的国际经济环境，因此，自主创新并不与技术引进相矛盾。吴延兵、米增渝（2011）指出产品创新是市场竞争中决定企业绩效成败的关键，独立创新、合作创新和模仿三种产品开发模式中，合作创新企业的效率最高，模仿企业的效率次之，独立创新企业的效率再次之。这表明，在中国经济转型期，合作创新是优于模仿和独立创新的产品开发模式，因而是企业获取竞争优势的最佳战略选择。当然，国外技术环境的变化也会对我国自主创新的效果产生影响，例如朱军（2017）认为自主创新强于技术吸收时，全要素生产率的提升会更慢，但同时也指出国外技术创新不确定性增大时，会抑制本国自主创新的发展。张海洋等（2011）提出，新产品技术效率（NPTE）是衡量工业自主创新效率的有效标准，通过这一标准发现，近年来中国工业企业规模、FDI、进口、R&D人员和消化吸收投入促进了NPTE的提高，R&D投资、技术引进和国内技术购买则对其有抑制作用。范红忠（2007）发现收入差距对一国研发投入和自主创新能力有着决定性影响。在一定条件下，收入差距对一国自主创新能力的损害，超过了其他要素的可能影响。此外，我国经济发展和工业技术水平区域梯度特征明显，因此有很多研究测算不同区域自主创新能力并给出相应政策措施。魏后凯（2004）提出了知识创造能力、自主创新能力、技术转化能力、技术创新活力、技术创新绩效和创新支撑能力是决定区域工业技术创新水平的重要因素。杨屹、薛惠娟（2010）则认为地区产业自主创新能力水平取决于投入能力、配置能力、支撑能力和产出能力，且各项能力的均衡关系最有助于促进自主创新的发展。李晓钟、张小蒂（2008）认为 FDI 能够提升区域的一般技术创新能力，对中国而言，这种提升效果东部较高，中部次之，西部不明显。

第三节　创新驱动发展新阶段的工业技术创新问题研究

党的十八大报告指出，"科技创新是提高社会生产力和综合国力的战略支撑，必须摆在国家发展全局的核心位置"，"把全社会智慧和力量凝聚到创新发展上来"。这清晰地表明创新驱动发展成为国家发展的重要战略。近年来，已有不少理论和政策研究就国家创新体系建设、技术创新与产业转型升级等问题做了深入探索，形成了一批有价值的研究成果。周叔莲等（2012）认为，对创新驱动发展的研究应以"创新收益率"和"创新效率"作为整个研究的逻辑起点，当前创新驱动发展问题研究的主要任务有以下五个方面：一是构建创新驱动发展的统一分析框架，二是分析工业化国家创新发展的历史经验和最新动态，三是研究制约经济发展方式转型的"瓶颈性"因素，四是厘清不同类型产业创新发展面临的特殊障碍，五是探讨不同类型企业转向创新发展的潜力和条件。

创新驱动发展的本质是高技术产业创新向中低技术产业转移和扩散，带动中低技术产业全要素生产率提升和资源配置优化的过程。王伟光等（2015）构建了一个高技术产业创新驱动中低技术产业增长模型，提出了产业间创新驱动指数，发现"干中学"、研发和知识溢出等内部因素与知识产权、FDI 和企业规模等外部条件的交互作用，影响中低技术产业增长向高技术产业收敛或发散的过程。李果（1997）分析了不同创新密集度产业工业增长的情况，发现工业总产值的增长主要来自创新更活跃的产业，就业的增长也主要依托中高创新密集度的行业。

要实现创新驱动发展，形成良好的政策环境是重点。王海兵、杨蕙馨（2016）发现我国创新驱动发展现状并不乐观，在影响创新驱动的相关因素中，政府干预倾向和非市场化程度交互项的显著负向影响反映出利益集团式勾结的破坏性作用。但李飞跃（2012）认为政府对技术选择的干预，能够通过要素的相对生产效率影响要素价格，进而调节部门间的要素配置，改变经济结构和技术进步速度。吕薇（2012）指出要实现从要素驱动和投资规模驱动发展转向创新驱动发展，必须实现政策导向的转变，特别是要优化教育结构，改进教育模式，供应创新链条各环节需要的多层次创新人才。

很多研究提出了我国工业技术进步放缓，技术创新效率难以提升的重要原因在于创新制度的不完善和不科学。例如，白俊红、卞元超（2016）认为劳动力和资本要素扭曲抑制了创新活动的开展和创新效率的提升。唐晓华和唐要家（2004）指出中国不同所有权工业在技术创新的资源配置和创新激励的配置上具有明显的不匹配性，这对技术创新绩效差异有重要的影响。张世贤（2005）提出了技术研发的"阀值效应"，认为只有当研发投入达到一定水平之后才会产生效果，而研发资源的分散是我国高技术产业技术进步的最大障碍。洪银兴（2010）从创新投入的动力和协调机制入手，发现政府对创新投入的刺激存在市场失效的情况，这可能是导致政府支持无法有效刺激企业创新的原因。

针对技术创新的制度缺陷，"十五"规划中首次提出了"国家创新体系"，从而推动了学术界对技术创新制度建设的研究。安维复（2000）指出现代科学技术革命在本质上是创新的体制化，它的运行机制是基础研究、技术创新、产业扩散和社会传播的互动流程，它的结构是大学、研究机构、政府和企业等为创新而合作的"科学共同体"。很多研究认为，政府组织技术创新活动的能力有限，相对于破解工业发展的其他难题，政府更需要在技术创新制度建设中加强自身的改革，减少"看得见的手"的使用。柳卸林（1993）提出市场是一个对技术创新进行自组织的过程,市场机制是推动技术进步的根本。龚刚、魏熙晔(2017)明确提出国家创新体系的构建和创新驱动发展战略的实施,为跨越中等收入陷阱奠定了制度基础。陆国庆(2011)构建了包括创新外溢效应、创新投入、创新产出和产业效应等变量的分析框架,其研究表明中国企业绩效与创新投入、创新产出呈显著的正相关性,而与政府支持力度之间没有显著的相关性甚至呈负相关性。

知识产权保护是重要的技术创新制度保障,国内学者的研究从我国实际情况出发,并不完全赞同国际上(主要是发达国家)关于知识产权保护的理论判断。例如,王华(2011)发现更严格的知识产权保护对技术创新的影响取决于该国的初始保护力度,发达国家所适用的最优知识产权保护力度显著高于发展中国家,这表明,发达国家实施的"国际统一知识产权保护制度"是不符合发展中国家实际利益的。再如,江小涓等(2002)发现外国人在中国申请专利的主要动机在不同行业有所区别,生物医药、机电行业的主要目的是促进出口,电子信息行业的主要目的是直接投资,航空航天行业的主要目的是战略性防卫。

第四节 评论与展望

从新中国成立初期开始,我国就明确了在技术上赶超世界先进的技术创新目标,因而无论是改革开放之前还是改革开放之后,无论是以技术引进为主的发展阶段还是以自主创新为主的发展阶段,对工业技术创新的研究都是以缩短与发达国家技术差距为目标的。

改革开放之后,我国技术创新研究的理论基础基本来自熊彼特的创新理论,虽然熊彼特的相关著作在1965年被翻译为中文引入中国,但以技术创新为研究对象的文献绝大多数出现在1989年之后。并且,对技术创新的研究经常是跨学科的,很多文献同时应用经济学和管理学的理论。总体上看，不同时期国内技术创新研究服务于当时技术创新的现实需要，例如早期主要研究技术引进问题，随后是引进技术的消化吸收和再创新问题，2000 年以后开始了对自主创新的研究，近年来的研究重点是创新驱动工业发展。

虽然取得了大量研究成果，中国特色的技术创新研究体系也已逐渐形成和完善，但对于如何将中央有关加快转变经济发展方式、实现创新驱动发展的战略部署落到实处，在理论构建政策支持方面，还存在诸多问题，亟待加强研究。此外，企业作为技术创新的主体，也还有很多问题需要深入研究。

第 四 章

工业生产效率研究

新中国成立 70 年来，中国的工业发展先后经历了起点低、进步缓慢的积累阶段，到高速增长的发展阶段，再到高质量发展的阶段。20 世纪 50 年代工业技术水平薄弱，到 80 年代大规模工业化原始积累，再到改革开放 40 年以来快速工业化，中国的工业增长对国民经济的发展贡献巨大。进入新时期，中国经济已由高速增长阶段转向高质量发展阶段，在资本、劳动等要素投入约束日益增强的背景下，根据新古典经济理论，推动经济高质量发展必须依靠提高全要素生产率。

回顾新中国成立 70 年以来工业生产效率的研究历程，可以主要概括为以下五个时期。

第一个时期是新中国成立后到改革开放前（1949—1977 年），这一时期实现工业化是中国经济发展的主要目标，研究主要集中于对全员劳动生产率的研究。

第二个时期是改革开放初期（1978—1991 年），这一时期中国开始实行改革开放，解放和发展生产力成为时代主流，工业生产效率变得尤其重要，研究集中于对全要素生产率的定义和测算进行初期探究。

第三个时期是社会主义市场经济确立时期（1992—2001 年），建立和完善社会主义市场经济体制是这一时期中国进一步深化经济体制改革的一项重要内容，学术界基本确立了以全要素生产率衡量工业生产效率的方法。

第四个时期是社会主义市场经济完善时期（2002—2012 年），这一时期社会主义市场经济已经基本确立，完善市场经济体制、确保中国经济持续稳定增长是中国的迫切需求，工业生产效率的研究为理解这一问题提供了理论支持，因而这一时期中国工业生产效率研究开始更加系统化。

第五个时期是社会主义建设新时代时期（2013 年至今），党的十八届三中全会召开、"一带一路"倡议提出、供给侧结构性改革深入推进，都表明中国对经济发展转为高质量发展具有迫切需求。绿色全要素生产率能够有效地衡量经济发展质量，因而成为这一时期研究工业生产效率的重要指标。

第一节　新中国成立后到改革开放前的研究（1949—1977 年）

新中国成立之初，党和国家面临内忧外患，工业基础薄弱，经济发展一穷二白。为了使国家尽快改变积贫积弱的基本面貌，1953年"一五"计划开始实施，新中国进入大规模经济建设时期。受苏联经济学界的影响，这一时期中国对于工业生产效率的研究，主要是针对"全员劳动生产率"，并对工业生产效率的含义与考察指标产生了不同意见（刘铮，1956；佟哲晖，1956；朱德禄，1956；王乃浦，1956）。从社会观点来看，（全员）劳动生产率是人们在一定时期内各种有目的的生产活动的有效程度，对这一定义，国内学界基本认可。但是关于如何理解和计算这一指标，国内学界存在一定争议。刘铮（1956）认为，按照生产工人计算的劳动生产率是正确的、基本的和可比的指标，且按工业生产工人计算的劳动生产率指标有一定的经济学意义，但是全员劳动生产率是没有科学依据的。不同于刘铮（1956）的研究，王乃浦（1956）指出，全员劳动生产率指标是有科学依据的，且这一指标的提出有利于相关政府部门控制定员工作和改善劳动组织。对于这一观点，佟哲晖（1956）持反对的观点，他认为，劳动生产率只应该被理解为从事物质生产活动的工作人员每人在单位时间内所生产的产品数量，因此对于从事非生产活动或服务于非生产领域的工作人员，计算其劳动生产率没有经济学含义。朱德禄（1956）也认为全员劳动生产率的科学依据值得商榷。随后，王积业（1962）、孙云鹏（1963）、孙连成（1963）、吴宣恭（1964）等陆续讨论了劳动生产率在统计学上的计算方法及与商品价值量之间的关系，逐步修正和完善了中国对于工业生产效率的计算和理解。李隆章（1959）按照物化劳动的总量对劳动生产率进行测度；孙云鹏（1963）认为应从动态和静态两个层面对劳动生产率进行测算比较。

第二节　改革开放初期的研究
（1978—1991 年）

　　1978 年 12 月，党的十一届三中全会提出了对内改革、对外开放的政策，即"改革开放"。改革开放后，国营企业尤其是工业企业的自主经营权得到明显改善，受此影响，国内学界对工业的研究更加关注，逐渐将工业生产效率从劳动生产率中分离出来。范炳堃（1980）发现，劳动生产率可以用来衡量社会生产力的发展水平，劳动生产率的提升可以促进社会主义企业的发展。孙岫琴（1982）对工业企业的劳动生产率进行了初步探究，发现产业结构不合理、技术人员素质低、技术设备陈旧、工艺落后、经营管理差、工业布局不合理等是中国工业企业生产效率不高的主要原因。朱章国（1982）、原崇信和温武秀（1982）指出，市场规模对于中国经济增长和生产效率提升具有重要意义。曾国祥（1982）、张曙光和张问敏

（1980）发现，投资规模扩大能够显著提高中国工业生产效率。随后，王建始（1983）将"EVOP"（调优操作）方法引入国内，这是一种实用且经证实验证的方法，可以用来提高研究和开发工作的有效性，这种有效性是在给定的资金和时间条件下用所获得的新的信息量来度量。这是国内学界关于提高工业生产效率方法论的一次重要尝试。

随后，1984年商品经济的正式提出坚定了中国经济体制改革的大方向，工业生产效率更加得到重视，提高工业生产效率成为当时中国经济发展的迫切需求，这一背景加速了国内学界对工业生产效率的进一步讨论。同时，学者不再局限于对工业生产效率含义的理解和指标的计算，而是更加注重影响工业生产效率的内在指标因素。对于如何提高工业生产效率和工业生产效率受何种因素影响，国内学者纷纷进行了研究。研究主要发现，劳动投入、资金投入、产业结构和技术进步等是影响工业生产效率提高的主要因素（刘静，1991；杨春旭，1991）。其中，刘静（1991）对中国工业中劳动与资金投入进行实证分析，寻找影响中国工业生产率增长的主要因素，发现劳动力质量结构水平低下是其深层原因，而这一原因又影响到资金生产率与全要素生产率的增长和提高。这一结论与杨春旭（1991）的观点基本一致。丁方允（1989）、袁嘉新（1991）以及汪定伟等（1989）均表明，技术进步对中国全要素生产率的贡献度较大。

在工业生产效率指标的衡量上，史清琪等（1988）认为企业的技术升级、企业管理方式的改进、生产的产品质量等因素的改善都意味着工业生产效率的提高。随后，陈宽等（1988）指出，中国统计中有关效率的指标只有单要素生产率，而单要素生产率往往不能全面反映生产的实际效率，应采用国际上广泛使用的全要素或多要素生产率。

与此同时，随着中国学者开始分析经济改革产生的经济影响，一些学者认为中国工业生产效率有了很大提升（史清琪，1986；秦宝庭等，1989），而另一些学者则认为所有的工业增长主要来自要素累积的结果，这一结论和国外一些学者的研究存在差异（陈时中等，1986）。

第三节 社会主义市场经济确立时期的
研究（1992—2001 年）

1992 年，党的十四大正式提出建立社会主义市场经济体制的目标，建立和完善社会主义市场经济体制是中国进一步深化经济体制改革的一项重要内容。国内学术界关于工业生产效率的研究也进一步深入，这一时期主要对工业生产效率涉及的两个方面进行了深入研究。

首先，工业生产效率指标的重要性开始越来越受到学术界的关注，中国学者开始慢慢采用全要素生产率对经济增长进行研究。例如，陈宽和谢千里（1992）对中国工业生产效率的测算和对经济增长的贡献分析做了大量工作，实证检验了改革开放对中国经济的促进作用，研究发现，改革开放之后的工业生产效率显著促进了中国经济的增长。沈坤荣（1993）采用全（综合）要素生产效率对 20 世纪 80 年代江苏省工业增长中综合效益的变化及其对经济增长的贡献进行定量测算，研究发现，80 年代江苏工业经济增长中投入增加的作用大于效益提升的作用，其对应的全要素生产率并不高，因此江苏工业要实现增长道路的转换，就必须要建立在全要素生产率的贡献率不断上升的基础上，在社会主义市场经济框架下，深层次推进改革。

其次，对于工业生产效率的影响因素和影响机制，学者进行了大量研究，研究内容更加丰富，研究对象也更加细致。资本投入、研发投入、人力资本、技术溢出等之前关注的影响因素得到进一步研究，研究结论也呈现出较大差异（郑玉歆等，1995；雷明，1997；

雷明、冯珊，1996）。之前研究所未能涉及的出口规模、产业集聚、政治关联和财政分权等因素也逐渐被纳入工业生产效率的研究。例如，金和辉和杜志雄（1993）通过考察不同农村地区的工业生产效率与地区之间的差异，发现农村工业生产效率的提升与农村特定的制度环境有关。程茂吉（1995）提出了中国沿海地区的技术产业集聚能够有效地提高地方全要素生产率。王道义（1996）和符正平（1999）也进一步指出了产业分布的空间集聚特征对地方经济增长和生产效率提升的促进作用。李兆熙（1992）提出了企业具有政治关系能够在短期促进企业全要素生产率的提升。姜承昊（1997）研究发现财政分权能够有效提升经济效率。此外，还有众多学者从不同行业的角度考虑研发投入对行业生产率的影响（郭克莎，1990；郑玉歆等，1995；雷明，1997；雷明、冯珊，1996），其研究结果也各不相同。

第四节　社会主义市场经济完善时期的研究（2002—2012 年）

2002 年，党的十六大的召开标志着中国社会主义市场经济体制已经基本确立，社会主义市场经济迫切需要深化和完善。中国经济逐渐由"粗放式增长"到"软着陆"，力图实现"稳中求进"，工业生产效率对下一步中国的经济发展显得尤为重要。一些文献探讨了工业生产效率对中国经济增长的贡献。例如，涂正革和肖耿（2006）运用增长核算法（Growth Accounting），基于 1995—2002 年中国企业数据系统测算 37 个二位码工业行业的全要素生产率，并据此分析中国经济增长能否持续。研究发现：（1）1996—2002 年工业增加值增长率平均为 11.5%，而全要素生产率的行业加权年均增长率为 6.8%，且呈逐年上升的趋势，经济增长的主要原因在于全要素生产率的提升。（2）全要素生产率的提高与资本深化密不可分。工业产出高速增长的同时，伴随着资本增长放缓及从业人数的绝对减少。总而言之，若不受到国际重大事件影响，中国经济能够持续高速增长，人均资本拥有量的提高是主要原因，但需要注意提高部分国家垄断行业的开放性。针对中国经济转型的渐进式方法产生持续的高增长，经济学家们越来越认为这种增长是"粗放式"的，主要是靠增加投入获得的（郑京海等，2008）。随后的大部分研究显示，改革开放以前的中国经济增长效率较低，全要素生产率增长缓慢，而改革开放后经济增长质量有了较大改善。例如，傅勇和白龙（2009）发现，在改革开放后的八年内全要素生产率每年按照接近3%的速度增长，全要素生产率并没有出现明显下滑趋势。刘明和李善同（2011）也发现改革开放后，中国产业要素中的劳动力和资本的结构变动度逐渐加快，全要素生产率逐步提升，且变化趋势较为平滑。

对于影响中国工业生产效率增长的主要因素，现有研究主要从干中学、研发投入、人力资本、技术溢出、市场规模、出口贸易、政府制度、产业集聚、政治关联、财政分权等方面进一步细化和完善。主要包括以下几个方面。

关于干中学的影响。例如，陈超和王海建（2002）建立了包含环境外在性的内生经济增长模型，得到了模型的平衡增长解，并且在考虑环境污染负效用的情况下，得出干中学效应对经济可持续发展有正向效果的结论。杨宏林等（2004）发现，现代化经济增长的核心动力是技术创新，将能源利用方程的约束条件纳入增长模型，可以得出干中学和知识外溢能够通过促进技术进步提高能源利用率从而实现经济的可持续发展的结论。杨玲和杜运苏（2012）认为，中国制造业的快速发展加剧了能源不足、环境污染等问题，实现制造业转型迫在眉睫，而人力资本对于制造业转型极为重要，其可以通过干中学方式加速人才积累，推动制造业转型升级。

关于研发投入的影响。例如，吴延兵（2008）、夏良科

（2010）、柳剑平和程时雄（2011）的研究结论表明，中国的研发投入能够显著地提升全要素生产率。孙晓华等（2012）的研究表明，研发投入对不同行业作用的差异性明显，研发投入和产业间研发溢出促进了资源加工业和机械电子行业的全要素生产率。

关于人力资本的影响。比较有代表性的包括：彭国华（2007）分析了中国省级人力资本的影响，研究得出高素质人力资本能够促进全要素生产率，但是未接受高等教育的人力资本不能促进全要素生产率。魏下海和张建武（2010）通过门槛回归模型建立了非线性面板模型，研究发现中国人力资本对全要素生产率增长的影响存在门槛，当人力资本水平超过一定值时，人力资本能够显著提高全要素生产率，并且能够跨越门槛水平的省份多数是东部发达省份。黄燕萍等（2013）研究发现，高中及以上学历的人力资本能够促进全要素生产率，而初中及以下学历的人力资本水平并不能促进全要素生产率。

关于技术溢出的影响。比较有代表性的包括：黄先海和石东楠（2005）研究发现，在开放经济的条件下，本国的研发投入和外国的技术溢出都会对全要素生产率产生影响。张全红（2008）对技术溢出模型进一步拓展，引入人力资本因素，发现国外研发资本存量也可以通过贸易渠道溢出来提高中国全要素生产率。

关于市场规模的影响。比较有代表性的包括：徐康宁和冯伟（2010）、张国胜（2011）在研究中均发现本土市场规模效应能够显著促进技术创新效率。陈丰龙和徐康宁（2012）认为，本土市场规模对全要素生产率的影响存在行业异质性差异，本土市场规模并不能显著促进劳动密集型行业的全要素生产率。

关于出口贸易的影响。比较有代表性的包括：许和连和栾永玉（2005）认为出口贸易可存在干中学效应、竞争效应与产业关联效应，产生一定的技术外溢。当企业的工资上涨或者利润缩减时，企业更加倾向于吸收国外先进技术以促进企业生产率提高。李平和田朔（2010）将出口规模扩大带来的技术溢出效应划分为水平溢出效应和垂直溢出效应，总体而言，出口贸易能够通过提高技术创新溢出促进全要素生产率提高。

关于政府制度的影响。比较有代表性的包括：王文举和范合君（2007）将全要素生产率中的技术进步与市场化改革加以分离，分别测度了技术进步与市场化改革对经济增长的贡献水平，研究发现，中国的市场化改革对全要素生产率具有促进效果，贡献水平达到了14.22%。赵文军和于津平（2014）利用1995—2000年中国宏观层面的数据进行实证分析，将市场化这一制度变量纳入研究框架，从全国和地区两个层面系统检验了市场化进程对经济增长的影响。

关于产业集聚的影响。比较有代表性的包括：柴志贤和黄祖辉（2008）发现制造业的产业多样化能有效提高行业生产率。刘修岩（2009）也发现制造业的就业密度越高越有利于增加劳动生产率。范剑勇（2008）发现，产业集聚增加1%会促进全要素生产率提高8%。

关于政治关联的影响。比较有代表性的包括：李维安和徐业坤（2012）认为政治关联度越高越有利于生产率提高。黄灿（2013）基于民营企业抽样调查数据，实证研究了民营企业主政治身份所隐含的政治关联对企业绩效的影响，结果显示，民营企业主的中共党员身份一定程度上有利于企业全要素生产率的提升。

关于财政分权的影响。比较有代表性的包括：王定祥等（2011）分析了财政分权、银行信贷和全要素生产率三者间的关系，研究发现，财政分权程度以及国有银行信贷能够显著促进全要素生产率，并且政府主导下的国有银行信贷对全要素生产率的影响主要是基于技术进步路径。曾淑婉（2013）通过分析财政支出对全要素生产率的影响，发现财政支出规模扩张可以提升全要素生产率，并且教育和公共服务支出对周边地区的全要素生产率能够产生正向空间溢出性。

针对工业生产效率应该如何科学测算，学术界也在不断完善，这一时期学者普遍认为全要素生产率是衡量工业生产效率较为科学的综合指标，而对全要素生产率测算的研究多采用以下四类方法：索洛余值法、随机前沿生产函数法、半参数估计法和非参数生产率指数法（涂正革、肖耿，2006；王志刚等，2006；余淼杰，2010；岳书敬、刘朝明，2006；舒元、才国伟，2007）。孙琳琳和任若恩（2005）、吴延兵（2006）、涂正革和肖耿（2006）均采用索洛余值法测算了中国的全要素生产率；王志刚等（2006）采取超越对数生产函数方法对中国地区间生产效率演进进行研究；余淼杰（2010）利用半参数估计法测算了1998—2002年中国制造业企业的全要素生产率，研究发现贸易自由化能够显著提高全要素生产率；王海宁（2010）基于DEA方法测算全要素能源效率，发现产业集聚能够促进全要素能源效率；张庆芝（2012）采取超效率DEA模型测算了中国企业层面的能源效率，并按照效率前沿标准测算得出各企业综合能耗的冗余程度。

第五节　社会主义建设新时代的相关研究（2013年至今）

2013年以后，中国经济进入高质量发展的新时期。党的十九大报告指出，我国经济已由高速增长阶段转向高质量发展阶段，必须坚持质量第一、效益优先，以供给侧结构性改革为主线，推动经济发展质量变革、效率变革、动力变革，提高全要素生产率。对经济高质量发展的研究更进一步转向全要素生产率方向，主要集中在微观领域，且在计算结果方面取得了一定的进展和新发现。例如，杨汝岱（2015）基于1998—2007年中国工业企业数据库，在Brandt等（2012）的基础上做了大量的改良工作，运用OP方法对中国工业企业全要素生产率进行测算，研究发现，1998—2007年，中国工业企业全要素生产率稳定增长，从2.93增长到4.11，增长了40.3%，年均增长速度为3.83%。全要素生产率的年度增长速度变化较大，在2%—6%波动。他们的研究与中国大部分有关全要素生产率计算的文献相符，为中国工业企业的全要素生产率增长提供了可信的证据（见表4—1）。同时，杨汝岱（2015）还利用BHC、GR、FHK和MP等分解方法，发现制造业生产率的增长主要和企业自身成长有关。任曙明和吕镯（2014）利用ACF两步法对工业企业的全要素生产率进行估计，系统研究融资约束、政府补贴对工业企业全要素生产率的影响。

表4—1　　　　　　　　关于中国工业全要素生产率的主要文献

文献	数据	方法与研究对象	结论
戴觅、余淼杰（2011）	中国工业企业数据库	OP，制造业	1999—2007年总增长不到15%
李玉红等（2008）	中国工业企业数据库	非参数估计，工业	2000—2005年年均增长2.5%
鲁晓东、连玉君（2012）	中国工业企业数据库	OP，LP	1999—2007年年均增长2%—5%
李小平等（2008）	行业数据	非参数数据包络分析法（DEA），工业	1999—2003年年均增长9.7%
姚战琪（2009）	行业数据	非参数数据包络分析法（DEA），工业	1985—2007年年均增长5.13%
杨汝岱（2015）	中国工业企业数据库	OP，工业	1998—2007年年均增长3.83%

资料来源：笔者整理。

在应对全球气候变化的背景下，中国工业增长必须转向创新驱动，绿色全要素生产率成为衡量中国工业生产效率的重要指标，对评价中国工业生产效率具有重要意义（李斌等，2013；周五七、武戈，2013；许冬兰等，2016）。例如，李斌等（2013）选择了非期望产出的 DEA – SBM 模型测算中国分行业的绿色全要素生产率，研究发现，2001—2010 年中国绿色全要素生产率存在下降趋势，环境规制能够促进绿色全要素生产率提升。周五七和武戈（2013）发现，资本深化不能有效地促进绿色全要素生产率，财政分权和国有化程度均抑制了绿色全要素生产率。汪锋和解晋（2015）发现中国的能源使用效率有增长的趋势，教育投入、创新投入和市场化程度能够促进绿色全要素生产率，而外商直接投资会加剧"污染避难所"效应。陈超凡（2016）认为，不合理的能源结构不利于绿色全要素生产率提升。环境规制对绿色全要素生产率的影响尚未越过"波特拐点"。张帆（2017）研究发现，金融发展能够促进绿色全要素生产率，但是这种影响边际递减。岳鸿飞等（2018）发现，技术创新以年均1.047%的增长率成为绿色全要素生产率的重要原因，制度改进对工业绿色全要素生产率的贡献高达34.4%。师博等（2018）发现，针对不同制造业，提高绿色全要素生产率需要制定差异化的环境规制政策。

综上所述，这一时期学者对全要素生产率的研究也比较丰富，从研究方法来看，研究方法丰富且更加合理，并得到了一定有益的发现；从研究结论来看，技术创新对提升绿色全要素生产率至关重要，环境规制、金融发展和财政分权等因素也在一定程度上影响中国绿色全要素生产率的提高。

第六节　研究评述与未来方向

在测算方法上，大量研究采取了 DEA 方法和随机前沿生产函数方法，测算方法较为成熟，也得到了广泛的运用。全要素生产率的研究建立在一系列严格的假设和约束之上，虽然这些假设和约束能够帮助学者从复杂的现实中抽象出问题本质，但同时也可能使理论与现实经济产生偏差。从索洛模型的单产出模型到多投入单产出模型和多投入多产出模型，从确定性生产前沿理论到不确定性生产前沿理论，学者对全要素生产率的研究和突破性进展均是以放松假设为前提，未来的相关测算研究可能也会在放松假设这一方向上。

在影响因素上，由于中国的现实情境，学者对于全要素生产率的影响因素选取视角也各不相同，对全要素生产率的影响因素分析可能是聚焦于不同领域因素的综合影响，未来应进一步细化全要素生产率的分解研究。

从全要素生产率的影响效果来看，现有研究主要从全要素生产率对经济增长等宏观层面进行分析，未来的研究可以尝试更多的企业微观视角。从研究的理论来看，全要素生产率与人力资本理论、贸易理论和制度经济学等关系紧密。当前学科交叉研究已经成为众多领域的研究方向，未来随着其他学科的发展，全要素生产率的研究也与其他学科更多地融合，为相关研究提供理论和数据支撑。从实证研究来看，全要素生产率的研究与数理方法的发展联系紧密，伴随大数据等方法的广泛应用，全要素生产率的研究也会采取更多先进的测算方法。基于经济发展趋势，全要素生产率的研究也会更多地与互联网经济和产业结构调整等问题联系。

第 五 章

对外开放研究

新中国成立 70 年来，我国对外开放走过了艰难起步、遭受冲击、渐进改革、稳步增长和加速推进五个阶段。与此相对应，对外开放领域的学科发展也经历了引进为主、发展停滞、恢复前进、改革创新、高质提升五个阶段。不同阶段的时代背景、知识积累、实践经验有异，对外开放及其领域内的学科发展特征在不同阶段的特征也不一样。本章以贸易和外资两个学科为例回顾了不同阶段的研究热点，发现学科研究热点内容随着对外开放实践和学科理论体系的发展而呈现出横向上的拓展趋势和纵向上的深化趋势。未来需要中国理论研究者和实践探索者在学科体系、学术体系、话语体系建设上加大努力，为形成具有中国特色、中国风格、中国气派的对外开放理论和实践做出更大贡献。

第一节　对外开放基本历程

早在新中国成立前，在党领导人民进行革命斗争的过程中，对外开放的思想便开始萌生并逐步深化，如在抗日战争期间，为建立和扩大抗日民族统一战线力量，中共中央提出"欢迎华侨资本家到苏区发展工业"和"吸收政府、民间与外国三方面的资力"的主张。1949 年新中国成立后，我国对外开放在艰难环境中起步，通过引进"156 项工程"、实施"四三方案"等方式，为扭转我国薄弱工业基础、建立完备工业体系、提升工业生产能力等发挥了重要作用。1978 年党的十一届三中全会以来，随着改革开放的不断深化，我国对外开放也开始不断摸索和改进，在"摸着石头过河"的过程中，形成了具有中国特色的渐进式对外开放道路。2001 年加入世界贸易组织（WTO）后，我国充分抓住历史机遇，加快完善社会主义市场经济体制，通过积极融入全球分工体系，推进对外开放在国际化的广度和深度上不断拓展。2013 年党的十八大胜利召开后，以"一带一路"倡议的提出为标志，我国对外开放也进入了新的历史阶段。如果从上述历史典型事实的发展脉络来看，新中国成立后我国对外开放的基本历程可以分为五个阶段：一是 1949—1965 年的艰难起步阶段，二是 1966—1977 年的遭受冲击阶段，三是 1978—2000 年的渐进改革阶段，四是 2001—2012 年的稳步增长阶段，五是 2013 年至今的加速推进阶段。

一　1949—1965 年：艰难起步

新中国成立初期，在饱受战乱创伤后，我国面临着十分困难的经济形势，如农业生产所需的水利设施、耕地牲畜和农用器具等遭到大幅度破坏，工业发展所需的生产资料、机器设备和交通基础等极其匮乏，工农业发展极不协调等。尽管我国提出要优先发展重工业，但所需投资规模大、建设周期长、技术要求高，与当时资本稀缺、产业不全、技术落后的现实形成了鲜明对比，迫切需要通过对外开放战略完成巨大的资本积累。然而，由于以美国为首的西方国家采取政治上孤立、经济上封锁、军事上威胁、外交上敌视等高压政策，我国提出了"一边倒"的外交策略，即在资金借贷、直接投资、项目援建、技术引进等方面与以苏联为首的社会主义国家开展合作。1960 年，苏联政府突然单方面终止援建合同并撤回全部专家和技术人员，尽管加重了我国推进对外开放进程的困难，但也加速了我国自主探索符合中国特色对外开放之路的进程。这一时期，我国对外开放中最典型的案例是引进苏联的"156 项工程"，即 1950年毛泽东率团访苏期间签订的 50 个工业企业项目、1952—1953 年周恩来率团访苏期间签订的 91 个工业企业项目和 1954 年赫鲁晓夫率团访华期间签订的 15 个工业企业项目。

二　1966—1977 年：遭受冲击

1966 年，"文化大革命"爆发，我国对外开放进程受到严重冲击。这一时期，在极左思潮的冲击下，我国正常的对外交往和引进行为往往都会被批判。尽管如此，国际形势开始发生有利变化，如我国于 1971 年 10 月恢复了联合国合法席位，与美国于 1972 年 7 月在上海发表《中美上海公报》，与日本于 1972 年 10 月决定建立外交关系并在北京发表《中日联合声明》等，使得我国对外开放也出现了一些历史性机遇。因此，这一时期我国对外开放也并未完全陷入停顿状态。我国对外开放中最典型的案例是"四三方案"，即国家计委在 1972 年提出《关于进口成套化纤、化肥技术设备的报告》《关于进口一米七连续式轧板机问题的报告》《关于进口成套化工设备的请示报告》的基础上，于 1973 年在《关于增加进口、扩大经济交流的请示报告》中建议，"拟在今后三五年内，集中进口一批成套设备和单机设备……初步提出进口 43 亿美元的方案……"

三　1978—2000 年：渐进改革

1978 年 12 月，党的十一届三中全会召开，将党和国家工作中心转移到经济建设上来，由此打开了我国改革开放之路。为了给对外开放提供制度保障，我国第一部关于利用外资的法律，即《中华人民共和国中外合资经营企业法》，于 1979 年起草、通过并正式实施。随后，我国陆续出台了包括《中华人民共和国中外合资经营企业登记管理办法》《中华人民共和国中外合资经营企业所得税法》《中华人民共和国外汇管理条例》《中华人民共和国外资企业法》《中华人民共和国中外合作经营企业法》等在内的一系列法律、法规，有效促进了我国对外开放各项工作的恢复。1992 年，邓小平的南方谈话在意识形态上结束了当时姓"社"姓"资"的争论，为利用外资创造了良好的政治环境。同年，党的十四大提出"进一步扩大对外开放，更多更好地利用国外资金、资源、技术和管理经验"，从而坚定了我国走对外开放之路的信心。

四　2001—2012 年：稳步增长

2001 年，我国正式加入世界贸易组织（WTO）。在坚持"引进来"和"走出去"相结合方针的指导下，我国不断完善相关领域的法律法规，通过大力发展加工贸易、积极吸引外商直接投资等方式，迅速融入国际生产网络，在短时间内成为"世界工厂"。与此相对应，我国进出口贸易总额连年攀升，且始终处于顺差状态。2007 年，美国爆发了次贷危机，很快波及全球，使世界经济增长前景陷入困境。尽管我国国内生产总值（GDP）增速受国际市场需求萎靡、大宗商品价格上涨、国内劳动成本提高、信贷平均利率飙升等因素的影响，出现了明显下降的趋势，但全面提高对外开放水平的努力并未中断，因此，进出口贸易总额在 2009 年出现短暂萎缩后，又迅速恢复了上涨趋势。

五　2013 年至今：加速推进

2013 年以来，在国际秩序改革兴起、大国力量此消彼长、地区摩擦纠纷不断、世界经济整体低迷的背景下，发达国家试图通过加速"再工业化"政策和采取单边主义、贸易保护主义等措施阻碍甚至遏制我国工业化进程。与此相对应，我国进出口贸易总额和工业利用外资额都出现了较为明显的下降趋势。针对国际形势的深刻且复杂的变化，习近平总书记于 2013 年提出了"一带一路"倡议，给我国对外开放战略的转变提供了新的思路和契机。不仅如此，我国领导人还在各种国际场合明确提出"中国开放的大门永远不会关上"

"对外开放不会停滞，更不会走回头路"等主张。2019 年，党的十三届全国人大二次会议审议通过《中华人民共和国外商投资法》，从而开启了我国推动形成全面开放新格局和高质量利用外资新阶段的序幕，也标志着我国对外开放进入了新时代。

第二节　对外开放领域学科发展

对外开放不同阶段的特征有差异，因此，相应学科的发展也随之演变，从而呈现出不同的特征。总体来看，新中国成立后我国对外开放领域的学科发展演变也可以分为五个阶段：一是 1949—1965 年的引进为主阶段，二是 1966—1977 年的发展停滞阶段，三是 1978—2000 年的恢复前进阶段，四是 2001—2012 年的改革创新阶段，五是 2013 年至今的高质提升阶段。

一　1949—1965 年：引进为主

与对外开放的艰难起步时期相对应，我国在新中国成立前引进介绍西方国际贸易理论的基础上[1]，首先开始引进苏联的国际贸易学科，并按照苏联模式翻译出版相关的讲义教材和组建成立相应的科研院所。在讲义教材方面，1951 年翻译出版的《国际贸易》即来自苏联（朱廷珺，1994）。在科研院系方面，1950 年中国人民大学组建了贸易经济系，1954 年中国人民大学贸易经济系对外贸易专业与北京对外贸易专科学校合并成立北京对外贸易学院。1958 年，北京对外贸易学院组织研究并出版了《马克思恩格斯列

---

[1]　如朱廷珺（1994）、陈晋文（2011）指出，新中国成立前主要对外开放领域的主要教材包括武堉干的《中国国际贸易概论》、张毓珊的《国际贸易原理》、何炳贤的《中国的国际贸易》等；吴大明等主编的《中国贸易年鉴》和上海商品检验局主办的《国际贸易导报》则是重要史料和刊物。

宁斯大林论国际贸易》，由此拉开了探索符合中国国情的讲义教材之路。值得注意的是，尽管这一时期的期刊发文数量不多，但包括《世界知识》《统计工作通讯》《世界经济文汇》《中国经济问题》《东南亚研究资料》等在内的期刊在介绍世界各地贸易情况、探讨国内贸易统计工作制度、研究中国贸易历史资料等方面发挥了重要作用。

二 1966—1977 年：发展停滞

与对外开放遭受冲击时期相对应，受"斗私批修""割资本主义尾巴"等运动的影响，国内大学包括综合性大学、相关财经院校等或者异地迁移，或者相继停办，对刚刚才艰难起步的学科建设与发展造成了较大冲击。如 1969 年，北京对外贸易学院在上级部署下曾短暂迁移至河南省固始县，又在同年 10 月被对外贸易部宣布就地撤销；1970 年，中国人民大学在接到北京市革命委员会通知后停办，绝大多数的教学、科研工作完全终止。值得注意的是，1974 年以前，除《南洋问题资料》《南洋资料译丛》等少数期刊外，其他期刊极少有相关文章的发表，而 1974 年以来，随着《南洋问题研究》《国际贸易问题》等期刊的创刊，对世界各国贸易发展趋势与制度、我国贸易发展状况等问题的研究才在声讨"四人帮"对我国对外开放造成的破坏中逐渐恢复。

三 1978—2000 年：恢复前进

与对外开放的渐进改革时期相对应，伴随着我国进出口贸易、外商直接投资的恢复与发展，我国对外开放领域的学科建设与发展也在渐进改革的过程中不断前进。第一，各类院校相继恢复教学、科研工作，并在适应我国对外经贸发展过程中，不断合并与重整。如 1978 年，中国人民大学在恢复和新建的系所中，就包括贸易经济系、苏联东欧研究所、外国经济管理研究所等相关系所；1983 年，北京对外贸易学院与国际经济管理学院合并，2000 年又与中国金融学院合并。第二，相关领域的教材不断丰富。如 1983 年，薛荣久编著了《国际贸易》教材，受到了本科生的广泛欢迎；1987 年，姚曾荫主编了《国际贸易概论》，获得了全国社科特等奖；1989 年，外经贸部委托薛荣久与陈同仇共同主编《国际贸易》，国家教委委托薛荣久主编《国际贸易》，分别供外贸院校和高等院校财经类专业课程使用，也分别被评为北京市优秀教材、全国高等优秀教材，并获得外经贸部颁发的一等奖、全国高校出版社畅销书优秀奖；1994 年和1995 年，谷克鉴和张建民主编的《贸易经济学》、杜文益主编的《贸易经济学》相继出版，成为推动相应学科发展的重要力量。第三，包括院校、省级教委、教育部等主体围绕学科建设开展了卓有成效的探索，使得学科内涵不断深化。如 1996 年，对外经济贸易大学确立了 15 门校级重点建设课程，其中就包括国际贸易、国际贸易实务、中国对外贸易概论等课程；同年，国家教委原则同意将对外经济贸易大学的四门学科［国际贸易、国际经济法、英语（经济贸易）和国际企业管理］列为"211 工程"重点学科建设项目；1998年，教育部调整并颁布了普通高等学校本科专业目录，将原专业代码为 020109 的贸易经济归到专业代码为 020101 的经济学中，将原专业代码为 020106、020113、020215W、082204 的国际经济、国际贸易、国际商务、工业外贸合并成专业代码为 020202 的国际经济与贸易。第四，学科领域内的知名期刊和学术团体相继创立，期刊论文数量不断攀升，促进了对外开放领域内学术交流的不断拓展。如1979 年以来，包括《学习与探索》《国际贸易》《国际经贸探索》《中国流通经济》《国际商务》《国际经济评论》《海关与经贸研究》等在内的知名期刊相继创刊，成为推动学术交流的重要阵地；1981年，中国国际贸易学会成立，成为我国改革开放后第一个具有社团法人地位的全国性国际贸易学术团体；以"贸易"为篇名在中国知网进行搜索，2000 年发表文章数量为 2439 篇，是 1978 年的58.07 倍。

四　2001—2012 年：改革创新

与对外开放的稳步增长时期相对应，由于我国要在 WTO 框架和规则下参与国际市场竞争，相应的学科建设与发展也要与时俱进地进行改革创新。第一，部分高等院校的各项工作开始向国际化看齐。如对外经济贸易大学早在 2001 年就提出包括师资队伍、学生培养、学科建设、管理工作在内的四点学校国际化建设设想。第二，以国家重点学科建设为核心，推动加快相关学科建设进程。如 2002 年，对外经济贸易大学的国际贸易、国际法学两门学科成为国家级重点学科，为国际经济贸易学院和法学院的快速发展奠定了良好的基础。第三，依托相应学科基础，成立面向特定国际组织的研究院系。如 2002 年，在经历关贸总协定研究会、世界贸易组织研究会、世界贸易组织研究中心三个时期后，对外经济贸易大学中国世界贸易组织研究院正式挂牌成立。第四，顺应新形势发展，通过修订已有教材、出版系列教材、翻译双语教材等方式，使得相关学科领域内的教材体系不断完善。如自 2003 年以来，对外经济贸易大学出版社多次出版由薛荣久主编并修订的《国际贸易》；中国人民大学出版社于 2007 年出版了包括《国际税收》《国际贸易结算》《国际直接投融资》《国际商务谈判》等在内的一系列中文教材，并在随后多年相继出版了与之相关的一系列双语教材。第五，随着学科内英文期刊的持续创立以及学术论文数量的加速增长，相关领域的研究基础不断夯实，研究力量逐渐增强。如 2005 年以来，包括 *China International Studies*、*China Economist*、*Journal of WTO and China* 等在内的知名英文期刊相继创刊，有效推进了国内学术研究的国际化；以"贸易"为篇名在中国知网进行搜索，2012 年发表文章数量为 8194 篇，是 2001 年的 3.21 倍。第六，学术交流的"引进来"工作不断深化，如自 2002 年以来，包括 Vernon Smith、Clive Granger、Robert Mundell、Edward Prescott、Ronald Jones、Murray Kemp、Robert Aumann、Paul Krugman 等在内的国际知名学者来华作学术演讲、报告并授课的频率显著提高。

五　2013年至今：高质提升

与对外开放的加速推进时期相对应，我国对外开放进程在曲折中前进，进出口贸易、外商直接投资、对外直接投资等都面临着结构性转变，相应的学科建设与发展也在进一步优化。第一，学科结构顺应我国高等教育改革与发展的要求而优化。如从2013年开始，普通高等学校在执行招生和培养工作时，本科专业目录里原本属于专业代码为0201的经济学类中的相关学科被单独设立到专业代码为0204的经济与贸易类中。其中，国际经济与贸易的专业代码从020102变为020401，原专业代码分别为020106W、020117S的贸易经济和国际文化贸易被整合到专业代码为020402的贸易经济中。第二，越来越多的出国留学人员选择回国从事教学、科研工作，使得相关学科的国际化人才队伍和研究力量更加充实。如截至2016年，我国高水平大学校长、两院院士、长江学者入选者中分别有超过70%、80%、90%的人员具有海外学习或工作经历；当年，我国出国留学完成学业后选择回国发展的留学人员比例达到82.23%，比2012年高出9.85个百分点。第三，引进英文原版教材的种类和数量不断扩大，以此为基础，部分普通高等学校开始尝试开设双语甚至全英文授课班级。如包括 *International Business*、*International Economics*、*International Trade*、*International Economics：Theory and Policy* 等在全球范围内享有盛誉的英文原版教材相继被引进并被用到专业授课中，而包括暨南大学在内的部分学校按照国际化办学理念，成立了具备全英语、多学科等特点的国际学院，培养包括国际经济与贸易、会计、金融等在内的专业化人才。第四，在国内外期刊发表论文的数量和质量不断得到提升的基础上，我国高校相关学科在全球排名中的地位也在不断上升。如在 Science Direct 数据库内以"international trade"为篇名在"Review articles"和"Research acticles"中搜索中国学者发表的论文，发现2013年以前年发表论文数量最高为

5 篇，而 2014 年以后年发表论文数量均不低于 5 篇，2017 年、2018
年发表论文数量均为 20 篇；与此同时，在 2015 年 U. S. NEWS 经济
学与商学专业全球大学排行榜的前 100 名中，仅有北京大学在列，
而到 2019 年，在列数量增至 3 所高校，分别是北京大学、清华大学
和上海交通大学。

第三节　对外开放领域研究热点

实现对外开放的重要手段是贸易和外资，因此，我们从贸易和
外资两个学科角度出发，对相关研究热点进行回顾。

一　贸易经济研究热点

我们用"贸易"为篇名，在知网对经济类核心期刊中的贸易经
济学科期刊①进行搜索，从而得到本节研究所需文献样本。然后，选
用 CiteSpace 软件进行关键词统计（见表 5—1）。②

表 5—1　　　　　　　　1975—2018 年贸易学科的研究关键词

年份	关键词内容
1975	苏修、不发达国家、三个世界理论
1976	商品、自由口岸、经济特区、自由港、自由关税区

①　期刊包括《北京工商大学学报》（社会科学版）、《财贸经济》、《财贸研究》、
《对外经贸实务》、《国际经济合作》、《国际经贸探索》、《国际贸易》、《国际贸易问
题》、《国际商务研究》、《国际商务》、《对外经济贸易大学学报》、《价格理论与实
践》、《价格月刊》、《上海对外经贸大学学报》、《商业经济研究》、《商业经济与管
理》、《商业研究》。

②　最早的文献年份在 1975 年，因此，本节对贸易问题研究的回顾将不包括 1975
年之前的文献。

年份	关键词内容
1977	苏联、美国、北美洲、进口
1978	不发达国家、北美洲、美国、出口、商品
1979	国际贸易、进口、出口额、出口商品、出口货物
1980	本位币、美元、企业、贸易、协定
1981	中国、贸易额、进出口商品结构、国民经济、地位
1982	对外经济贸易、苏联、经贸关系、经济关系、进出口贸易
1983	世界市场、上海、商品交换、出口量、马克思
1984	贸易中心、北京、经济技术合作、商品经济、商业
1985	关税及贸易总协定、经济体制、农产品、经济政策、外汇
1986	出口创汇、商品生产、许可方
1987	谈判、香港、贸易壁垒、非关税壁垒、缔约国
1988	亚洲、贸易差额、边界贸易、贸易保护主义、非关税壁垒
1989	贸易自由化、乌拉圭回合、会员国、关税、税收
1990	服务贸易、无形贸易、多边贸易谈判、研讨会、国际技术贸易
1991	拉丁美洲、墨西哥、再输出贸易、转口贸易、贸易逆差
1992	服务行业、GATT、缔约方、美国贸易法、自由贸易协定
1993	服务业、农产品贸易、关税减让、农业、减税
1994	WTO、贸易协定、乌拉圭回合谈判、服务贸易自由化、市场经济
1995	多边贸易体制、经济特区、世界贸易、进口产品、多纤维协定
1996	WTO、APEC、中俄贸易、商品贸易、反倾销调查
1997	比较优势、加工贸易、服务部门、外商投资企业、一般贸易
1998	多边贸易体系、亚洲金融危机、反倾销税、俄罗斯
1999	争端解决机制、竞争力、网络贸易、劳动密集型产品、网上贸易
2000	对外贸易、中国、境外加工贸易、出口商、因特网
2001	国际贸易、服务贸易、WTO、中国、对外贸易
2002	贸易、技术性贸易壁垒、贸易摩擦、反倾销、农产品贸易
2003	货物贸易、自由贸易区、东盟、俄罗斯、服务贸易谈判

年份	关键词内容
2004	国际竞争力、贸易差额、反倾销措施、可持续发展、不完全竞争
2005	贸易结构、出口额、贸易保护主义、实证分析、劳动密集型产品
2006	FDI、服务行业、FTA、无形贸易、关税
2007	引力模型、协整检验、FDI、贸易救济措施、反倾销案件
2008	中美贸易、中国服务贸易、FDI、贸易救济、贸易效应
2009	金融危机、保护贸易、反倾销调查、财政金融、协整分析
2010	碳关税、税收、人民币汇率、贸易模式
2011	面板数据、强国之路、国际商会、互补性、低碳经济
2012	印度、制造业、贸易成本、文化服务贸易
2013	国际贸易、服务贸易、中国、出口贸易、引力模型
2014	全球价值链、贸易便利化、农产品贸易、货物贸易、转型升级
2015	一带一路、贸易潜力、出口额、电子商务、自由贸易区
2016	跨境电子商务、增加值贸易、跨境电商、区域贸易协定、服务贸易逆差
2017	一带一路、自由贸易试验区、贸易强国、反倾销、负面清单
2018	自由贸易港、中国特色社会主义、习近平、中美贸易摩擦、自贸试验区

注：关键词内容为前五位关键词；若前五位有含义相似的关键词，如"美国"与"美利坚合众国"，则在合并后顺延；删除了相关性低的关键词，如"郑拓彬""上海对外贸易学院""对策"等；部分年份关键词在五个以下，如1986年。

资料来源：根据样本资料整理得到。

在对外开放遭受冲击期，贸易学科研究的内容主要包括两个方面：一是对不同国家（或地区）的经济贸易机构、职衔和相关法律等进行初步介绍，二是对世界各国（或地区）自由贸易区、自由港和国际贸易的方法、术语等进行初步介绍。这一期间，不同年份研究内容的关键词也有差异，如1975年相关研究的关键词包括"苏修""不发达国家"等，1976年相关研究的关键词包括"商品""自由口岸""经济特区"等，1977年相关研究的关键词包括"苏联""美国""北美洲"等。与此同时，学术界针对一些重点问题也深化了相关研究。如薛荣久（1975）从经济结构变革和帝国主义的压迫角度出发，讨论了第三世界在民族经济发展过程中的对外贸易情况，认为其与其他领域一样，成为反帝反霸斗争的重要战线之一；史祖瑞（1976，1977）分别从历史的角度出发，回顾了中国古代与阿拉伯人民的贸易往来情况、中国与柬埔寨的友好贸易关系；梅明（1977）从法规的角度，在"东京回合"谈判的背景下，对美国1974年的贸易法条款进行了剖析。

在对外开放的渐进改革期，贸易学科研究的内容主要包括八个方面：一是研究外贸体制改革问题，以保障我国顺利开展进出口贸易，具体内容涉及流通体制改革、外贸管理体制改革、出口商品价格和进出口经营权改革等。二是研究中国对外经贸关系问题，以扩大我国与其他国家（或地区）的进出口贸易，具体内容涉及边界贸易、边境贸易以及国内市场开放等。三是研究中国探索进出口贸易的路径问题，具体包括进出口贸易中相关产品的生产方式、相关企业的经营方式、外国资本的利用方式以及出口产品类别和比重等。四是研究在关税及贸易总协定框架下所举办的多轮旨在改革全球多边贸易体制的谈判和新的贸易组织的产生问题，具体内容涉及1973年开始1979年结束的"东京回合"谈判和1986年开始1994年结束的"乌拉圭回合"谈判，以及于1989年成立的亚太经济合作组织和于1995年成立的世界贸易组织等。五是研究区域经济一体化背景下的共同市场问题，具体内容涉及自由贸易原则、美洲自由贸易区、服务贸易自由化等。六是研究参与国际市场进出口贸易带来的交换经济效应问题，具体内容涉及进出口贸易与要素配置、劳动生产率之间的关系等。七是研究国际市场中的贸易保护主义问题，具体内容涉及我国进出口贸易中产品国际竞争力、农产品补贴机制、美国以贸易法案为基础实施贸易保护主义政策等。八是研究进出口贸易中的生产形式与经济效益问题，具体内容涉及境外加工贸易中的技术转移、贸易转移、原产地规则以及所带来的经济增长效应等。在此期间，不同年份研究内容的关键词也有差异，如 1978 年相关研究的关键词包括"不发达国家""美国""出口""商品"等，1988 年相关研究的关键词包括"亚洲""贸易差额""贸易保护主义""非关税壁垒"等，2000 年相关研究的关键词包括"境外加工贸易""出口商""因特网"等。与此同时，学术界针对一些重点问题也深化了相关研究。如熊贤良（1993）在评述西方有关外贸促进增长的理论的基础上，从直接促进生产的发展和生产率的提高、示范效应、竞争效应、增加可支配收入、产业关联效应、规模经济效应、促进创新效应等方面出发，论述了对外贸易促进经济增长的机制和条件；吴先明（1999）从传统理论分析框架的缺陷出发，认为国际贸易理论与国际直接投资理论的隔离状态在经济全球化的趋势下将被打破，并逐渐呈现融合发展趋势；王福军（1999）、岳昌君（2000）等分别利用贸易竞争指数、显示性比较优势指数、产业内贸易指数等指标计算了我国贸易产业的国际竞争力和中美两国产业内贸易的动态比较优势，发现我国劳动密集型产业的国际竞争力较强、资本密集型和技术密集型产业的国际竞争力较弱等结论；张杰和古斯达·克里斯坦森（1996）介绍了国际贸易领域中的引力模型概况，并以此为基础分析了欧共体与其他国家（或地区）的贸易情况；裴长洪（1998）从多方面回顾并分析了中国对外贸易发展的若干结构问题，认为包括贸易方式结构与利益分配、出口结构与国际分工、市场结构与多元化目标等在内的相关问题是判断中国对外贸易长期趋势的基本依据。

在对外开放的稳步增长期，贸易学科研究的内容主要包括六个方面：一是研究加工贸易的转型升级和服务贸易的拓展问题，具体内容涉及特色农产品进出口、深加工产品出口、电影音像进出口、贸易技术壁垒协议、比较优势指数以及亚洲"四小龙"的贸易发展经验等。二是研究扩大农产品出口和增强双边合作问题，具体内容涉及国际农产品贸易协议与模式、出口奖励与补贴、比较优势和双边自由贸易协定等。三是研究国际贸易统计改革问题，具体内容涉及加工工业、出口商品结构与总额、免税进口、加工贸易中的技术引进等。四是研究中美贸易摩擦和保护主义措施问题,具体内容涉及中美贸易逆差、贸易政策、反倾销案件、争端解决机制等。五是研究服务贸易的多边协议及其经济效益问题,具体内容涉及"乌拉圭回合"谈判达成的有关国际服务贸易的多边协定、透明度原则、国民待遇以及我国服务贸易相关行业和外国资本的市场准入等。六是研究国际贸易摩擦中的证据资料问题,具体内容涉及争端解决机制、贸易壁垒调查制度、程序设置、证据材料、利害关系人等。在此期间,不同年份研究内容的关键词也有差异,如2001年相关研究的关键词包括"国际贸易""服务贸易""WTO"等,2007年相关研究的关键词包括"引力模型""协整检验""贸易救济措施""反倾销案件"等,2012年相关研究的关键词包括"制造业""贸易成本""文化服务贸易"等。与此同时,学术界针对一些重点问题也深化了相关研究。如林毅夫和李永军(2001)认为传统测量对外贸易对经济增长贡献程度的方法有较多缺陷,容易低估外贸对经济增长的贡献度,因此,需要考虑出口对国民收入恒等式中消费和投资两个部分的影响;隆国强(2006)从加工贸易的贡献、存在的主要问题、未来如何转型升级等角度出发,讨论了全球分工不断深化背景下促进我国加工贸易发展的若干问题;赵雨霖和林光华(2008)利用引力模型,研究了中国与东盟10国双边农产品贸易流量与贸易潜力问题,认为两者间存在显著的"贸易不足"现象,未来要加大政策合作力度,从而将贸易合作潜力变为现实;杨汝岱和朱诗娥(2008)以SITC三位数四大类产品为基础,应用显示比较优势指数、产业内贸易指数、国际竞争力系数和出口结构相似指数等不同指标考察国际竞争力的变化,发现不同产业在不同阶段的竞争力状况有所差异,但我国外贸发展战略基本获得成功则是一个不争的事实。

在对外开放的加速推进期,贸易学科研究的内容主要包括七个方面:一是研究互联网时代国际贸易发展新趋势问题,具体内容涉及跨境电商、跨境网购、钢铁贸易网络、出口相似度、原油出口等。

二是研究国际贸易的影响因素和经济效应问题，具体内容涉及开放模式、制度质量、自由贸易试验区、产业内贸易、世界投入产出表、引力模型、服务行业等。三是研究区域经济一体化背景下多边贸易体制改革问题，具体内容涉及新兴市场国家的贸易政策、服务贸易自由化、区域贸易协定、服务贸易协定、贸易救济调查等。四是研究国际贸易中的高科技产品进出口问题，具体内容涉及计算机集成制造技术、加工贸易中的合格评定与质量认证、科技创新与贸易转型升级的关系等。五是研究中美贸易摩擦问题，具体内容涉及贸易救济调查与措施、多边贸易体制、争端解决机制、反补贴税与反制措施、贸易限制效应、美国钢铁保障措施、WTO 治理困境等。六是研究中国进出口贸易转型升级问题，具体内容涉及自由贸易港、自由贸易试验区、负面清单、海关特殊监管区域、临时仲裁与机构仲裁机制、路径探索中的"反事实"分析等。七是研究"一带一路"倡议下的贸易发展问题，具体内容涉及中国与沿线国家贸易互补性、贸易便利化水平、贸易竞争力、贸易潜力、技术贸易壁垒等。在此期间，不同年份研究内容的关键词也有差异，如 2013 年相关研究的关键词包括"国际贸易""服务贸易""引力模型"等，2015 年相关研究的关键词包括"一带一路""贸易潜力""自由贸易区"等，2018 年相关研究的关键词包括"自由贸易港""中美贸易摩擦""自贸试验区"等。与此同时，学术界针对一些重点问题也深化了相关研究。如廖泽芳和宁凌（2013）以 WTO-OECD 的附加值贸易统计数据为基础，测算了中国在全球生产网络中的地位，发现中国的附加值出口贸易具有高国外附加值、低国内附加值、低服务附加值等特点，仍处于"加工贸易"环节；杨军等（2015）采用全球贸易一般均衡模型，分析了贸易便利化对中国经济发展的影响，发现贸易便利化可以显著提升中国经济增速和社会福利水平，而随着中国贸易便利化程度提升，也会显著提升其他国家的经济总福利；佟家栋和李胜旗（2015）从微观产品的视角出发，研究了贸易政策不确定性对出口企业产品创新的影响，发现贸易政策不确定性程度的降低能显著提高出口企业的产品创新，而贸易自由化的调节作用为正，未来中国要重视与发达国家之间的不确定贸易政策；谭秀杰和周茂荣（2015）利用随机前沿引力模型，以"海上丝绸之路"主要沿线国家数据为基础，测算了贸易效率并进一步分析了影响因素，发现受中国出口的贡献，主要沿线国家的贸易效率得以不断提升，而降低关税和非关税壁垒、提高贸易便利化、改善交通基础设施等因素是影响贸易效率的重要因素；余振等（2018）利用2000—2014年TTBD与WIOD匹配的制造业数据，实证研究了中国参与全球价值链重构与中美贸易摩擦的关系，发现中国与贸易伙伴在全球价值链上的地位越接近，贸易摩擦的频率将会越高，但如果中国在全球价值链上的相对参与度提高时，贸易摩擦的持续时间将会越短，因此，未来要构建完善的应对机制，在冷静对待"催化剂效应"的同时，也要重视"润滑剂效应"。

二 外资学科研究热点

我们用"外商直接投资"为篇名，在知网"经济与管理科学"文献分类目录中进行搜索，得到本节研究所需文献样本。然后，选用 CiteSpace 软件进行关键词统计（见表5—2）[1]。

表5—2　　　　　　　　　1987—2018 年外资学科的研究关键词

年份	关键词内容
1987	外商直接投资
1989	外资、企业管理、投资者
1990	本位币、美元、外商投资企业、财政管理
1991	外商投资、三资企业、外国直接投资、协议外资金额、外资投向
1992	利用外资、经济特区、大陆、海峡两岸

[1]　最早的文献年份在 1984 年，因此，本节对外资问题研究的回顾将不包括 1984 年之前的文献。

续表

年份	关键词内容
1993	外国投资者、外国认购者、外资企业、产业结构调整、关贸总协定
1994	限制、外商投资领域、吸收外资、大型跨国公司
1995	东道国、并购、外商投资产业指导目录、外商合资、优惠政策
1996	外商直接投资、出口、外商独资企业、吸收利用、经济体制
1997	直接投资、不发达国家、合同外资、国民待遇、人民币
1998	涉外税收优惠、外资流入、零售业、进出口、投资结构
1999	内资企业、中西部地区、比较优势、财政金融、加工贸易
2000	进出口贸易、行业统计、综合经济、外商投资工业企业、加工工业
2001	外商直接投资、经济增长、产业结构、服务业、跨国公司
2002	外商直接投资、实证分析、技术外溢、技术进步、人力资本
2003	溢出效应、国内投资、出口竞争力、产业结构调整、加工贸易
2004	制造业、就业、影响因素、挤出效应、出口贸易
2005	技术溢出、协整检验、区位选择、产业集聚、就业效应
2006	协整分析、实证研究、面板数据、格兰杰因果检验、技术溢出效应
2007	自主创新、决定因素、服务业外商直接投资、税收优惠、区域经济增长
2008	环境污染、产业集权、技术创新、后向关联、市场结构
2009	产业安全、区域差异、人民币汇率、金融危机、就业数量
2010	经济效应、环境效应、面板数据模型、外资并购、第三产业
2011	低碳经济、生产性服务业、高技术产业
2012	地区差异、技术效应、产业结构优化、动态面板、引力模型
2013	外商直接投资、经济增长、产业结构、环境污染、服务业
2014	门槛效应、制造业、生态环境、外国直接投资、结构效应
2015	环境效应、技术效应、城镇化、京津冀、就业质量
2016	格兰杰检验、技术创新、产业结构优化、人力资本、融资约束
2017	产业升级、第三产业、动态空间面板模型、劳动收入份额、经济全球化
2018	空间溢出效应、对外直接投资、异质性、负面清单、营商环境

注：关键词内容为前五位关键词；若前五位有含义相似的关键词，如"外资"与"外国资本"，则在合并后顺延；删除了相关性低的关键词，如"投资""经济"等；1988 年没有相关文献，因而没有关键词列示；部分年份关键词在五个以下，如 1987 年。

资料来源：根据样本资料整理得到。

在对外开放的渐进改革期，外资学科研究的内容主要包括八个方面：一是研究不同行业外资规模和外贸出口问题，具体内容涉及对外政策、三资企业、劳动密集型产业、技术密集型产业、外资金融机构、投资比重等。二是研究外国资本的投资结构问题，具体内容涉及加工工业企业中的外商投资、三资企业投资比重变化、梯度推进对华投资以提升国家竞争优势等。三是研究外商直接投资及外国投资者的税收问题，具体内容涉及跨国纳税人确定、课税方法、税收管辖权、涉外税收优惠、税收抵免、税收饶让抵免等。四是研究国际经济合作问题，具体内容涉及外资项目、跨国直接投资、合同外资、协议外资等。五是研究外商直接投资中的投资模式和利润分配问题，具体内容涉及产权交易、产权转让、系统化投资、资本输出、独占利润、垄断利润等。六是研究外商直接投资中存在的负面效应问题，具体内容涉及国有资产流失、利用效率不高、技术进步不显著等。七是研究外商直接投资带来的积极效应问题，具体内容涉及比较优势明显、产业结构升级、投资扩张、技术进步、国际储备增加等。八是研究宏观经济管理中的外商直接投资问题，具体内容涉及优惠政策措施、通货膨胀、外贸出口、技术吸收、中西部地区经济增长等。在此期间，不同年份研究内容的关键词也有差异，如1991年相关研究的关键词包括"外商投资""三资企业""外资投向"等，1995年相关研究的关键词包括"东道国""并购""外商投资产业指导目录"等，2000年相关研究的关键词包括"进出口贸易""综合经济""加工工业"等。与此同时，学术界针对一些重点问题也深化了相关研究。如陈炳才（1998）在回顾我国外商直接投资的产业分布特征基础上，讨论了其对我国技术进步的作用，认为外商直接投资的确为合资产品带来了新技术，但并没有提高我国相关产品的国际竞争力，未来"以市场换技术"需要更加全面的政策措施；贺灿飞和梁进社（1999）利用外商直接投资数据，分析了我国外商直接投资在沿海地带与沿江流域的轴线分布情况，并从传统、集聚和风险三方面因素出发，解释了外商直接投资区域分布差异的起因及演变趋势；黄华民（2000）在我国面临即将加入 WTO 和准备开展西部大开发的历史背景下，评估了外商直接投资对宏观经济的作用，发现前者能促进我国经济增长，也能促进弥补资金缺口、促进资本积累，但在提高就业水平上的作用并不显著；郭克莎（2000）在分析外商直接投资在不同产业结构中的分布特征的基础上，研究了其对我国产业结构变动及转型升级的影响，认为未来需要在产业政策上进一步突破。

在对外开放的稳步增长期，外资学科研究的内容主要包括六个方面：一是研究外商直接投资与经济增长的关系问题，具体内容涉及收入分配、出口贸易结构、环境库兹涅茨曲线等。二是研究外商直接投资的区位选择和市场结构问题，具体内容涉及中西部地区外商直接投资与对外贸易额的关系、外商直接投资与外资垄断及产业安全的关系等。三是研究外商直接投资的区域差异与影响因素问题，具体内容涉及东、中、西部地区外商直接投资的差异，区域投资环境、能源效率、研发溢出效应的差异等。四是研究外商直接投资的模式、效应问题，具体内容涉及产业集聚、独资化倾向、区域创新能力、技术进步、溢出效应、产业结构升级等。五是研究外商直接投资过程中的外汇管理问题，具体内容涉及现汇账户、外汇账户、指定银行、资金划转、收支情况等。六是研究外商直接投资过程中的汇率问题，具体内容涉及人民币升值压力、外汇收支顺差、对外贸易方式等。在此期间，不同年份研究内容的关键词也有差异，如2001 年相关研究的关键词包括"外商直接投资""经济增长""产业结构"等，2007 年相关研究的关键词包括"自主创新"等，2012 年相关研究的关键词包括"地区差异""技术效应""产业结构优化"等。与此同时，学术界针对一些重点问题也深化了相关研究。如魏后凯（2002）利用 1985—1999 年的统计数据，分析了外商直接投资与我国区域经济发展的二元结构特征的关系，发现样本期间东西部地区 GDP 增速差异主要由外商直接投资造成，未来在吸引外商直接投资向西部转移的过程中要更加重视投资软环境的建设；陈涛涛

（2003）引入"内外资企业能力差距"这一概念，并将其细化为企业规模差距、资本密集度差距和技术差距，在利用制造业 84 个四位码行业数据的基础上，研究了外商直接投资行业内溢出效应的行业要素，发现当内外资企业能力差距较小时，溢出效应才会产生；蒋殿春和张宇（2008）利用 1999—2005 年的省级面板数据，在分析外商直接投资技术溢出机制的基础上，实证检验了制度因素的重要性，发现如果控制制度因素，外商直接投资的技术溢出并不显著甚至是负面的，而只有不断完善制度环境，才更有助于发挥外商直接投资的作用；许和连和邓玉萍（2012）利用 2000—2009 年省级面板数据，检验了外商直接投资与环境污染的关系，发现外商直接投资在我国地理分布上具有集聚特征，而这种集聚有利于改善我国的环境污染，而不是导致环境污染。

在对外开放的加速推进期，贸易学科研究的内容主要包括十个方面：一是研究外商直接投资与低碳经济、工资水平的关系以及地方政府竞争等问题。二是研究外商直接投资的区位影响因素、潜力指数、业绩指数问题，具体内容涉及产业集聚、就业质量、城市因素、农业安全、营商环境等。三是研究外商直接投资与农业、服务业以及人民币汇率的关系问题，具体内容涉及农业投资、农产品出口、服务业 FDI、服务贸易出口、购买力平价、巴萨效应等。四是研究外商直接投资与地区腐败、技术进步、城乡收入差距、全要素生产率的关系等问题。五是研究外商直接投资与人力资本、中等收入陷阱、金融发展、工业集聚、高技术产业、研发资本的关系等问题。六是研究外商直接投资与产业结构、产业政策、投资环境、自然环境的关系等问题。七是研究外商直接投资中的跨国公司与市场规模、市场化程度、产业集群的关系等问题。八是研究外商直接投资的规模效应、结构效应、管制效应、技术溢出效应等问题。九是研究外商直接投资的区域差异、动态效应、示范效应、税收竞争等问题。十是研究外商直接投资与环境污染的关系问题，具体内容涉及大气污染、雾霾天气、二氧化硫与烟尘等。在此期间，不同年份研究内容的关键词也有差异，如 2013 年相关研究的关键词包括"外商直接投资""经济增长""产业结构""环境污染"等，2015 年相关研究的关键词包括"环境效应""技术效应""城镇化"等，2018 年相关研究的关键词包括"空间溢出效应""负面清单""营商环境"等。与此同时，学术界针对一些重点问题也深化了相关研究。如罗军和陈建国（2014）利用 2002—2012 年省级面板数据，检验了外商直接投资在促进创新能力提升作用中的资金门槛效应和劳动门槛效应，发现较低程度、中等程度和较高程度的资金投入和劳动投入的确会差异化影响外商直接投资的创新促进作用；邓子梁和陈岩（2013）基于企业异质性的视角，将外商直接投资带来的溢出效应和竞争效应统一到生存框架内，并在建立理论模型进行分析的基础上，利用中国 1998—2006 年制造业国有企业数据进行了实证检验，发现外商直接投资加大了国有企业的生存风险，但在生产率、规模、股东背景等方面具有优势的国有企业却能有效化解生存风险；许建伟和郭其友（2016）利用 1994—2013 年省级面板数据，实证检验了外商直接投资与促进经济增长、缓解就业压力及提升工资水平的关系，发现外商直接投资与前两者显著正相关，但并不能显著提升工资水平，而未来的招商引资要更加注重结构导向，即要发挥三者的协同效应；葛顺奇、刘晨和罗伟（2016）利用中国流动人口调查数据和工业企业数据，实证检验了外商直接投资的减贫效应，发现外商直接投资与贫困发生率呈显著负相关关系，即前者进入程度增加 1%，后者可以降低 0.3%—0.5%。

第四节　研究结论与未来展望

本章首先回顾了新中国成立 70 年对外开放的基本历程，并从历史发展脉络角度出发，将其划分为五个阶段：一是 1949—1965 年的艰难起步阶段，二是 1966—1977 年的遭受冲击阶段，三是 1978—

2000 年的渐进改革阶段，四是 2001—2012 年的稳步增长阶段，五是 2013 年至今的加速推进阶段。然后，以此为基础，回顾了相应学科的发展演变，也将其对应划分为五个阶段：一是 1949—1965 年的引进为主阶段，二是 1966—1977 年的发展停滞阶段，三是 1978—2000 年的恢复前进阶段，四是 2001—2012 年的改革创新阶段，五是 2013 年至今的高质提升阶段。最后，从贸易和外资两个学科入手，通过在知网搜索相关文献并借助 CiteSpace 软件进行关键词统计分析，对不同阶段的研究热点进行了简略回顾。

总体来看，新中国成立 70 年来，我国对外开放的水平、层次、质量越来越高，相关学科也在教材、论文、期刊、人才等方面取得了较好的成就，学科的发展紧贴对外开放基本历程，并伴随对外开放不同阶段呈现出差异化特征，学科研究热点内容随着对外开放实践和学科理论体系的发展而呈现出横向上的拓展和纵向上的深化趋势。然而，一些问题也较为突出，如当下中美贸易摩擦、世界范围内的保护主义兴起以及包括争端解决机制、谈判职能和透明度提升等在内的 WTO 改革事实，充分表明了学科领域内的理论研究与政策研究存在脱节、理论分析与政策分析又无法有效指导新形势下的对外开放实践等问题。与此同时，"学术命题、学术思想、学术观点、学术标准、学术话语上的能力和水平同我国综合国力和国际地位还不太相称"（习近平，2017），对推动新时代我国经济高质量发展的作用仍有待进一步提升。未来如何打牢学科基础、积累学科知识、完善学科体系、提高教育质量、增强话语力量，并在中国经济高质量发展实践中继续深化简政放权、放管结合、优化服务改革，营造优良营商环境、降低制度性交易成本，最终形成具有中国特色、中国风格、中国气派的学科体系、学术体系、话语体系，将是中国理论研究者和实践探索者义不容辞的责任。

第 六 章

产业组织研究

我国产业组织理论研究起步较晚，与国外产业组织学科接轨、融合、发展之路始于 20 世纪 80 年代。自那以来，我国产业组织理论研究经过了引进学习、体系形成、深入拓展三个阶段，在教材、论文、期刊、人才等方面取得了较好的成就。然而，由于不同阶段的时代背景、知识积累、实践经验有异，产业组织领域内的相关学科发展特征在不同阶段的特征也不一样。本章以反垄断和政府规制两个学科为例回顾不同阶段的研究热点，发现学科研究热点具有理论性、实践性、传承性等特点，但也存在与政策分析脱节等问题。未来需要中国理论研究者和实践探索者在"三大体系"建设上加大努力，探索出具有中国特色、中国风格、中国气派的产业组织理论。

第一节　产业组织学发展历程

理论对客观世界的研究伴随社会分工和社会化商品生产的发展而发展。当产业与产业之间、产业内不同企业之间的关系日趋复杂，客观需要理论对运行规律进行探索。产业组织理论的发展亦是如此。作为一门学科，产业组织理论首先产生于西方发达资本主义国家，并于改革开放之后逐渐在中国起步发展。

一　国外产业组织学科发展历程

总体来说，可以将国外产业组织学科发展历程分为三个阶段：一是1930年以前的萌芽阶段，二是1930—1970年的形成阶段，三是1970年以后的深化阶段。

1. 1930年以前：萌芽阶段

产业组织理论根源于社会分工的发展与新产业的不断产生，研究不完全竞争条件下的市场结构和企业行为等问题。如早在古典经济学家亚当·斯密的《国富论》中，自由竞争市场中的厂商行为问题就被论及，而在阿尔弗雷德·马歇尔的《经济学原理》中，组织作为第四种要素及企业内部规模经济与外部竞争活力的问题被提出。在很大程度上，正是由于后来经济学家们围绕著名的"马歇尔冲突"所产生的旷日持久的辩论、探索和研究，才逐步形成了产业组织理论。然而，在1930年以前，自由竞争市场经济仍占据统治地位，垄断性的经济组织还未大面积形成，产业组织学科发展仍处于萌芽期。

2. 1930—1970年：形成阶段

20世纪30年代，美国工业发展处于大规模生产阶段，学术界开始关注规模经济、企业与市场边界等问题。1933年，以爱德华·张伯伦《垄断竞争理论》和琼·罗宾逊《不完全竞争经济学》的出版为标志，不完全竞争市场中的垄断竞争和寡头垄断竞争逐渐走入研究者的视角。紧接着，以爱德华·梅森和乔·贝恩为代表的众多研究者继承前人的大量研究成果，在总结美国几十年来产业组织政策的实践基础上，运用经验分析、案例分析和经济计量方法，分析了大规模生产条件下的产品市场价格与生产成本的关系、大型企业对市场均衡价格的影响以及可竞争市场均衡的条件等问题，形成了产业组织理论的完整体系。1959年，乔·贝恩的《产业组织》出版，书中不仅明确了产业组织研究产业内不同企业之间各种交易、资源占有、利益、行为等市场关系的概念，还提出了市场结构—市场行为—市场绩效三者为一体的基本研究范畴和重点，构成了主流产业组织理论的"SCP"分析范式。1970年弗雷德里克·谢勒出版了《产业市场结构与市场绩效》，提出更为完整的"SCP"分析范式，使得产业组织理论更加成熟。

3. 1970年以后：深化阶段

20世纪70年代以后，"SCP"分析范式进一步得到了完善。如在研究方向上，研究者们不再片面强调市场结构，而是突出市场行为；在研究方法上，开始运用数学方法以及博弈论建立一系列的理论模型，从而研究企业行为。由于将初始市场状况及市场中的企业行为当作外生，将市场结构看作内生，且将"SCP"之间的反馈线路隔断，从而修订和补充了传统的"SCP"分析范式。然而，以乔治·斯蒂格勒、哈罗德·德姆塞茨为代表的研究者却对传统产业组织理论进行了批判。如简单武断的"SCP"分析范式与现实相去甚远，双向的、相互影响的复杂多重关系才是较为符合现实的；由于竞争性企业之间存在差异，产品单位成本相同的假设在逻辑上不成立；企业规模扩大可能受技术因素或规模经济的内在影响，而不能简单将其与垄断势力等同。之后，随着世界经济全球化进程加快，跨国公司在全球范围内配置资源、布局生产、拓展市场，使得产业组织理论得到了进一步发展，有关企业组织形式的变化、政府干预经济活动的作用、产业政策的效用等问题逐渐得到了产业组织领域研究者的广泛关注。

二 国内产业组织学科发展历程

国内产业组织理论内嵌于产业经济学理论体系中。尽管我国产业经济学的实践发展较早，产业组织理论研究起步却较晚。而总体来说，作为一门学科，国内产业组织学科与国外产业组织学科接轨、融合、发展之路始于20世纪我国改革开放。根据牛丽贤和张寿庭（2010a，2010b）的研究结果，可以将我国产业组织学科发展历程分为三个阶段：一是20世纪80年代的引进学习阶段，二是20世纪90年代的体系形成阶段，三是21世纪以来的深入拓展阶段。

1. 20 世纪 80 年代：引进学习阶段

改革开放后，我国产业组织学科逐渐开始与国际接轨，早期主要受日本产业组织理论的影响，开始对中国当时的企业组织结构问题、社会主义市场经济垄断问题等展开研究。如 20 世纪 80 年代初期，我国企业不管是大企业还是小企业，其组织结构的主要特点是"全"，造成我国企业发展难以实现规模经济。到 20 世纪 80 年代中期，企业"放权""搞活"的一系列改革又带来"一管就死、一放就乱"的严重问题。如何建立有效的激励约束机制、纠正企业在提升发展活力过程中出现的种种问题，是迫切需要解决的难题。

这一时期，国外教材开始初步被引进国内。如 1985 年，世界银行和清华大学联合举办的讲习班中所用的讲义教材即是编印的《产业组织经济学》，较为系统地介绍了当时西方产业组织理论体系。1988 年卢东斌翻译出版了日本学者的《产业组织论》，成为国内第一本结构清晰、框架完整的介绍国外产业组织理论的译著。1989 年，美国学者的《产业组织：理论、证据和公共政策》《产业组织与政府管制》由上海三联书店翻译出版，对我国产业组织领域的学科发展起到了巨大的推动作用。与此同时，国内研究者的专著也开始涌现。如胡汝银的《竞争与垄断：社会主义微观经济分析》被蒋学模评价为"我国第一部系统地研究社会主义竞争和垄断的专著，填补了一个空白点"。此外，国内学术期刊也开始不断发表产业组织领域的学术论文，包括《产业组织的转变与产权制度的改革》《改造产业组织　建立垄断竞争市场》等在内的一系列学术论文的出现，成为我国学者运用产业组织理论研究中国现实问题的先河。

2. 20 世纪 90 年代：体系形成阶段

20 世纪 90 年代，尤其是 1992 年邓小平南方谈话后，我国开始了建立和完善社会主义市场经济体制的路程。这一时期，在我国商品经济从卖方市场向买方市场转变的过程中，行业性的产能过剩现

象出现，企业数量过多但产量的绝对水平较低，规模不经济问题仍
然较为严重。对此，较为一致的观点是，必须要通过淘汰落后产能、
提升产业集中度，从而实现规模经济，最终将企业做大做强。为此，
我国研究者开始对包括市场结构与市场分割、产业运行绩效、市场
集中度、反垄断与管制政策等问题开展了研究。

　　这一时期，国内研究者的教材开始大量涌现。如陈小洪和金忠
义的《企业市场关系分析——产业组织理论及其应用》、王慧炯的
《产业组织及有效竞争——中国产业组织的初步研究》、马建堂的
《结构与行为——中国产业组织研究》、夏大慰的《产业组织学》、
王俊豪的《市场结构与有效竞争》等一系列教材得以出版。与此同
时，国际上主流教材的译著也被引进国内。如让·梯若尔的《产业
组织理论》、丹尼斯·卡尔顿和杰弗里·佩罗夫的《现代产业组
织》，这两部著作的中译版本都由中国人民大学出版社组织翻译出
版，书中大量应用博弈论和信息经济学的分析方法去研究产业组织
问题，从而为我国产业组织理论界研究中国问题提供了新的方法和
视角。此外，在学术论文方面，以规范性分析为基础的文献逐渐减
少，以实证研究和案例分析为基础的逐渐增多，而包括市场进入与
退出、反垄断、政府规制、垄断行业改革等问题逐渐进入产业组织
领域研究者的视野。如在反垄断和管制政策方面，多数研究者都认
为要以政府部门的行政垄断为突破口加大反垄断力度，破除多种限
制市场公平竞争的政策与行为。

　　3. 21 世纪以来：深入拓展阶段

　　进入 21 世纪以来，作为一种分析工具，博弈论被广泛应用于产
业组织领域的研究中，包括企业竞争行为、战略选择、市场策略等
领域的研究越来越普遍、越来越深入。对国内研究者来说，一方面，
以中国经济转型升级为时代背景，在理论架构的基础上，通过引入
环境、制度等变量，开始对特定产业内的"SCP"分析范式进行实
证检验和案例分析，另一方面，研究内容和方法也在电信、电力、
水利、铁路等产业和贸易、金融、投资、劳动等领域内不断深入推

进，有关垄断行业改革、政府规制体制改革、市场运行效率提升、产业竞争力提升等问题日益引起重视。

这一时期，国内外教材开始不断迭代。如朱·弗登博格与让·梯若尔的《博弈论》、让·梯若尔的《产业组织理论》等教材每隔一段时间便根据学科发展需要被重新组织翻译出版，成为国内产业组织领域学生培养的重要教材，这两本教材分别在 2010 年、2015 年再版时，被列为"十一五国家重点图书出版规划项目""十三五国家重点出版物出版规划项目"；张维迎的《博弈论与信息经济学》在 1996 年出版后，分别于 2004 年、2012 年、2019 年再版；李长英的《产业组织理论与应用》、吴汉洪的《产业组织理论》等都在国内产业组织学科领域引起了较大反响。与此同时，在学术论文方面，国内研究者不仅在国内学术期刊上发表了众多学术论文，在包括 *Games and Economic Behavior*、*International Journal of Game Theory*、*International Journal of Industrial Organization*、*Journal of Economic Behavior and Organization*、*Review of Industrial Organization* 等在内的国际学术期刊上也发表了一些有分量的学术论文，包括国有企业管理者在垄断竞争市场上追求销售收入最大化和在一般竞争市场上追求费用支出最小化的目标本质，国内银行产业较高集中度，金融资产配置效率、技术进步等因素与产业组织结构安排的内生现象，政府管制与固定资产投资的关系等一系列问题，都得到了研究者们的关注。

第二节 产业组织学研究热点

产业组织领域内的细分学科较多。本章首先以产业经济学二级学科国家重点学科单位为基础，从北京交通大学、东北财经大学、复旦大学、山东大学、暨南大学、西安交通大学的相关学院、研究中心等网站搜寻产业组织领域内的研究方向，发现产业结构、产业安全、反垄断、政府规制、博弈论、拍卖理论、策略行为、竞赛理论、产业政策等都是产业组织领域的研究内容。为了集中聚焦相关学科的研究热点，在考虑到产业结构、产业政策有其他专门章节进行研究的基础上，本章最终选取反垄断、规制两个学科，对相关研究热点进行回顾。

一　反垄断研究热点回顾

我们用"垄断"为篇名关键词，在知网"经济与管理科学"文献分类目录中搜索，从而得到本节研究所需文献样本。然后，选用CiteSpace 软件进行关键词统计（见表6—1）。①

表6—1　　　　　1980—2018 年反垄断学科的研究关键词

年份	关键词内容
1980	国家垄断资本主义、思想体系、企业管理、垄断组织、美国
1981	垄断资本主义、帝国主义、德国、资产阶级社会、生产资料
1982	经济体制、国家垄断、日本、经济学派、凯恩斯主义
1983	垄断利润、马克思、帝国主义经济、苏联、剩余价值
1984	社会主义、资本家阶级、劳动生产率、固定资本更新、绝对地租
1985	垄断地位、财政金融、通货膨胀率、资本集中、当代资本主义经济
1986	商品经济、上层建筑、无产阶级、生产资源、外贸
1987	社会主义商品经济、企业集团、横向经济联合、垄断竞争市场、商品生产
1988	欧洲、资本家所有制、发达资本主义国家、制造业、国家干预
1989	自由竞争、美国垄断财团、垄断化、供求规律、工商企业集团

① 本节对反垄断学科研究热点回顾所选用的样本不包括 1980 年之前的文献。

续表

年份	关键词内容
1990	企业管理、思想体系、美国、北美洲、社会主义
1991	经济体制、行政性垄断、垄断地位、垄断竞争、自由竞争
1992	行业垄断、规模经济效益、反垄断政策、资本、商业银行
1993	市场经济、垄断价格、行政垄断、日本、垄断行业
1994	反垄断法、垄断行为、中国、自然垄断、限制竞争行为
1995	电信、垄断经营、经济性垄断、价格垄断、市场集中度
1996	自然垄断产业、寡头垄断、限制竞争、西方经济学、外商
1997	垄断结构、竞争、消费者、集中度、资源配置
1998	电信业、打破垄断、微软、联通、企业合并
1999	电信垄断、行政化、竞争机制、中国联通、自然垄断性业务
2000	反垄断、自然垄断、企业管理、垄断行业、反垄断法
2001	自然垄断产业、电信、经营者、限制竞争行为、电力
2002	厂网分开、政府规制、改革、有效竞争、垄断利润
2003	规模经济、市场支配地位、价格垄断行为、中国、价格管制
2004	外资并购、跨国公司、自然垄断行业、知识产权、技术垄断
2005	执法、石油、矿物燃料、民营企业、财产权
2006	收入、价格监管、网络经济、社会福利、外资
2007	垄断竞争、收入差距、收入分配、效率、技术创新
2008	国有企业、贸易商、经销商、反垄断规制、经营者集中
2009	反垄断调查、反价格垄断、财政金融、法律法规、地区性行政垄断
2010	双边市场、高管薪酬、民间资本、央企、电力行业
2011	运营商、联通、宽带、铁矿石、电信行业
2012	市场价格监管、银行业、物价局、市场价格行为、金融垄断

年份	关键词内容
2013	价格举报、罚款、垄断协议、五粮液、乳制品
2014	汽车行业、零部件、配件、汽车厂商、整车厂
2015	价格违法行为、垄断势力、互联网、出租车、专车
2016	竞争审查、申报标准、药品价格改革、新常态、日本
2017	上游垄断、垄断资本主义、互联网行业、第三方支付、垄断资本学派
2018	房地产开发企业、原料药、土地供应、大数据、市场竞争

注：关键词内容为前五位关键词；若前五位有含义相似的关键词，如"美国"与"美利坚合众国"，则在合并后顺延；删除了相关性低的关键词，如"康采恩""地位"等。

资料来源：根据样本资料整理得到。

在产业组织领域的引进学习阶段，反垄断学科研究的内容主要包括八个方面：一是研究发达国家垄断组织特征问题，具体内容涉及国家垄断资本主义的现状及发展趋势、垄断组织的企业管理等。二是研究国际垄断组织形态与发达国家跨国公司业务问题，具体内容涉及欧洲经济合作组织、国际垄断同盟、垄断资本、金融资本、出口贸易、分支机构等。三是研究差异化情境下垄断组织的作用问题，具体内容涉及不同经济学派、不同经济体制、国民经济、加工工业、财政开支、社会福利等。四是研究垄断组织的经济效益问题，具体内容涉及垄断利润、独占价格、社会生产价格、绝对地租、一般生产价格等。五是研究垄断组织的形态变化问题，具体内容涉及国家垄断、横向经济联合、商品生产集中、生产资源配置等。六是研究国家垄断资本主义的特征问题，具体内容涉及资本家所有制、权利主义差异、垄断资产阶级、经济危机等。七是研究垄断组织的一般规律问题，具体内容涉及超额利润、沉淀成本、固定成本、帕累托最优、经济成分、进入壁垒等。八是研究垄断组织国际化问题，具体内容涉及资本主义发展、资本国际化、不发达国家的国家垄断资本主义等。在此期间，不同年份研究内容的关键词也有差异，如1980年相关研究的关键词包括"思想体系""国家垄断资本主义""垄断组织"等，1984年相关研究的关键词包括"资本家阶级""绝对地租""社会主义"等，1989年相关研究的关键词包括"自由竞争""垄断化""工商企业集团"等。与此同时，学术界针对一些重点问题也深化了相关研究。如郭吴新（1982）认为垄断资本主义和国家垄断资本主义的重要发源地之一便是西欧，因此，从发展的经济政治条件、主要特点和历史地位等角度对第二次世界大战后西欧国家垄断资本主义进行了详细介绍；柳欣（1988）认为新古典综合派的完全竞争静态分析方法，即以完全市场竞争价值为前提、采取静态均衡的方法，抽象掉了现实生活中的利益冲突与动态发展实际，并不适合现实经济生活，而以时间与预期的不确定性、动态均衡分析、垄断竞争等为核心的垄断竞争动态非均衡分析方法更能贴近现实；张军（1987）从传统微观经济学中厂商理论的不现实假设入手，以潜在竞争、固定成本、帕累托最优、沉没成本、固定成本、维持价格等为角度，详细介绍了可竞争市场理论及其与公共产业的关系；陈耀庭（1987）研究了垄断利润和垄断价格的理论问题，认为将垄断利润定义为超过平均利润以上的超额利润是不准确的，由此将垄断价格定义为成本价格与平均利润及垄断利润之和也是不准确的，如果从扩大再生产的角度看，则应将垄断利润定义为长期大于并包括本身生产的剩余价值在内的超额利润，而垄断价格则是一种市场价格，并非以"垄断生产价格"为核心；陆德明（1988）认为我国深化改革的关键在市场，而市场化的前提则是组织，未来要从"条条"和"块块"的组织改革入手，在不同区域、不同部门之间加快建立垄断竞争市场，实现社会主义商品经济的发展目标。

在产业组织领域的体系形成阶段，反垄断学科研究的内容主要包括九个方面：一是研究电信行业的市场垄断问题，具体内容涉及垄断性质、垄断行为、引入竞争、放松管制、政府规制等。二是研究资本主义国家垄断资产阶级干预经济问题，具体内容涉及资本主义固有矛盾、资本家阶级、法人资本主义、企业管理、生产集中等。三是研究发达国家的行政垄断与反垄断法问题，具体内容涉及资本主义生产方式、思维形式、司法机关、交易成本等。四是研究垄断组织的特征与发展趋势问题，具体内容涉及排他产权、企业合并、企业联合、跨国合并、国际贸易等。五是研究自然垄断问题，具体内容涉及自然垄断性业务、自然垄断行业、边际成本定价、垄断地位等。六是研究垄断组织的市场行为问题，具体内容涉及卖方市场、产品差异化、产品策略、产业结构均衡化等。七是研究资本主义垄断理论问题，具体内容涉及资本主义生产方式、资本主义所有制、需求价格、独占价格、供给价格、利润最大化等。八是研究垄断地租问题，具体内容涉及资本主义地位、土地所有权、城市土地等。九是研究不同行业中的市场垄断问题，具体内容涉及煤气、建筑、房地产行业等。在此期间，不同年份研究内容的关键词也有差异，如1990年相关研究的关键词包括"思想体系""美国""社会主义"等，1994年相关研究的关键词包括"反垄断法""垄断行为""自然垄断"等，1999年相关研究的关键词包括"电信垄断""竞争机制""自然垄断性业务"等。与此同时，学术界针对一些重点问题也深化了相关研究。如江瑞平（1998）以马克思主义基本原理为基础，界定了垄断资本主义的本质特征、实质内容和占有主体，并以垄断企业规模空前扩大、资本占有高度集中、产业资本与银行资本密切融合、市场与价格垄断等事实为基础，认为当代日本资本主义仍然是一种垄断资本主义，充分体现在日本社会经济结构的各类主要方面，而所谓的日本模式，本质上就是一种法人垄断资本主义模式；于良春和鞠源（1999）利用1994—1997年我国银行业数据，测量了银行业市场结构的市场份额、市场集中度、进入壁垒等指标，并在对银行企业行为演变进行分析的基础上，进一步对比分析了各类银行的经营效率、成本费用、信用风险等情况，认为我国银行业未来仍需要在管制制度上做进一步改革；张维迎和盛洪（1998）以电信业为例，在阐释我国电信业开放的背景、邮电部的反竞争行为的基础上，认为自然垄断与行为垄断并非中国反垄断的首要任务，而以政府部门政策或政企合谋为典型的法定垄断才是，未来在起草《反垄断法》时，要着重约束政府行为；宋则（1999）认为中国垄断现象具有一定的特殊性，不仅在于其从计划经济体制向市场化改革的转轨特征，还在于其经常发生于市场集中度较低的情况，以及发生在权利的集中点、监督的薄弱点、法律的滞后点以及资源的稀缺点，未来要更加集中于解决反垄断与规模经济的矛盾、消除行政性垄断和成立市场化经济组织等方面。

在产业组织领域的深入拓展阶段，反垄断学科研究的内容主要包括十一个方面：一是研究自然垄断、行政垄断、买方垄断的差异化特征问题，具体内容包括垄断行为、垄断行业等。二是研究垄断组织的市场控制问题，具体内容涉及垄断协议、纵向价格垄断、转售价格维持等。三是研究进出口贸易中的反垄断调查问题，具体内容涉及奶粉市场、原料市场、彩电市场等。四是研究反垄断主管部门和相关法律问题，具体内容涉及工商行政管理局、《反不正当竞争法》、限制竞争行为等。五是研究市场价格监管部门和相关法律问题，具体内容涉及国家发改委、串通涨价、反垄断调查、价格举报、价格欺诈等。六是研究部分行业的价格垄断问题，具体内容涉及家电、整车制造、零部件制造、汽车流通行业与价格同盟、独占价格等。七是研究互联网及电信行业的垄断行为问题，具体内容涉及宽带网络、电信设备、电信运营商、网间结算等。八是研究寡头垄断滥用市场支配地位问题，具体内容涉及航运市场、液化天然气市场、高通公司专利授权与费用等。九是研究垄断资本学派与自由竞争学派的争论问题，具体内容涉及经济剩余、垄断价格、资本积累、长期衰退、政治活动等。十是研究垄断行为的经济效应与经济体制改革问题，具体内容涉及价格不确定性、社会福利、行业收入差距、要素价格、财政管理、电力体制改革等。十一是研究新兴经济形态中的垄断问题，具体内容涉及出租车牌照、公众意见、官僚资本、垄断模式、过度剥削等。这一期间，不同年份研究内容的关键词也有差异，如 2000 年相关研究的关键词包括"反垄断""垄断行业""反垄断法"等，2009 年相关研究的关键词包括"反垄断调查""反价格垄断""地区性行政垄断"等，2018 年相关研究的关键词包括"原料药""大数据""市场竞争"等。与此同时，学术界针对一些重点问题也深化了相关研究。如过勇和胡鞍钢（2003）以寻租经济理论为基础，对行政垄断的本质、成因、形式与特征进行了分析，以内嵌于其中的腐败现象为依据，提出了腐败现象的新的分类，并对其所产生的经济损失规模、租金耗散等问题进行了讨论，认为未来制度改革的关键在于重新定位国家角色，要通过广泛参与使得国家治理方式发生根本性的变化；于良春和张伟（2010）利用 ISCP 分析框架，构建了行政垄断强度及效率影响的指标体系，并以电力、电信、石油及铁路四个典型行业为基础，测算了行业内行政垄断强度，估算了行政垄断所造成的资源配置效率损失程度，发现两者呈显著负相关关系；岳中刚（2006）在阐述双边市场特征及类型的基础上，研究了垄断交易平台和竞争性交易平台的定价行为，发现两者定价策略并不相同，前者的焦点在于内部化用户的外部性，在平台双边吸引更多的用户，而后者受限于用户间网络外部性的存在，从而限制了平台价格加成的能力，当然，双边市场也由于子市场的相互依赖性、价格与成本的偏离、搭配销售等行为的存在而存在反垄断问题；叶林祥、李实和罗楚亮（2011）利用第一次全国经济普查数据，实证检验了行政垄断和所有制对企业工资收入差距的影响，发现两者都是提高企业工资收入差距的重要因素，但前者的作用小于后者，未来在国有企业改革过程中，要将其工资决定行为因素考虑进去。

二　政府规制研究热点回顾

我们用"规制"为篇名关键词，在知网"经济与管理科学"文献分类目录中进行搜索，从而得到本节研究所需文献样本。然后，选用 CiteSpace 软件进行关键词统计（见表6—2）。①

表6—2　　　　　　1994—2018 年政府规制学科的研究关键词

年份	关键词内容
1994	企业管理、日本、规制政策、经济性、限制
1995	经济体制、市场经济、住房商品化、房屋租金、住房补贴
1996	政府规制、法律规制、经济法、石油产品、商品
1997	中国、乡镇企业、微观机制
1998	反垄断法、放松规制、信息不对称、经济规制、规制改革
1999	企业合并、电信业、自然垄断、反垄断规制、财政管理
2000	政府规制、法律规制、自然垄断、价格规制、规制改革
2001	垄断、竞争、市场失灵、政府管制、产业规制
2002	环境规制、激励性规制、信息不对称、反垄断、政府
2003	食品安全、博弈、信息披露、关联交易、上市公司
2004	监管、电力产业、民营化、跨国公司、市场化
2005	技术创新、FDI、社会性规制、证券市场、电信
2006	外商直接投资、规制失灵、博弈论、中国、价格
2007	反垄断规制、地方政府、规则体系、金融规制、城市公用事业
2008	波特假说、企业社会责任、规制效果、社会责任、私募基金
2009	双边市场、质量规制、次贷危机、天然气
2010	低碳经济、立法、电子商务、三网融合、劳动关系
2011	民间借贷、产业结构、成本规制、博弈分析、市场准入
2012	经济增长、食品安全规制、技术进步、面板数据、民间融资
2013	全要素生产率、门槛效应、环境规制强度、制造业、出租车
2014	互联网金融、环境污染、碳排放、技术效率、文化产业
2015	企业绩效、产业结构、风险规制、产业转移、污染密集型产业

① 本节对政府规制学科研究热点回顾所选用的样本不包括 1994 年之前的文献。

年份	关键词内容
2016	共享经济、绿色技术创新、中介效应、行业异质性、演化博弈
2017	网约车、绿色全要素生产率、长江经济带、产业升级、规制路径
2018	共享单车、空间杜宾模型、绿色发展、非正式环境规制、金融发展

注：关键词内容为前五位关键词；若前五位有含义相似的关键词，如"企业"与"企业管理"，则在合并后顺延；删除了相关性低的关键词，如"完善""风险""问题"等；部分年份关键词在五个以下，如1997年。

资料来源：根据样本资料整理得到。

在产业组织领域的体系形成阶段，政府规制学科研究的内容主要包括五个方面：一是研究政府规制的基础理论问题，具体内容涉及边际成本、社会福利、市场失灵、规制机构、规制改革、激励机制、执法机构等。二是研究规制设计中的相关问题，具体内容涉及规制机构、规制改革、次可加性、经济体制、承诺能力、棘轮效应等。三是研究规制改革中的产业与效率问题，具体内容涉及垄断性质、垄断产业、公用行业、公用产品、电信资费标准、企业管理内部效率等。四是研究规制的原则与方法问题，具体内容涉及进入规制、申报制度、企业合并、市场份额效应、反垄断法、经营协同效应等。五是研究规制的对象与法律法规问题，具体内容涉及价格折扣、现金折扣、大批量折扣、横向经济联合、内幕交易行为、操纵市场行为、散布谣言、内幕交易法等。在此期间，不同年份研究内容的关键词也有差异，如1994年相关研究的关键词包括"规制政策""经济性""限制"等，1997年相关研究的关键词包括"乡镇企业""微观机制"等，1999年相关研究的关键词包括"企业合并""自然垄断""反垄断规制"等。与此同时，学术界针对一些重点问题也深化了相关研究。如宋立（1997）从规制的缘由、经济性规制与社会性规制的差异、规制失灵与放松规制的争论、自然垄断新理论和激励性规制理论等角度出发，对现代西方规制理论及其演进进行了详细介绍；拉丰（1994）在中国讲学期间，从资本生产率规制、拉莫斯—布阿德规则、吕勃与马格特方式、巴隆—梅尔逊方式、拉丰—提罗尔方式、其他的约束、由限价来规制、引入竞争、国营企业私有化九个方面对激励与新型规制方式进行了详细介绍；徐梅（1998）在对战后日本规制型市场经济的历史因缘、初期改革进行阐述的基础上，评述了规制对战后日本经济增长的积极贡献，并讨论了转型时期日本经济面临的包括行政保护弊端日益突出、与其他国家经贸摩擦频繁、国内外商品价格差扩大、产业空心化迹象显现等问题，进而又从放松规制的角度出发，对日本经济的未来出路进行了解析；张昕竹（1999）以中国规制改革为背景，以如何改善承诺、如何限制非极大化社会福利行为、规制分权中的防止收买等内容为重点，分析了规制制度的交易成本与政治经济学问题；陈宏平和陇小渝（1999）从理论层面阐释了规制的两面性，即一方面能够弥补市场失灵并提高资源配置效率，另一方面又会在动态演变过程中加大社会成本，降低规制的预期效果，而有效规制的政策选择必然要求对不同行业的垄断属性和市场与政府的边界等多重因素进行考量。

在产业组织领域的深入拓展阶段，政府规制学科研究的内容主要包括七个方面：一是研究证券市场的法律规制问题，具体内容涉及内幕交易、言论自由、关联贷款、监管制度、信息披露、规制路径等。二是研究环境规制问题，具体内容涉及全要素生产率、绿色创新、技术效率、费用型环境规制、投资型环境规制、超效率模型等。三是研究规制改革的机制问题，具体内容涉及成本定价、交易成本、规制失灵、国际规制、价格规制、微观规制、进入规制、差别定价等。四是研究政府规制中的理论问题，具体内容涉及社会权力、市场失灵、规制失灵、均衡机制、委托—代理理论、规制经济学等。五是研究规制影响的现实案例问题，具体内容涉及发电成本、广告发布、保险费率、外资并购等。六是研究规制的改革方向与成本收益问题，具体内容涉及邮政专营、政企分开、基础设施产业、收费公路、价格管理、规制效率等。七是研究部分产业的规制问题，具体内容涉及电力改革、电价形成机制、寿险公司、市场结构、进入壁垒、规制行为等。在此期间，不同年份研究内容的关键词也有差异，如2000年相关研究的关键词包括"政府规制""法律规制""价格规制"等，2009年相关研究的关键词包括"双边市场""质量规制""天然气"等，2018年相关研究的关键词包括"共享单车""非正式环境规制""金融发展"等。与此同时，学术界针对一些重点问题也深化了相关研究。如于立和肖兴志（2001）从规制公共利益理论、规制俘虏理论、规制经济理论这三大流派出发，对规制理论发展演变进行了阐述；曲振涛、周正和周方召（2010）以双边市场理论为基础，引入网络外部性参数，通过扩展已有模型，对电子商务平台企业的定价、收益及社会福利进行了分析，发现电子商务平台企业定价与边际成本存在非对称性结构，其收益取决于客户基础和网络外部效应等因素，相关企业之间的互联互通所带来的社会福利将会较大，未来的规制政策要充分考虑电子商务产业内的结构壁垒和行为壁垒；黄德春和刘志彪（2006）将技术系数引入Robert模型，认为环境规制尽管会增加企业的直接费用，但也会通过激励创新从而抵消上升的成本，这种内嵌于企业自身的技术创新使得波特假设成立；沈能和刘凤朝（2012）利用1992—2009年的面板数据，实证发现波特假设存在显著的地区差异和门槛效应，即波特假设只有在东部发达地区才成立，且经济发展水平存在双重门槛；傅京燕和李丽莎（2010）利用1996—2004年制造业面板数据，在构建产业环境规制和污染密度指标的基础上，实证检验了环境规制、要素禀赋、行业比较优势之间的关系，发现"污染避难所"的说法并不成立，环境污染和要素禀赋会对比较优势产生负面影响，但前者的二次项却正向作用于比较优势；陈明艺（2006）以规制理论之争为基础，对20世纪80年代美国出租车市场规制解除运动及规制解除后的经验与再规制趋势进行了阐述，并讨论了放松管制与强化服务质量、牌照价值之争等问题，认为未来我国出租车规制改革要在转变服务类型、放松组织形式、调整牌照获取方式等方面有所突破。

第三节　研究结论与未来展望

本章首先回顾了国外产业组织学科发展历程，并从历史发展脉络出发，将其划分为三个阶段：一是1930年以前的萌芽阶段，二是1930—1970年的形成阶段，三是1970年以后的深化阶段。然后，以此为基础，回顾了国内产业组织学科的发展演变，也将其对应划分为三个阶段：一是20世纪80年代的引进学习阶段，二是20世纪90年代的体系形成阶段，三是21世纪以来的深入拓展阶段。最后，从反垄断和政府规制两个学科入手，通过在知网搜索相关文献并借助CiteSpace软件进行关键词统计分析，对不同阶段的研究热点进行了简略回顾。

总体来看，自20世纪80年代以来，我国产业组织领域的学科研究取得了巨大进步，相关学科也在教材、论文、期刊、人才等方面取得了较好的成就，学科的发展紧贴我国改革开放发展实际，并在不同阶段呈现出差异化特征，学科研究热点内容随着改革开放实践和学科理论体系的发展而呈现出横向上的拓展和纵向上的深化趋势。然而，一些问题也较为突出，如当下中美贸易摩擦下我国产业组织的应对措施、未来发展方向在哪里等问题，充分表明了学科领域内的理论研究与政策研究存在脱节、理论分析与政策分析又无法有效指导新形势下的产业组织发展等问题。与此同时，"学术命题、学术思想、学术观点、学术标准、学术话语上的能力和水平同我国综合国力和国际地位还不太相称"（习近平，2017），对推动新时代我国经济高质量发展的作用仍有待进一步提升。未来如何打牢学科基础、积累学科知识、完善学科体系、提高教育质量、增强话语力量，在理论界和实践界还有较长一段路要走。

第 七 章

产业政策研究

产业政策进入中国学术界视野是在改革开放之后，20 世纪七八十年代东亚模式的成功引起世界广泛关注，我国也将政府主导市场经济发展的产业政策纳入宏观决策部门研究体系（江飞涛、李晓萍，2018）。在此之前，在计划经济体制下我国对产业政策的研究多分散在产业结构调整、产业布局规划、区域规划等政策性文件中，缺乏系统性的政策组合指导，也未能形成专门的产业政策文件，因而严格意义上我国对产业政策的研究，始于 20 世纪 80 年代中期。我国学术界对产业政策的研究，也从开始学习世界先进国家经验，到评判、实证分析产业政策的实施效果，再到指出产业政策的转型方向，逐步建立了一套成熟的评价和分析体系。根据我国改革开放进程，以及政府、学术界对产业政策的认识程度、政府部门运用产业政策的体系成熟度，我国的产业政策研究可以分为五个阶段。

第一节　改革开放前的产业政策研究

"产业政策"一词形成于 1970 年前后，由日本通产省提出，日本学者小宫隆太郎（1988）将其定义为"政府为改变产业间的资源分配和各种产业中私营企业的某种经营活动而采取的政策"。20 世纪70年代后期，日本、韩国经济的成功进入中国研究者的视野。从政策作用效果来看，产业政策通过投资、税收、补贴等一系列政策手段直接或间接干预某产业的生产、研发、经营活动，进而对产业产生促进或抑制作用。虽然改革开放之前，我国实行的是计划经济体制，没有严格的产业政策出台，但对产业政策涉及的产业优先程度、产业结构、产业区位、产业组织问题也多在政府的政策文件中有所涉及，也成为当时的经济学研究者的研究重点。

关于改革开放前的产业政策研究，主要涉及两个问题，一是优先发展何种产业的问题，二是轻重工业结构、比例的问题。这两个问题的研究观点，大多并未偏离当时我国制定的经济政策方针。1955年全国人大通过了"一五"计划，主要任务之一就是集中力量进行工业化建设，其中涉及的156个苏联援助项目和694个建设项目多为重工业项目。1956年4月25日的中央政治局扩大会议上，毛泽东作了《论十大关系》的报告，提出要正确处理农业、重工业和轻工业的关系，要用多发展一些农业、轻工业的办法来发展重工业；后又在1957年2月提出在优先发展重工业的基础上，实行发展工业与发展农业同时并举的方针，虽然将农业的地位定位为"国民经济发展的基础"，但在实际的国家投资中农业占比最低，在整个计划经济阶段大部分在4%以下，而对重工业投资占比最高（王曙光，2019）。正是由于对重工业的重视，经济学界研究者基于对马克思政治经济学不同的认识，对轻重工业划分标准展开了探讨。李恢宏等（1957）认为，当时统计工作中按照总产量和工业的基本建设投资额划分的甲、乙部类（即生产资料工业和消费品工业）与轻工业、重工业概念并不相同，是基于不同应用的两种分类方式，他们按照能否为实现技术改造提供现代技术装备作为轻重工业的划分方法，认为应该按照企业或基本建设单位来划分轻重工业。王琥生（1963）不认同手工业属于轻工业范畴，也不认同以"生产对象和生产方法的特点"或是"生产技术的复杂度"作为划分标志，强调以企业生产的主要产品的经济、技术性能为主要划分标志。各种研究者对划分标准的分析不一而足，也说明该问题是当时困扰经济政策制定的重要问题。

对产业区位问题的研究，也是在国家既定方针下展开探讨的。自"一五"计划开始，我国在产业区位选择方面就讲求产业"均衡"布局的战略，1956 年党的八大政治报告中，专门提到沿海与内地的配合问题，提出"在第二个五年内，除开充分利用东北和华东的工业基地外，还必须合理地发挥河北、山东地区和华南地区在发展工业上的作用"；后来又将产业布局与国防和备战结合在一起，重点开展了"大三线"建设。这不仅影响到产业布局在全国各地的布局，也对劳动力供给提出了新的要求。有学者研究了工业企业对熟练技术工人的调配问题，认为所需工种的人员比例、劳动人员质量和劳动计划制度都需要根据当时的建设形势进行调整，通过劳动力平衡调配促进第一个五年计划的顺利实施（李全喜，1956）。马寅初则指出在沿海技术人员支援内地建设的过程中出现了忽视沿海地区工业基地的情况，沿海地区的技术人员和新毕业大学生更多地派给内地企业，削弱了沿海工业基地的作用；并认为在平衡沿海工业和内地工业时，需要考虑原料产地和市场对企业选址的作用，不能简单地"限产"或"迁厂"（马寅初，1981）。马寅初的观点是对当时工业布局优先向内地转移的一种纠偏，其中提到的很多建议对当时的轻重工业结构、产业布局平衡出现的问题都有很好的针对性，但不仅未能得到重视反而引起对其本人的批评（肖灼基，1980；朱新镛，2007）。该时期大部分对产业布局的研究，都聚焦在如何有计划地开展工业布局方面，对工业的各个领域同时也对我国经济建设有直接影响的行业进行了重点研究，如水利枢纽的选址、煤矿的分布、港口布局等（冯华德、黄载尧，1962；岳希新，1961；陈汉欣、林幸青，1960）。

可以看出，我国学术界在改革开放前对产业政策的研究大多未能付诸经济实践，有些比较中肯的意见还遭到批判，但这些研究对改革开放后我国制定产业政策、纠正产业结构、解决工业布局不协调问题提供了积极的建议。

第二节　改革开放后至 20 世纪 90 年代初期的产业政策研究

　　1978 年党的十一届三中全会的召开，将党和国家的重心转移到经济建设上来，并实行改革开放。1979 年 3 月，李先念在中央政治局会议作了《关于国民经济调整问题》的报告，提出了"调整、改革、整顿、提高"的方针，决定用 3 年时间改变轻重工业比例失调的现象。同年 6 月的人大五届二次会议，又提出要"改变轻纺工业的落后状况"，"使它们的增长速度赶上或略高于重工业的增长速度"。这些政策标志着改革开放之初我国的优先产业发展政策发生了变化。在此基础上，中央于 1979 年 6 月成立了经济结构、经济管理体制等四个方向的经济工作调查组，对中国当时的经济结构领域的状况和存在的问题进行剖析（陈胜昌，1982）。调查组的负责人马洪、孙尚清在此次调查的基础上主编了《中国经济问题研究》，认为当时我国的经济结构研究应该转到产业结构领域，并对我国农轻重经济结构失衡的原因进行了深刻分析，提出在优化农轻重结构的同时也要注意到煤炭、电力、石油等能源产业仍是我国经济的薄弱环节。吴家骏（1981）从经济结构的定义和研究意义出发，对当时我国经济结构存在的问题，运用马克思政治经济学理论进行了归纳总结，认为调整产业结构的本质是调整生产资料和消费资料两大部类结构的问题，总结了合理经济结构的五个标志，并提出了详尽的调整经济结构的政策建议。学术界也迅速研究了轻工业优先发展的必要性（冯宝兴等，1980），并介绍了美国的经济发展经验（刘仁毅，1980）。

　　与此同时，日本的经济发展成就引发了学术界的关注，有学者将日本的产业政策经验介绍到我国。陈重和韩志国（1983）将第二

次世界大战后日本产业政策分为三个阶段，认为日本分别实施了
"重点生产方式"、重化工产业为主导、发展"知识密集型"产业的
产业政策，从而取得了经济、社会的长足发展。这也是我国学术界
首次以学术论文形式介绍日本产业政策。介绍国外产业政策的实施
效果和政策手段成为我国学术界研究的重要领域。周淑莲（1988）
在总结我国学术界对产业政策的认知中，将学术界对产业政策的片
面看法作了总结分析，对产业政策进行了定义，认为"产业政策是
对于一定时期内产业结构变化趋势和目标的设想，同时规定各个产
业部门在社会经济发展中的地位和作用，并提出实现这些设想的政
策措施"；并通过比较日本、法国、英国、联邦德国、美国等十几个
国家的产业政策，认为我国的产业政策需要具备长期性、协调性，
使企业具有活力，唤醒奋斗精神，还需要根据时代要求变化。此后，
越来越多的国内学者关注国外产业政策的实施情况，并看到欧美发
达国家在实施产业政策之后产业结构的变化，即第三产业占比增加，
劳动和资本密集型产业逐步让位于知识密集型产业的变化过程（李
玉平，1987）。

根据对国外产业政策的学习和实际考察，我国政府管理部门和
学界针对我国经济运行现状和目标做出了明确的产业政策规划。周
林等（1987）在《以产业政策推进发展和改革》的报告中，提出要
合理引导劳动力尤其是农民向第二、第三产业流动，推进各级各类
政府部门与经济活动主体的职能双向分离，选择以机械工业为主导
产业，并针对主导产业中不同产业存在的问题将结构调整和产业扶
持等作为短期产业政策实施的重点，还选择了三类高技术产业作为
重点领域开发、扶持以期实现赶超发达国家的产业结构水平的远期
目标。国务院发展研究中心产业政策专题研究组针对我国在"六五"
时期经济运行出现的问题，明确"要以产业政策连接发展与改革"，
建议实行两阶段产业政策，并提出了多条政策建议。在出口政策方
面，有学者认为进口替代战略比出口导向战略更适合我国当时的情
况，可以作为我国赶超世界工业大国的长期战略，尤其指出出口导

向战略只能使得我国发展轻纺和服装等劳动密集型产业，与现代化方向背道而驰（刘昌黎，1987）。这说明在产业政策制定时，我国学术界已经认识到主导产业与生产要素的比较优势之间存在背离，如何调节这种背离，也是各国实行产业政策的难点。

由于我国当时的体制机制原因，以及对产业政策的认识、执行经验不足，我国"七五"时期实行的产业政策效果难尽如人意。周振华（1990）用效应偏差理论分析了"七五"时期的产业政策，认为产业政策效果偏差较为严重，存在基础产业发展严重滞后、产业结构地区合理化政策不能见效、第三产业发展落后、产业组织的规模经济难以实现、技术进步以及技术结构调整无明显起色、发展高技术产业中断六大问题，认为在政策设计、政策执行阶段均有需要改进的问题，政策对象的态度也不甚积极。江小涓（1991）也认同产业结构政策未见成效，原因在于行政性结构政策作用有限以及调整信号失真，进而提出深化体制改革，利用市场性结构政策来改善产业结构。

应该看到，虽然改革开放之后产业政策的概念已引入中国，并开始通过政府的一系列政策影响经济活动。但囿于我国当时的经济体制，产业政策作用并未像其他发达国家一样具有成效，经济学界对体制的争论也影响了产业政策的实施效果。从有利的一面来看，学术界能够清晰地评估产业政策的效果，并找准政策失效的原因，对我国经济体制改革也起到了促进作用。

第三节　党的十四大之后至 2002 年之前的产业政策研究

1993 年党的十四届三中全会通过《中共中央关于建立社会主义市场经济体制若干问题的决议》，市场机制开始在资源配置中发挥基础性作用，为我国产业政策实施提供了较好的体制机制环境。1994

年由国务院颁布了《90 年代国家产业政策纲要》（以下简称《纲要》），将机械电子、石油化工、汽车制造和建筑业设立为支柱产业。《纲要》中涉及的支柱产业与党的十四大报告提到的支柱产业保持一致，但对如何保证支柱产业发展的措施做出了详细的安排，财税金融、行业准入、幼稚产业保护等一系列产业政策工具开始发挥作用，该《纲要》也成为我国第一部真正意义上在市场经济条件下发挥作用的产业政策。学界对产业政策的认识也更为清晰，与 80 年代相比，产业政策实践也相对成功。李寿生（2000）在总结 90 年代我国的产业政策时，肯定了我国产业政策对国民经济的促进作用，认为在产业政策涉及的农业、基础产业、支柱产业发展和产业结构优化、第三产业四个方面均有明显改善；同时也存在一些不足，即对加工工业产能过剩的调节效果不足、产业政策干预的领域太宽太多、产业政策实施手段缺乏其他产业政策的有机配合。由此认为在下一阶段我国的产业政策需要克服存在的问题，根据更加开放的国际环境制定相应的产业政策。张小济（1998）认为可以通过产业政策调整激励加工贸易企业的中间投入品生产，指出我国机械、电子、化工产业的基础材料、元器件生产长期滞后，需要扭转对中间投入品的歧视性政策，并提出了通过产业政策鼓励外资、国有企业进入中间投入品市场、加工贸易企业采用国产料件也可享受税收优惠的三点政策建议，对优化我国当时的加工贸易结构很有针对性。邓子基和邓力平（1995）、汪建坤和邓艳梅（2001）分别从税收政策和金融政策入手，对我国产业政策的相关设计提出了建议，无论是税收还是金融手段，都可以影响、引导企业的投资行为，进而达到保护国内幼稚产业、促进产业结构优化的结果。

为了吸引外资，我国国务院于 1995 年批准《指导外商投资方向暂行规定》，且一并发布了《外商投资产业指导目录》，后来随着开放的深入不断调整外商可投资产业的范围，并鼓励外商对中西部地区投资。90 年代末国际经济环境变化和我国即将加入 WTO 的前景也使得我国政府和学术界更为关注外国尤其是日本的产业政策变化。

李寿生（2000）认为日本产业政策已由"倾斜型产业政策"逐步转为"竞争性产业政策"，尽量少地采取强制性行政手段，为各类企业创造公平竞争的政策环境，因而建议我国的产业政策应该兼顾两种类型，构建具有主导型产业政策，竞争性产业政策，技术创新性产业政策和农业、服务业保护性产业政策的产业政策体系，以应对加入 WTO 的需要。齐东平（2000）论述了在经济全球化条件下制定国际产业政策的必要性，提到了以企业为核心制定发展跨国企业的战略，该观点与我国企业发展实际相比较为超前，但为我国在加入 WTO 之后协调好保护本土企业与顺应国际惯例提供了新思路。包小忠（2001）基于对日本 90 年代的产业政策的研究认为，日本的 90 年代的产业政策作用衰微，原因在于产业政策实行的基础已经发生了变化，竞争性市场机制留给基于供给侧的产业政策发挥空间不大，并且日本已进入发达经济体，90 年代其需求不振也抑制了产业政策的效用。马建堂和杨正位（2002）深入分析了日本 90 年代经济衰退的原因，认为日本政府产业政策失误、政府干预过度是其经济衰退的深层原因，尤其提到以下三点重要原因，为我国产业政策制定提供了宝贵的经验。（1）日本主导产业选择失误，使得大量资金投入房地产；（2）技术发展方向选择失误、创新能力不足，在电脑技术、电视技术等重大领域失去了与美国竞争的能力；（3）金融体制对中小企业和初创企业不友好。这一时期我国学术界对产业政策的研究已经由总体概念定义向细分产业政策转变，对产业政策涉及的不同领域的政策安排能够给出详细的建议，对外国产业政策的追踪也十分及时，尤其对日本产业政策的不当之处有了深刻的反思。在我国即将加入 WTO 之际，对在如何保护我国幼稚产业的同时积极参与国际竞争也提供了政策建议，对在市场条件下保持一般行业的竞争性也在逐步达成共识，更有学者认为中国政府应该制定符合国际惯例的市场竞争规则，用竞争政策适应经济全球化进程（林民书、林枫，2002）。

第四节　2002 年之后至党的十八大之前的 产业政策研究

加入 WTO 之后，中国的经济进入快速增长期，对产业政策的广度、深度、前瞻性的需求更大。在国际环境中，发达国家和地区为了应对我国加入 WTO 提前出台保护政策，例如欧盟自 2000 年起提出了里斯本战略，并于 2002—2005 年连续发布四份产业政策通报，明确提出横向产业政策；随后又在实际操作中不断演变为横向政策与部门政策相结合的矩阵式产业政策（李晓萍、罗俊，2017）；为了应对欧盟扩大和中国等发展中国家加入 WTO 后对欧盟工业的冲击，欧盟以技术、安全、环保为由还出台了一系列技术性产业保护政策，如 2003 年发布的《关于报废电子电气设备指令》等，提高了区外企业进入欧盟市场的技术门槛（郭力生、徐战菊，2007）。在国内，我国经济高速增长和一些行业产能过剩现象的发生，促使我国不断出台产业政策对一些产业进行结构调整，如国家发改委于 2003 年发布的《关于制止钢铁行业盲目投资的若干意见》《关于制止电解铝行业违规建设盲目投资的若干意见》和《关于防止水泥行业盲目投资加快结构调整的若干意见》，国家发改委等五部门于 2005 年发布的《关于制止铜冶炼行业盲目投资若干意见》等，均对我国当时产能过剩领域的产业发展提出了宏观调控要求和解决方案。

虽然中国的产业政策体系更为完备，但欧盟、东亚国家的产业政策转向出现了新的动向，学术界对于国家干预还是采取竞争性产业政策的争论成为这一时期的焦点。亚洲金融危机以后，东亚国家相继进行了以市场经济为导向的改革，日本和韩国的产业政策也由政府直接干预逐步转向竞争性产业政策，我国学术界对日本等国的政策变化高度关注，认为可以借鉴学习（冯晓琦、万军，2005）。刘劲松和舒玲敏（2006）在分析了日本的产业政策变迁后，提出了分阶段的政策建议，即随着国家经济发展和市场机制变化，逐步弱化干预性的产业政策，实行竞争政策优先。有学者对于完全学习国外产业政策提出了不同的看法。周淑莲等（2008）认为我国高增长行业需要建立基于演化理论的动态能力导向的产业政策，并认为没有对任何国家都适用、对任何产业都适用、在任何时期都适用的产业政策，产业政策的作用是促进产业在变化的环境中的动态适应能力。他们同时指出，欧盟的竞争力导向的产业政策仅仅指出了欧盟所面临的问题，没有提出可以解决问题的思路，因而对欧盟的产业体系建设作用不大。吕政（2004）认为产业政策的重点应当是对关系国家战略利益而市场作用有限的产业实行扶持和产业保护，选择战略产业可以依据收入需求弹性基准和生产力基准；并注意到发达国家和发展中国家出现的两种产业"空心化"现象，对引进外资的产业政策提出了相应建议。

除了对产业政策的类型和干预理论基础有各种争论外，这一阶段的学术研究也重点关注了产业技术政策领域。王允贵（2002）认为技术是全球化时代统一比较优势和竞争优势最好的要素，并结合我国的实际，认为鼓励技术产业发展应该成为我国当时产业政策的中长期主题。王平和钱学锋（2007）认为我国产业政策长期采取出口偏向型技术进步，忽视了进口技术含量提升，是我国贸易条件恶化的根本原因，提出应将产业技术政策向中高技术进口偏向型倾斜，同时需要改变对外资和加工贸易企业的优惠政策，转为对具体产业发展给予差别性待遇的政策。虽然在具体政策实施上有不同的看法，但学术界基本对以电子计算机、半导体芯片制造、高端机械装备制造等产业作为战略新兴产业达成共识，这也与其他发达国家的战略产业选择基本一致。

除了学术界的争论，中国政府在实践中形成了一套较为成熟的产业政策体系。对国家重点扶持产业的发展也更多地体现出政府规划、政策引导的作用，如《高技术产业发展"十一五"规划》《"十二五"国家战略性新兴产业发展规划》均提到了战略产业发展的重点、明确技术发展方向和相关的保障措施，强化了对产业发展的干预。

第五节 党的十八大之后的产业政策研究

党的十八大以来，我国经济进入新的发展阶段：对内出现了经济增速换挡、结构调整尚未结束、新旧动能转换等一系列挑战；对外逆全球化趋势加剧、贸易摩擦增多、世界经济增长乏力也为中国经济制造了诸多困难，中国的产业政策也需要适应新形势进行调整。

面对新科技革命即将到来和国内产业结构转换的背景，我国这一阶段的产业政策更加注重新兴产业的培育和创新能力的培养。国务院连续颁布了《中国制造2025》《新一代人工智能发展规划》《国务院关于深化"互联网+先进制造业"发展工业互联网的指导意见》等，均是对我国未来重点产业发展的路径选择。

从学术界的角度，更为关注产业政策工具对产业政策效果的影响，研究者从不同角度对以往的产业政策效果进行了理论和实证分析。从微观视角来看，实证研究的结果说明中国产业政策对企业的经营效率并没有促进作用。黎文靖和李耀淘（2014）分析了2001—2011年A股上市公司的财务数据，发现总体上产业政策对公司投资的激励作用并不明显，产业政策的激励无效更多地体现在国有企业中。程俊杰（2015）利用中国1999—2011年制造业面板数据发现，我国转型期实行的产业政策会增大产能过剩发生的可能性并使其持续存在，并分别从税收政策、贸易保护和创新补贴的角度分别予以实证计算，说明不同领域的产业政策如何造成产能过剩。祝继高等（2015）则分析了产业政策与企业建立银行关联的动机，发现不属于产业政策支持的企业更有动机去建立银行关联，这也说明我国的产业政策对不同的企业提供的金融产品有一定的歧视性。钱学锋等（2019）构建了不同所有制企业、不同市场结构在上下游产业非对称分布的垂直结构模型，认为现有"交互补贴"的产业政策导致资源误置和社会福利损失，应该调整为"上游征税、下游补贴"的产业政策。

学术界对转型期的产业政策评价基本一致。刘志彪（2015）认为过去的产业政策缺少"平等竞争"，按照不同所有制、不同规模、不同地区的标准对不同企业进行挑选，是一种非中性化的歧视性产业政策，容易造成产能过剩现象，进而提出产业政策的中性化、去地方政府化、采用竞争政策和产业政策横向化的政策建议。江飞涛和李晓萍（2018）在评述中国产业政策演变中也认为，现阶段中国以选择性政策为主体的产业政策体系的不良政策效果日趋显著，应该转为竞争政策，在政策工具选择方面应采用功能性、服务性的政策工具，并重视对技术创新的促进。有学者也密切跟踪了国外产业政策的变化，认为美国近年来不仅使用产业技术政策，也使用产业组织政策推动美国市场结构和产业组织变革（周建军，2017），为我国实行积极的产业政策提供了新的角度。

学术界对产业政策的争论也引发了社会的广泛关注，2016年林毅夫与张维迎就产业政策进行了公开争论，很多经济学家也参与其中。该争论的核心在于对政府作用与市场机制的关系的理解，林毅夫认为产业政策是因势利导而非政府主导；张维迎则反对任何形式的产业政策；田国强认为有效市场的条件是有限政府，政府只在市场无效时才干预；顾昕认为产业政策应该是服务于产业发展的，可以弥补市场不足。黄少卿和郭洪宇（2017）从市场失灵的角度出发，认为政府与市场是互补的关系，产业政策的目标应定位于"扩展和增强市场机制"，认为中国在互联网技术的影响下应实施反垄断的产业组织政策，以此建立竞争型的市场秩序。侯方宇和杨瑞龙（2019）从产业政策的历史演进的角度梳理了有关产业政策的有效性研究，认为"无效论"主要由传统的新古典经济学家所推崇，但无法解释包括"东亚奇迹"在内的经济事实，并在历次争论中将产业政策的有效性、无效性争论演变为"竞争性与干预性对产业政策有效性的

影响""横向产业政策与针对特定产业的产业政策的作用"以及
"产业政策与竞争政策的优劣",以此可以对比我国针对产业政策有
效性和合理性的讨论观点。就学术界的讨论结果而言,大部分经济
学家都肯定了产业政策的存在意义,但对产业政策的实施形式、政
策工具选择有了更多的认识。

我国产业政策的演变历史,也是适应我国不断破除体制机制障
碍、建立健全市场机制的过程。我国的产业政策实施过程由完全的
计划安排向计划管理与选择性产业政策相结合、选择性产业政策不
断演进。随着我国经济进入新阶段,学术界对竞争政策的呼吁也引
起了政府部门的关注,可以预见,未来我国的产业政策会以市场机
制为基础,创造公平竞争的市场环境,重视并激励创新,也会更加
满足高质量发展的理念。

第八章

工业绿色发展研究

工业绿色发展是产业经济研究的新兴领域。在新中国成立初期，我国为了加快经济发展，对环境保护与产业绿色发展不够重视，但随着经济发展水平的不断提高，人民对于美丽生态环境的要求越发迫切，工业绿色发展成为经济建设中的重点领域。70 年来，国内学者主要围绕工业节能减排、工业污染影响因素与环境评价、工业绿色发展措施与理论体系等内容，展开了一系列的研究。

第一节　工业节能减排问题研究

新中国成立后，由于各类资源供应较为紧张，如何在工业生产过程中提高生产效率节约能源、原材料等物资，以此实现更好的经济效益也逐步为学界所重视，由此出现了工业节能减排的初步思想。李京文（1961）强调，节约是经营社会主义经济的基本方法，节约的内容包括人力（劳动力）、物力（原料、材料、燃料、动力设备、厂房等）和它们的货币表现——资金的节约。社会主义的生产目的是在不断发展社会生产的基础上，不断地改善人民生活。要达到这一目的，社会主义经济的各个部门和一切企业，在努力增加生产的同时，必须处处讲求节约，以尽可能少的人力、物力消耗，创造出更多的物质财富。利广安（1963）指出在工业生产中，随着社会经济发展和科学技术进步，原料、燃料动力在生产过程中的作用日益重要。在社会主义经济有计划按比例发展的条件下，工业发展不仅要求开发和生产更多、更好、更经济的原料、燃料动力，而且要求把开发和生产出来的原料、燃料动力（如有色金属、煤、石油等）给予合理、充分的综合利用。戎文佐（1963）强调在轻工业企业中，节约利用原料、材料有着极为重要的意义。首先，轻工业产品成本中，原料和材料费用占有较大比重；其次，节约原料和材料消耗，提高利用水平，充分发挥其潜力，是促进轻工业企业生产发展的一个重要手段；最后，轻工业原料和材料大多是农副产品，节约轻工业原料和材料消耗，可以减少各种作物争地的矛盾，有利于农业内部比例的安排。陆迅（1966）强调，社会主义建设尤其是工业建设应当进行增产节约，以创造出更多的国民财富。其中，要想在工业生产和交通运输上实现增产节约，就必须最充分、最合理、最节约地利用各种原料、材料和燃料，尽量减少消耗，提高利用率，以最少的消耗生产最多的产品。例如，在钢铁冶炼部门尽量降低焦比，在发电部门尽量降低煤耗率，在机械制造部门和木材加工部门尽量提高钢材和木材的出材率，等等。

随着能源在工业生产中的大量使用，工业节能减排的理念进一步深入。邝日安等（1978）通过调研辽宁省南票矿务局综合利用煤矸石的情况，挖掘了其成功经验。南票矿务局综合利用的成功做法包括利用煤矸石代替原煤烧沸腾炉，利用煤矸石生产水泥、砖瓦等建筑材料，利用煤矸石生产化工产品和某些辅料，利用经过挑选的煤矸石生产造型粉和砂。这种综合利用的做法既为国家增加产品，又增加收入，意义很大。陈希等（1979）较早地指出了有效利用能源是发展国民经济的重要问题。新中国成立后我国能源利用效率不高的原因主要有三个方面：一是对能源的使用不合理，不讲求利用效果；二是设备陈旧和工艺技术水平比较落后，单位产品的能量消耗大；三是管理问题造成的浪费。

进入 21 世纪后，随着全球变暖问题不断加剧，如何应对全球气候变化，降低工业排放成为世界各国共同面对的挑战。我国作为一个新兴的发展中大国，不仅人口众多，经济发展、消除贫困、保障民生的任务也较为繁重，减排压力不容小视，这就需要建立全社会系统性的节能减排和绿色发展体系。胡鞍钢（2010）指出，全球气候变化诱发的"绿色工业革命"对中国而言既是最大的挑战，也是最大的机遇。从中国的基本国情尤其是自然国情来看，中国的节能减排是实现可持续发展和科学发展的必选之路。2050 年中国现代化的实质是"绿色现代化"，应当实施中国自己的绿色发展和节能减排的"三步走"战略。冯之浚和周蓉（2010）认为中国要从根本上降低 CO_2 排放量，实现节能减排，促进绿色发展，必须找出实现节能减排、促进绿色发展的关键环节，其途径在于大力发展低碳经济，发展包括低碳经济在内的循环经济和节能经济、清洁生产、生态经济以及绿色消费，促进绿色发展。胡鞍钢和周绍杰（2014）对绿色发展的功能界定、机制分析以及发展战略进行系统性分析。论文通过建立"三圈模型"探讨了经济、自然和社会系统之间的相互作用，分析了绿色财富、绿色增长、绿色福利之间的辩证关系：绿色财富是基础，绿色增长是手段，绿色福利是目标，而有效的绿色增长管理是实现绿色增长的关键。

第二节　工业污染影响因素与环境评价问题研究

随着改革开放后我国经济快速增长，工业成为国民经济的支柱产业，而工业快速扩张过程中引发的环境污染问题也不断暴露。进入 20 世纪 80 年代后，工业污染带来的经济与环境成本问题，成为学界关注的话题。徐嵩龄（1995）考虑了工业污染的经济成本问题，指出环境成本是最典型的外部性问题，环境污染成本是整个环境成本中的主要组成部分之一。工业污染成本应反映人类把自然界作为自己经济、社会活动的资源而加以开发利用时所引发的环境问题，以及人类向自然界排放自身活动的废弃物时所引发的环境问题。张宝珍（1987）强调工业环境污染是当前世界各国社会经济发展中急需解决的重要问题之一，国外在治理环境污染方面已取得了某些成功的经验，这对我国在四化建设中如何保持环境优美和生态平衡具有一定的参考作用，应当积极学习日本等发达国家在平衡经济增长与环境治理方面的经验。

在工业污染影响因素的研究方面，在 20 世纪 90 年代初期，人口和能源被认为是产生工业污染的重要来源。何林和袁建华（1993）将人口、经济、环境作为一个整体系统，运用通径分析方法，对人口增长、经济发展、能源消费等因素对环境污染的影响作了定量刻画，指出我国人口的增多不断增大对经济发展的需求，在工业化和城市化进程中产生大量的废弃物质，使环境遭到严重的污染，同时消费煤炭产生的大量废气是造成大气污染的最主要因素。在 20 世纪 90 年代末至 21 世纪初，随着中国对外开放力度的不断扩大，工业产品中出口与外商投资生产的份额不断提高，国际贸易与外商直接投资对工业污染的影响，也被学者所重视。夏友富（1999）指出对外商投资污染密集产业的后果应一分为二。的确，有些企业引进先进技术、新产品、环境管理制度从而降低了污染，有的还被评为环保先进企业，因此认为外商投资污染密集产业就必然加剧环境污染的结论是不全面的。但从 19 年来的实际情况看，总的来说，不少境外投资者尤其是中小投资者在这一领域对中国环境造成负面影响也是客观事实，有必要采取措施控制。曾凡银和郭羽诞（2004）指出，发展中国家相对发达国家的环保设施要求、排放标准和污染成本较低，导致产品价格更具备竞争力，这一方面会被发达国家认为涉嫌生态倾销，从而加以绿色壁垒限制，另一方面则会吸引发达国家将污染产业逐步转移至发展中国家，由此造成了污染产业转移到中国的现象。杨海生等（2005）选取 1990—2002 年中国 30 个省市的相关数据，从定性和定量描述的角度探讨贸易、FDI 对我国环境库兹涅茨曲线的影响。研究表明，积极发展对外贸易将有助于改善我国经济增长带来的环境污染问题，但 FDI 与污染物排放之间呈现出显著的正相关关系。在中国接受经济全球化影响的过程中，由于部分地区急于吸引外资，加之环境管理体系的不完善，外商直接投资在某些方面对我国环境造成了一定的负面影响。张连众等（2003）建立了包含贸易与环境污染的一般均衡模型，动态模拟分析了贸易给中国环境污染带来的影响，发现贸易的规模效应加剧了环境污染，而贸易的技术效应、组成效应和自由化将有助于减少环境污染。

进入 21 世纪后，为了把握我国整体的工业绿色发展情况，需要对各部门各区域的工业污染治理进行评估，学界对此展开了诸多实证研究。欧阳志云等（2009）通过收集城镇层面的数据对中国城市绿色发展状况进行了评价，发现中国城市在污染治理、基础设施建设方面的投资普遍不足，"三废"利用水平较低，而在工业废水处理、生活垃圾处理、城市绿化、单位产出耗水等方面达到了较好水平。就各项指标的总体水平来看，沿海或接近沿海的省份与直辖市处在较高水平，而西北部省份则处于较低水平。苏利阳等（2013）从绿色生产、绿色产品、绿色产业三个方面衡量我国省际工业绿色发展的进展。评估结果显示，2005—2010 年我国工业逐步与资源环境消耗实现脱钩，年改善幅度达到了 9.5%，但改善速度逐年下降，未来必须寻找节能减排新路径。从地区层面看，中国工业绿色发展较好的地区主要集中在东部沿海地区，北京、广东、天津等地实现了较好的绿色发展绩效。为衡量工业增长对资源的消耗和环境的污染，张江雪等（2015）构建了工业绿色增长指数，并运用基于松弛测度的方向距离函数对 2007—2011 年中国 30 个省市进行测算。结果发现，东部地区的工业绿色增长指数高于中西部地区，行政型和市场型环境规制对工业绿色增长的作用显著，市场型环境规制在高、中绿化度地区起主要作用，而低绿化度地区以行政型环境规制为主。

第三节 工业绿色发展措施与
理论体系问题研究

新中国成立初期，尽管加快经济建设脚步，恢复国民经济基础的诉求较为迫切，但学者也注意到在发展工业的同时，保持河流水利和林业的建设对工业发展好处颇多，从而形成了工业绿色发展的初步思想。黄荣生（1958）指出，为了治理河流水害，开发河流水利，利用河流水利资源，发展流域内各个地区生产力，必须根据发展国民经济的要求和河流的自然情况，制定河流综合利用规划。河流综合利用的目的，在于使河流开发满足国民经济各部门的要求，并以最小投资取得最大的综合效益。冯华德和黄载尧（1962）认为，河流水利资源的综合利用是一项涉及农业、工业、运输业及城乡居民生活等方面的地区性国民经济问题。综合性水利枢纽经济利益是以主导的经济任务为基础，在局部服从整体的原则指导下，通过平衡协同的各个部门的经济效益为它的具体内容。各部门应权衡方案，合理选择，采用最有效的技术措施，达到合理地综合利用水利资源的目的。任元寿（1965）指出我国森林资源很少，而且分布不均，国家工农业建设对木材和其他林产品的需要量越来越大，农业年年遭受自然灾害，也迫切要求林业充分发挥它应有的防护作用。同时，我国有大量宜林荒山荒地，亟待绿化，这些土地分散在全国各个地区，如果完全依靠国家投资造林，需要时间较长。因此，应发动群众，大力开展植树造林运动。侯知正（1962）也肯定了这一点，林业提供的木材和林副产品不仅是国家生产建设的基本原材料，而且森林在生长过程中，还能够涵养水源，保持水土，防护农田水利，对农业生产发展有着重要意义。因此，林业与国民经济各部门有着密切联系，为了保持林业发展，也必须在一定程度上约束农业、工业、交通运输业以及整个国民经济扩大再生产的规模和速度。张建国（1979）认为，森林是一种重要的资源和财富，与人类的生活紧密相关。随着生产的发展和专业分工，林业从农村副业逐步发展成一个独立的物质生产部门。林业是以森林植物及其产品为对象的生产事业，是国民经济的重要组成部分，是促进工业建设、农业稳产高产和加强战备的重要保证。

随着改革开放后中国工业规模的快速扩大，为了推动工业绿色发展，采用污染税等经济手段成为学者讨论的焦点。许贻婴（1987）较早地提出用经济手段控制环境污染，其指出应对污染物排放者或从事污染活动的行为采取经济性的行政处罚和司法干预的方法。例如，建立环境管理组织机构，制定环境法规、环境标准及其他有关的规章禁令，环境管理组织通过立法、司法和行政罚款手段直接控制污染源。郭庆旺和赵志耘（1992）较早地提出了对污染课税的建议，其通过理论分析和比较研究认为，在政府所能采用的政策措施当中，征收污染税最富于效率。而要实现污染税的治污效果，关键在于污染税的税基选择和税率确定，以及课征污染税要与鼓励废物利用的税收支出同时并用。孔爱国和郭邱杰（1996）建立了数理模型来分析经济社会中一个有代表性城市的情况，着重分析城市里空气和水的污染对城市规模的影响，并指出一旦政府对污染征税，使产品私人边际成本与社会边际成本相等，将导致外部不经济的产品生产会因利润减少而下降，其他产品生产上升，从而城市污染减少，居民福利水平上升。翟凡和李善同（1998）建造了一个动态递归的中国经济—环境可计算一般均衡模型，在之后15年中国经济结构变化的背景下，判断中国产业结构变化趋势对环境的影响，若采用限制污染的政策对经济增长和部门结构的影响，以及中国贸易自由化政策带来的环境影响。

在我国推进工业绿色发展战略的过程中，绿色创新、绿色金融、绿色供应链等体系的建立不可或缺。应瑞瑶和周力（2009）实证分析了资源禀赋、绿色创新及经济增长的逻辑关系，发现我国绿色创新的激励机制主要源于煤炭的污染性而非能源的稀缺性，各地区的绿色创新主要面向"减排"而非"节能";我国资源充裕地区的绿色创新动力,主要依赖于投入相对更多的研发资金与人力资本,采取相对更严的环境政策及措施。王元龙等(2011)认为中国绿色金融体系的基本框架包括健全绿色金融制度、发展绿色金融市场、创新绿色金融工具、培育绿色金融机构和完善绿色金融监管。构建绿色金融体系的具体实施步骤,可分为探索期、过渡期和成熟期三个阶段。构建中国绿色金融体系是一个庞大而复杂的系统工程,从近期来看需要把握的重点是优化宏观政策环境和构造微观经济基础。王义琛等(2010)对绿色供应链管理研究进展进行了评述。通过评述发现,我国绿色供应链管理研究起源于国外的绿色制造理论,与国外绿色供应链管理研究源于企业发展压力不同;绿色供应链管理的评估机制分为评估内容和评估方法两部分,其中评估内容的发展直接影响了绿色供应链管理内涵的发展。

在中国工业绿色发展理论体系的建立进程中,有关中国环境与发展不相容的国内外言论不绝于耳,考验着中国的发展自信。党的十八届五中全会提出的"五大发展理念"有力地驳斥了这些言论,为中国工业绿色高质量发展指出了一条明路。黄茂兴和叶琪(2017)梳理了马克思主义绿色发展观的形成与发展,指出了绿色发展理念的创新内核以及马克思主义绿色发展观对人类绿色发展的理论创新,阐述了中国绿色发展是从思想到行动上对马克思主义绿色发展观的创新发展和对全球环境保护的理论贡献。加快中国绿色发展应把握好地位、投入、力度、配置、定位等关键问题,确保绿色发展落到实处,展现中国在全球环境保护与绿色转型发展中的样板作用。魏华和卢黎歌(2019)认为习近平生态文明思想具有丰富的内涵,包括以"生命共同体"理论为基础的生态自然观、以"两座山"理论为核心的生态价值观、以"像对待眼睛与生命一样"为理念的生态义利观、以"绿色发展、和谐共生"为目标的生态发展观和以"文明兴衰"理论为要义的生态社会观,具有超越性、针对性、引领性与综合性等特征,超越了西方生态伦理学的思想局限,聚焦于中国经济社会发展的主要矛盾，引领着中国共产党生态文明思想的新发展。

第四节　评论与展望

尽管国内学者普遍认为解决环境问题和气候变化的方法是实施工业绿色发展战略，但纵观各国的经济发展史，并未出现过绿色经济增长的经验证据，在政策实施过程中一定会面临诸多问题与挑战。时至今日，各国也未严厉控制碳排放，目前实施的碳税对控制碳排放作用有限，各国政府更多的是在经济增长与环境保护中相机抉择。短期内，加强环境监控带来的资源投入减少和比较优势丧失会拉低经济增长速度。然而，除了一些资源依赖型的发展中国家，当前资源投入在全球 GDP 中的贡献率还非常低，而资本的贡献率则高得多，意味着适当减少资源投入并不会给国民收入和资本积累带来较大的影响，政府可以为了环境而牺牲一些经济增长速度。从中期看，当经济增长持续下滑一段时间后，政府面临的政治和社会压力将会越来越大。在该领域的研究中，如何降低环境政策对中期经济增长的负面影响是有待突破的问题。现有研究中的政策建议分歧较大，特别是政策的量化模拟研究较少，使政策建议的准确性大打折扣。如果在环境政策的实施过程中存在与经济增长、环境污染指标等相关联的经验性准则，类似于货币政策中的"泰勒准则"，则能提前模拟环境政策对经济系统的冲击，为政府政策的出台提供更为扎实的研究基础。

在环境政策的外溢效应方面，现有研究还较为空白。促进工业绿色发展的环境政策能否具有正的外溢效应，并推动经济可持续发展非常值得探讨。例如，政府出台的工业生产"绿色化"推广政策能否发挥政策的外溢效应，帮助降低绿色技术的使用成本，理论上是可行的。通过推进相关行业、产业集聚，发挥规模经济优势，既能促进生产过程创新，提高供应链管理效率，也可减少污染排放。同时，当采用更先进的生产设备时，生产率的提高不仅使能源使用效率提高，还能促进边际资本产出的增加。这些问题均有待实证检验。此外，非环境政策的环境外溢效应在现有研究中也较少被关注。当非环境政策对经济系统的某些方面加以改善时，也可能给生态环境保护带来正外部影响。例如，行政政策在试图通过加强行业整合、提高行业集中度、完善行业监管刺激经济增长时，也会让环境监管更加便利，减少私人企业对资源的过度使用和破坏性行为。政府若能利用好这些政策的外溢效应，将会有效降低工业绿色发展战略的实施成本。

值得一提的是，现有的工业绿色发展研究普遍强调市场失灵严重影响产品的有效定价，从而导致使用绿色技术的厂商难以获取应有的利润。但必须指出，还存在诸多影响绿色技术产品有效定价的非市场因素，如政治博弈的影响、真假信息的识别、政策的执行力度等。这些问题在行为经济学的研究中已得到重视，但在工业绿色发展领域还未被学者纳入研究视野。行为经济学可以较好地分析环境政策和技术应用的微观主体影响，工业绿色发展与行为经济学之间的融合也是一个有待深入研究的领域。

下　篇

区域经济

第 九 章

区域经济学发展研究

新中国成立初期，我国从苏联引进了经济地理学的教学科研体系，并把生产力布局的思想、理论和方法广泛应用于国民经济建设。改革开放以后，我国区域经济学开始萌芽，从西方引进了相关理论和教材，不断充实学科理论体系，而国家地区发展战略和地方发展实践则进一步推动了学科的繁荣发展和理论创新。目前，我国区域经济学进入平稳发展阶段，不同分支领域取得了明显的进展，中国区域经济问题也逐渐成为国内外学者研究的关注点。

第一节　中国区域经济学学科体系建设

一　区域经济学的基本概念和理论沿革

现代区域经济学形成于 20 世纪 50 年代。区域经济学的理论体系是建立在三个基石之上的：（1）生产要素的不完全流动性。生产要素包含自然资源和社会经济资源。自然资源的位置确定之后，或者不能被移动，如土地、森林、矿山、草原等，或者很难移动，如水资源等。社会经济资源当中最主要的是人力资源、资本和技术，它们的流动虽然是正常的，但必须付出相应的流动成本。所以，任何一个地区都具有利用资源优势发展区域经济的必要性。（2）生产要素和生产过程的不完全可分性。由于集中和规模经济的存在，不可能将生产要素和生产过程进行彻底的分割，并将其均衡地分布在所有的地区。必须考虑到规模经济和集聚的要求，在条件好的地方，集中布局各类产业，而集聚区的形成又带来人口的增加，形成城市，成为地区的经济中心。（3）产品与服务的不完全流动性。所谓产品与服务的不完全流动性，是指由于距离因素的影响，产品与服务的移动，必须支付相应的运输成本，否则就不可能流动。而为了减少距离成本，产品与服务生产的地方化就十分必要。

现代区域经济学的理论体系可以分为三部分，即区域发展理论、区域关系理论和区域政策理论。区域发展理论以区域的自然和社会经济条件为基础，研究一个区域内部的发展问题；区域关系理论以区域专业化分工与区域贸易为基础，研究一个区域与其他区域之间、若干区域之间的相互关系；区域政策理论以区域发展和区域关系为研究对象，提出解决问题的政策与方法。

二 现代区域经济学的主要流派

1. 新经济地理学派

以克鲁格曼、Fujita 等学者为代表的新经济地理学派，形成于20 世纪 90 年代。其宗旨是将经济地理学即区域经济学带进主流经济学的殿堂。正是从这点出发，分析区域问题的模型框架，基本上是以经济学为基础的，其理论的基石建立在三个命题之上：第一是报酬递增。生产规模的扩大带来产出的增加，从而带来生产成本的下降。各国或各区域间通过专业化发展和贸易，通过扩大市场范围，提高其收益。在报酬递增的框架下，才能容易理解为什么空间经济没有形成"后院资本主义"。第二是不完全竞争模型。由迪克西特或斯蒂格利茨创立的不完全竞争模型，被克鲁格曼引入区域经济的分析。第三是运输成本。假设保罗·萨缪尔森引入的"冰山"型运输成本的形式存在，即假设任何制成品的价值在运输途中都有一部分丢失了，这在建模技术上的好处是，无须设计一个单独的运输业的存在，从而简化分析。由这三个基石，设计出区域经济的"中心—外围模型"。克鲁格曼指出，中心—外围均衡的条件，是依赖于制成品在支出中的份额、运输成本和企业层面的规模经济。应当说，这个模型是新经济地理学派对区域经济学的主要贡献。新经济地理学派认为，经济地理学（区域经济学）有五大传统，并依照这五个方向向前发展。

（1）区位理论。可将其分为两个部分：一是韦伯的工业区位论，它分析的是厂商的区位决策问题。二是由克里斯塔勒和廖什提出的中心地理论，分析了制造业和市场营销中心的定位和作用，并认为中心地具有层级性。中心地理论及其模型化是区域经济学今后研究的方向之一。

（2）城市地理学。在城市地理学中，人们借助于物理学的公式来描述城市地理现象，如"城市位次规模法则""城市地理联系""城市市场潜力模型"等。城市地理学是区域经济学理论模型化的具体体现。

（3）积累因果关系理论，即超发展理论。超发展理论是缪尔达尔、赫希曼等人提出来的一种发展经济学理论，中心是"积累循环因果关系"的概念，艾伦·普里德将其应用到分析地区增长问题中去。克鲁格曼认为，超发展理论在区位问题中的应用比在发展经济学中更合适。例如，公司往往趋向于市场规模较大的地区，而市场的扩大又与公司的数量增加相关，这样因果积累，市场规模越来越大，集中的趋势越来越明显。集中问题是区域经济学研究的重点之一。

（4）外部经济。马歇尔所表述的外部经济，其概念是：生产者集聚在一个特定区位有许多优势，而这些优势反过来又可以解释这种集聚现象。外部经济对地区发展的作用很大，但这方面的研究还很不深入，是区域经济学的一个重要研究方向。

（5）地租和土地利用，即杜能的农业区位论思想。杜能设想了一个从中心到外围地租不断下降的模型。克鲁格曼认为，这个模型涉及均衡理论、价值理论、土地价格理论等，具有广阔前景。但模型只揭示了从中心到外围的扩散效应，而没有揭示同时存在从外围到中心的集聚效应。

2. 新制度学派

新制度学派，或称"区域政策"学派，将制度要素引入区域分析，研究政府及其体制对区域发展的影响，并通过制定相应的区域政策，协调区域发展。所以，新制度学派的中心是研究区域政策问题。区域政策主要是解决区域问题和协调区域利益。约翰·弗里德曼认为，"区域政策处理的是区位，即经济发展'在什么地方'。它反映了在国家层次上处理区域问题的要求。只有通过控制国家政策变量，才能对区域经济的未来作出最有用的贡献"。区域政策的主要特征是积极的区域倾斜和集中化，包括：（1）通过政府的干预而导致生产的空间转移。政府可以选定可支持的部门，并由这些部门的分布来影响空间结构，从而提高地区的经济竞争力，改善贸易平衡，发展自身的 R&D 等。（2）产业和部门规划是区域政策的重要组成部分。国家通过制定援助规划，促进某些产业和部门的发展，或是延缓其衰退的过程。（3）缩小区域差距是区域政策最直接的内容。国家通过财政政策、金融政策等，实现转移支付，帮助落后区域的发展，缩小地区差距，或者抑制地区差距的扩大。

区域政策的主要目标可概括为：（1）提高区域内现有资源的利用水平。（2）更有效地在区域内各种用途间分配资源。（3）实现区域内最佳增长。（4）在区域间有效地再分配生产要素，以使总收入与总增长最大化。（5）区域间增长率的均等化。（6）区域间收入的均等化。（7）为缓解通货膨胀压力而缩小区域差距。（8）减少区域内拥挤而造成的外部成本，形成最佳空间结构。上述目标在许多情况下并不是相容的，所以必须依据不同的区域和不同的发达程度做出选择。

区域政策研究将向什么样的方向发展呢？一种观点认为，区域问题反映了资本对空间的控制，高技术水平的职能保留在发达区域，低技术水平的职能集中到不发达区域，分布的不均衡必须运用区域政策来改变，主张从制度的创新上，从政策的创新上来解决区域问题。另一种观点认为，目前的区域政策演化的方向应当包含三个维度：一是协调性，消除各国各自制定的政策所造成的冲突与矛盾；二是选择性，稀缺资源应尽可能集中用于能实现可持续增长的区域，不主张把发展的优先权给予一个国家最不发达的区域；三是灵活性，区域政策应具有灵活性，以适应区域发展的具体特点和行动需求。

3. 区域管理学派

区域管理起源于人们对 20 世纪 50—60 年代区域发展和区域问题的认识，由于落后地区和发达地区的对立，人口大量从落后地区流向发达地区，而发达地区的产业部门却很难向落后地区转移，产业结构升级受到阻碍。要解决这一问题，人们认识到，仅有政策和规划是不够的，还必须借助管理学的方式，把区域作为对象进行管理。如日本的国土开发、美国的区域再开发等，都是著名的范例。区域管理由三部分内容组成。（1）区域经济发展管理。区域经济发展管理面对的主要是宏观经济问题，其面临的两大挑战是：经济增长和充分就业。区域经济发展管理是在公平竞争的前提下，通过对区域内经济资源的有效协调，使区域经济能够健康有效地发展。区域经济管理的主要方法，其一是管理学的方法，其二是法律的方法，其三是行政的方法。方法当中包括指导性的手段，也包括强制性的手段。（2）区域人口管理。区域管理的基本目标是服务于人，人口管理是区域管理的基本问题。区域的适度人口主要应考虑区域内的资源状况、经济发展基础和人口就业的形势。通过对人口的管理和人力资源开发，使区域的发展能够上到一个新的台阶。人力资源开发是近年来颇受重视的一个区域发展的题目。在新经济时代，人力资源已逐渐成为创造财富的主体资源，区域的发展状况很大程度上取决于这个区域人口教育水平、科技开发能力和技术创新精神。所以，人力资源开发正成为区域管理的重要组成部分。（3）区域环境管理。区域环境管理正在成为区域管理的主要内容。近年来，一些学者提出区域环境管理应当是造就一种发展的模式，在对环境进行严格控制的前提下，造就一种经济发展的良好空间。这种被称为"环境经济模式"的观点认为，环境经济模式是以区域或城市的区位优势和环境优势为前提条件，发展相应的经济中心，带动周边地区的发展。这种模式将区域或城市视为最大的产品，以城市自身形象为品牌，吸引投资者，促进区域和城市发展。这种模式的行为主体是地方政府，所以更能够突出其环境管理的功能，其引起的累积效应也就更大。

4. 演化经济地理学派

演化经济地理学（Evolutionary Economic Geography，EEG）是经济地理学最新的一次转向，它主要借鉴了演化经济学中的思想，以动态、演化的视角来分析经济现象的演化规律以及经济现象的空间分布规律。新制度学派的分析方法类似于制度经济学（Hodgson，1998），其基本主张是空间上不均衡的经济分布主要是区际制度差异导致的；而新经济地理学派的主要观点是经济活动的空间不均衡分布主要是由生产要素的不同流向导致的。然而无论是新制度学派还是新经济地理学派，都没有在经济活动的变化研究中强调历史因素的重要性（即缺乏时间维度），也就是没有告诉我们经济景观是如何随时间发生演化的。为了能够全面深入地理解技术进步、竞争优势的动态变化、经济重建和经济增长，用演化的视角去研究经济演化过程是必要的。

演化经济地理学把经济活动看成在空间和时间两个维度上展开的演化过程，强调历史过程对经济活动空间不均衡分布的影响。演化经济地理学利用演化经济学的核心概念来解释不均衡的区域经济发展（Boschma and Lambooy，1999），它强调的两个方面分别是：（1）从时间角度，强调历史的重要性，认为经济发展的动力来自新奇（Novelty）现象的出现，种群之间是共同演化的；（2）从空间角度，强调地理是创新的重要维度，它能够为创新或空间活动的差异提供分析的视角（刘志高、崔岳春，2008）。这样演化经济地理学主要关注：（1）经济新奇（创新、新企业、新产业）的空间分布；（2）经济代理人（个体、企业、各种机构）的微观行为导致的经济活动的空间结构；（3）经济景观的自组织过程；（4）路径创造和路径依赖对经济景观空间分布的影响以及这些过程对特定区位的依赖性（Martin and Sunley，2006）。

演化经济地理学最新的研究成果聚焦于区域产业结构演进过程，探讨与区域内已有产业的技术关联如何影响新产业的形成和演进。通过引入技术关联（Technological Relatedness）和相关多样性（Related Variety）的概念，打破了马歇尔外部性和 Jacobs 外部性的两分法（郭琪、贺灿飞，2018），为理解本地既有产业结构如何影响未来区域经济结构演化提供了新的视角。演化经济地理学根据关联度来区分多样化——相关多样化和无关多样化（Frenken et al.，2007）。一个区域内相关多样化有利于知识溢出的出现，从而导致创新并带动地区增长；相反，无关多样化则难以产生这种溢出效应，因为这些行业间的技术和认知距离大。演化经济地理学同时关注区域间要素流动对区域产业演进的影响，认为来自外地的企业和劳动力，能够提升区域能力基础（Regional Capability Base），进而对当地产业结构转型特别是新产业的出现具有重要影响。由于技术溢出存在距离衰减，各个区域应该在相邻区域专业化的经济活动中选择发展新产业（Neffke et al.，2017）。

三　区域经济理论研究的中国化与学科体系构建

中国的区域经济学是从经济地理学以及生产力布局学发展起来的，改革开放之后，在大量引进区位论和区域经济理论的基础上，逐渐发展成为一门独立的经济学学科。

区域经济学被引入中国，是改革开放之后的事情，随着市场经济体制的确立，区域经济学在中国的发展日趋蓬勃，从生产布局学到区域经济学飞跃。改革开放初期，在计划经济时代形成的生产布局学的研究，开始为改革开放服务。由于多年形成的承袭苏联生产布局学的学科传统，不可能在一日之内完成改变，所以生产布局学的研究颇为流行，也确实为国家的经济建设做出了贡献，为区域经济学的发展奠定了基础。到20世纪80年代中期，中国的学者将国外区位论的主要思想介绍到国内来，以此来丰富和改造生产布局学。在研究的过程中，人们发现生产布局学所研究的投资分配问题和部门配置问题，随着计划经济体制向市场经济体制的转变，其重要性正在下降，其规律性正在发展变化，其布局主体也趋于多样化，逐渐浮出水面的是区域如何发展的问题。由于中央的简政放权，地方政府越来越负起发展地区经济的重任，而不再是仅仅依靠中央对大型项目的分配。区域经济要发展，就要有区别于一般经济理论的应用理论来指导，而这个应用理论正是区域经济学。现代区域经济学的理论被介绍到中国后，结合中国的实际，已形成了具有中国特色的区域经济学体系。

目前中国区域经济学界正在以下几个方面进行潜心研究。

一是区域经济学的理论体系。区域经济学是一个新兴学科，其理论体系尚未完全成熟，正好留给研究者相当大的研究空间。目前区域经济学的理论体系研究，是循着两条路径在向前发展：（1）理论经济学的路径。从理论分析、原理推导和模型化着手，建立一套规范的区域经济学体系，其中心内容是，区域经济学的理论基石、区域经济发展的要素分析、区域经济发展的阶段分析、区域经济的空间结构、区域经济理论模型等。（2）应用经济学的路径。从实证分析的要求出发，形成一套适应实际应用的理论体系。包括区域经济的影响条件、区域产业选择和优势分析、区域产业结构与布局、区域空间结构、区域经济关系、区域合作、区域开发和区域经济政策等。

二是区域经济发展的影响机制和制度创新。区域经济发展涉及区域经济的增长方式、组织结构和发展过程，其核心内容是运行的机制研究。区域经济增长必须考虑资本积累、劳动投入、技术要素和人力资本影响等，这些要素是区域经济增长的基础。在所有影响机制当中，体制或制度机制是研究的中心内容。区域发展与制度创新关系的研究，由于地方政府实力的加强而显得更为重要。其中心点是分析区域经济增长与地方政治、经济、文化、制度间的互动关系，探索通过制度创新促进区域经济发展的途径。

三是区域经济发展中的区域关系。区域之间的相互关系，包括区域之间的合作、冲突与协调。区域分工的产生，带来了区域合作的基础，但区域利益的增加，使区域冲突不可避免。在中国，最引人注目的区域关系，就是东、中、西三大地带之间的关系，如何处理好它们之间的关系，首先要在理论上有所依据，然后才是实践中的应用方法。区域合作是以横向经济联系为纽带，在自愿的基础上，按照互利互惠、共同发展的原则，区域之间不同行为主体在某些领域进行联合的一种组织行为和经济行为，是区域经济关系的中心内容。目前研究的重点是：区域发展差距问题、区域分工协作问题、区域冲突的协调问题和区域贸易问题等。

四是区域经济政策。中国区域经济政策研究是近年来的研究热点。对中国的区域经济政策，目前存在两种观点：一种观点认为，中国目前不存在区域经济政策，要构建中国区域经济政策体系。所以，应当对区域经济政策概念、范畴进行理论的规范。另一种观点认为，中国的区域经济政策应当是经济政策和产业政策的区域化。也就是说，没有必要，也不可能制定专门的区域政策。整个经济政策是一个完整的体系，经济政策和产业政策制定时，必须充分考虑地方的特点，区域政策的实施是地方政府对这些经济政策和产业政策的区域化处理和解释。两种观点虽然有很大区别，但都认为中国目前的区域政策尚缺乏理论深度。

五是区域开发模式。进入 21 世纪之后，我国的区域开发掀起高潮，随着西部大开发的启动，对区域开发的研究也进入新的阶段。其中，区域经济发展战略与区域规划是研究的重点。区域经济发展战略是要解决一个区域的发展方向、定位、结构、布局和政策等问题，勾画地区的发展的宏观蓝图，把握一个地区的发展方向和进程，并在发展当中进行调控。区域规划是发展战略的具体化，意图解决具体的时间、地点、发展的部门、规模以及资源的配置等问题，现代区域规划的一个突出特点，是解决发展的实施问题，即具体的操作问题，这是区域经济学应用性的具体体现。总之，区域经济学在中国正处在蓬勃发展之中，各种理论、各种观点的同时存在，极大地丰富了区域经济学的理论体系，并为区域经济学理论的发展做出贡献。

第二节　中国区域经济学理论创新

在我国，区域经济学起步很晚，作为一门独立的经济学分支学科，只有 30 多年的历史。尽管在改革开放以前，我国曾研究过生产力布局问题，但区域经济学发展成为一门独立的经济学分支学科是在改革开放以后。在我国，区域经济学是为了适应我国区域经济发展需要而产生和发展起来的。随着我国改革开放的不断深入，我国出现了一系列的区域性问题，例如区际差距、城乡差距、产业转移、区域协调发展、城乡统筹、城市化、"三农"问题等，在研究和解决这些区域性问题的过程中，我国区域经济学科逐渐形成和完善起来了。尽管还没有完全建立起适合于我国的区域经济学理论框架，但在有关区域经济学研究对象以及研究内容方面，逐渐趋向类同，这是一门学科走向成熟的表现。

一　改革开放以前的生产力均衡布局理论

新中国成立之初，以毛泽东同志为核心的党的第一代中央领导集体，为改变旧中国生产力布局极不平衡的弊端进行了积极的探索，在这种实践过程中逐渐形成了中国特色的生产力均衡布局理论，这种理论主要体现在毛泽东同志的《论十大关系》一文中，从某种意义上说，毛泽东同志的《论十大关系》一文是新中国第一个区域经济学作品。毛泽东同志提出了优先发展内地、平衡布局生产力的思想，即"沿海的工业基地必须充分利用"，"为了平衡工业发展的布局，内地工业必须大力发展"。这种生产力均衡布局思想，继承和发扬了马克思、恩格斯的"大工业在全国尽可能均衡分布"的思想和列宁的"使俄国工业布局合理，着眼点是接近原料产地"的思想，是党的第一代中央领导集体指导全国经济发展的总体原则和实现我国区域经济均衡发展的重要理论基础。

生产力均衡布局理论，首先强调了以内地为中心的生产力布局原则。"一五"期间，在 694 个工业建设单位中，472 个工业建设单位布局在内地，苏联援建的 156 项重点建设项目大部分布局在内地。其次，在生产力均衡布局理论指导下我国实施了以三线建设为中心的中西部开发战略，从 1964 年开始把工业布局重点转向内地，在我国中西部地区展开了规模浩大的三线建设工程。三线建设，主要是通过在中西部三线地区大量建设新的工业企业和沿海地区的大量的工厂向内地转移两种方式进行的，三线建设一直持续到 20 世纪 80 年代初。再次，生产力均衡布局理论强调了少数民族地区的经济发展。中央政府采取了一系列政策和措施，从财政、物资、人力、技术等方面对少数民族地区进行了大量的援助，如为少数民族地区提供巨额的财政补贴，为特别落后的地区供给各种生产和生活用品，从内地派遣大批干部、工人和技术人员支援少数民族地区，并在基建投资、财政税收等方面给予了特殊的照顾。

从新中国成立到改革开放以前是以毛泽东同志为核心的党的第一代中央领导集体探索中国区域经济问题的时期，也是我国区域经济学形成的萌芽时期。这一时期的经济建设奠定了我国工业化的基础，促进了生产力的均衡布局，缩小了东西部之间的差距。但这些生产力均衡布局的基本原则在很大程度上照搬了马克思主义的经典理论，因此根据这些理论来指导中国的经济建设，难免存在较多的问题：一是强调资源配置主体是政府，并视国家指令性计划为实现生产力布局的机制，抛弃了市场机制在配置资源方面的作用；二是重内地轻沿海，抑制了东部地区的经济发展乃至全国总体经济效率的提高；三是各地片面强调建立"完整的工业体系"，形成"大而全，小而全"的局面。尽管生产力均衡布局理论也提出专业化与分工，但在我国中西部与东部之间形成的分工格局，基本上是垂直分工，中西部地区为原料和燃料生产地，东部为制造业基地，正是这种垂直分工加大了东部和西部之间的差距。

二　区域非均衡发展理论的形成与演进

改革开放以后，我国区域经济发展的指导思想发生了历史性变化。以邓小平同志为核心的党的第二代中央领导集体把中国区域经济问题置于建设有中国特色的社会主义市场经济的背景下，在继承第一代领导集体30多年的探索成果以及借鉴西方国家区域经济理论的基础上，构建了符合中国国情的区域经济发展战略，中国区域经济发展的指导思想由过去的平衡发展转向不平衡发展，区域发展战略也由向内地倾斜转向优先发展东部沿海地区。

首先，在区域非均衡发展理论指导下制定了优先发展东部沿海地区的战略。党的十一届三中全会后，由于认识到中国的社会主义经济建设与马克思当年构想的社会主义经济存在不同，把平衡发展和均衡布局生产力视为社会主义生产力布局规律而把生产力发展不平衡规律视为资本主义生产力布局规律是片面和错误的，过去那种过分追求区际平衡的发展模式并不符合中国的国情，中国的经济发展必然是从不平衡到平衡的渐进过程。基于此，党的领导集体开始集中优先发展在资源、区位、人文以及发展水平上具有优势因而投入能够产生很大效应，以及能够带动其他地区经济发展的地区，具有这些区位优势的地区是我国东部沿海地区。为落实优先发展东部沿海地区的战略布局，在1979年和1984年，分别建立深圳等四大经济特区和大连、秦皇岛等14个沿海开放城市，1992年又开发开放上海浦东，并在投资布局、对外开放、优惠政策、体制改革上向东部沿海地区倾斜。随后，我国东部地区的经济社会发展呈现出蓬勃生机，成了带动整个国民经济快速增长的发动机。

其次，在区域非均衡发展理论指导下提出了"两个大局"的发展构想。一国生产力水平和经济发展总是不平衡的，总是在经济发展水平和生产力水平上存在差异；一国经济首先重点发展生产力水平较高的高梯度地区，然后利用高梯度地区的经济扩散，逐步向低梯度地区推移，最终实现区域经济的协调发展。以邓小平同志为核心的党的第二代中央领导集体基于此种认识，提出了"两个大局"的战略构想，就是第一步，让沿海地区先发展，第二步，沿海地区帮助内地发展，达到共同富裕。因为沿海地区在经济基础、交通运输条件、生产力水平、人力资源等方面具有明显的优势，具备率先发展的基础，东部沿海地区的率先发展可以快速增强国家整体实力，有能力帮助内陆地区的经济发展。"两个大局"构想，既强调了区域经济非均衡发展，又强调了区域经济非均衡中的均衡，是区域经济非均衡发展理论的进一步发展。这一发展构想也成了新时期我国区域经济发展战略的核心内容，并进一步延伸成了区域协调发展理论。

三　区域协调发展理论的形成与发展

随着我国改革开放的进一步深入，我国区域经济学研究也得到了空前的发展。作为我国经济发展引擎的东部沿海三大增长极的大力发展，初步完成了邓小平同志"两个大局"构想中的第一个大局。然而，东部地区的产业集聚和经济增长，使得东部地区成了我国经济的隆起区，而中西部地区在经济总量、人均收入、经济结构提升等方面明显滞后于东部。例如东部地区 GDP 在全国所占份额由 1980 年的 52.3% 扩大到 1993 年的 60.1%，而中西部地区分别由 31.2% 和 16.5% 下降到 26.8% 和 13.1%。这意味着，实施"两个大局"发展构想所提出的第二个大局的时机已成熟，要开始着手解决区际发展差距问题。为解决区际发展差距问题，我国提出了区域经济非均衡协调发展理论。为解决地区发展不平衡问题，"九五"计划和

2010 年远景目标纲要首次提出了区域经济协调发展的新的概念，系统阐述了国家的区域经济协调发展战略；"十五"计划纲要和党的十六大进一步强调了沿海地区的发展和实施西部大开发，促进地区协调发展，逐步形成地区经济协调发展的新格局；"十一五"规划强调了协调发展和建立和谐社会的战略目标；"十二五"规划又把主体功能区战略上升为国家战略。至此，我国区域协调发展理论框架业已形成，其核心思想是适度倾斜与协调发展相结合。该理论认为，区域经济的非均衡发展是欠发达国家和地区经济发展的必然选择，但非均衡发展并非单纯、孤立地发展少数地区，少数优势产业，而是围绕优势地区和优势产业建立一个结构紧密、相互协调的区域产业体系。在上述理论的指导下，我国区域经济学从 20 世纪 90 年代后把区域经济研究领域扩展到包括区域发展模式、优化产业结构、城乡联系、"三农"问题、协调发展等诸多方面，为制定重大方针政策提供了依据。

为解决城乡发展差距问题，我国提出了城乡统筹理论。随着我国经济的高速增长，城乡差距逐渐加大，我国城乡居民收入比由 1990 年的 2.20：1 扩大到 2001 年的 2.90：1，2007 年已扩大到 3.33：1，城镇居民的收入已为农村居民的 3.3 倍之多。胡锦涛同志曾在党的十六届四中全会上指出，"在工业化初始阶段，农业支持工业，为工业提供积累是带有普遍性的取向，但在工业化达到相当程度以后，工业反哺农业，城市支持农村，实现工业与农业，城市与农村协调发展，也是带有普遍性的趋向"，党的十七大报告又提出了"缩小区域发展差距，必须注重实现基本公共服务均等化，引导生产要素跨区域合理流动"的政策主张。城乡统筹理论主要包括：一是"三农"问题及其解决途径。"三农"问题是制约我国经济发展的主要问题，它曾是我国改革开放初期的重中之重，中央在 1982—1986 年连续发布以"三农"问题为主题的中央一号文件，从 2004 年开始中央又每年发布有关"三农"问题的一号文件，尽管每年的一号文件涉及不同的主题，但从这些不同的主题中可以看出中国特色的城乡统筹理论的形成过程以及我国农村改革和发展方面的政策轨迹。二是提出了不同于西方国家城镇化理论的新型城镇化理论。近年来，我国城镇人口每年以 1.02% 的速度递增，2014 年城镇人口已占总人口的 54.77%。但我国城镇化发展，长期以来主要以西方国家城镇化理论为主要依据，以西方国家城镇为主要参考系，这要求我国必须构建适合我国国情的城镇化理论和参考体系，推进有中国特色的城镇化。2009 年中央工作会议，提出了要稳步推进城镇化，"十二五"规划纲要提出了坚持走中国特色城镇化道路，2013 年中央城镇化工作会议提出了推进城镇化的主要任务，2014 年的"国家新型城镇化规划"强调了走中国特色的新型城镇化道路。新型城镇化是指以城乡统筹、城乡一体化、产城互动、节约集约、生态宜居、和谐发展为基本特征的，大中小城市、小城镇、新型农村社区协调发展、互促共进的城镇化。这样，就形成了不同于发达国家城镇化的独特的新型城镇化理论框架。三是提出了适合于我国的社会主义新农村建设理论、思路与对策。社会主义新农村建设，是统筹城乡发展、以工促农、以城带乡的具体化，是实现城乡共同富裕的根本途径。2006 年中央一号文件强调把"三农"问题放在重中之重，把建设社会主义新农村的各项任务落到实处，加快农村全面实现小康和现代化建设步伐；2015 年中央一号文件更强调指出，要繁荣农村，则必须坚持不懈地推进社会主义新农村建设，提升农村基础设施水平，推进城乡基本公共服务均等化。至此，社会主义新农村建设的思路和对策基本成形。

四　党的十八大以来的区域发展总体战略

习近平总书记强调的"区域发展总体战略"，提出区域政策和区域规划要完善、创新，特别强调要缩小政策单元，重视跨区域、次区域规划，提高区域政策精准性。多年来，我国的区域发展战略的政策单元基本上是宏观大尺度的，是对若干省市区组成的大区域进行战略指导。从顶层设计的角度讲，这种大区域的战略指导无疑是不可或缺的。但是，战略的落实需要有具体区域的规划，这就必须提高区域政策的精准性，更加有效地依据当时当地的资源条件和发展环境提出有针对性的发展路径。2013年的中央经济工作会议，中央把改善需求结构、优化产业结构、促进区域协调发展、推进城镇化作为中国经济发展的四个主攻方向，提出加大对革命老区、民族地区、边疆地区、贫困地区的扶持力度，"精准扶贫"是这一时期提出的最有代表性的扶持政策。

区域协调发展战略的另一个重要发展，是在党的十八大之后，中央推出四个经济带发展战略，即京津冀协同发展战略、长江经济带发展战略、"一带一路"倡议和粤港澳大湾区建设，形成"四大板块+四大战略"的新的区域发展战略（孙久文，2018）。

四大板块的划分是依据均质区域（Homogeneousregion）。所谓均质区域，是将具有相似要素禀赋、区位条件、发展阶段、产业结构等特点的，在地理空间上相连的若干地区界定为同一区域。在此基础上，分析均值区域之间的相互关系、各均值区域内部发展特点的独特性，以及针对各均值区域实施针对性的区域发展战略。"凡是对该区某一部分适用的，对其余各部分也同样适用；而且区内各部分的相似程度高于它们与区外各地区的相似程度。"美国商务部区域经济处将美国分成了八大相对均质区域，各由毗邻的州组成。在我国区域板块划分中，也按照各区域特征的相似性界定东部、中部、西部和东北四大板块，并相应提出东部率先、中部崛起、西部大开发和东北老工业基地振兴等区域发展战略。对于块状区域，各块状区域之间互不重合，且每一个地区（或区位单元）都可以被归类到某一个区域。界定一个均质空间的同时，必须同时另外界定一个或多个存在差异的均质空间。在均质空间分类的基础上，区域经济学可以分析以下若干问题：此区域与彼区域有什么差异？各均值空间彼此产生什么样的联系？对具有不同特征的均质空间，应该采取什么样的区域政策？

四大战略中区域界定标准是依据功能区域。界定区域的标准是区域内部的经济相互依赖的程度，或者说区域内部一体化程度，组成该区域的各区位单元之间的相互作用强度高于与外部区域的相互作用。"这种区域内部相互关系或共同利益得以实现的基础，是功能一体化，而不是均质性"（Hoover，1971）。功能区域的一种类型是节点区域，"结构类似于活细胞或原子：有一个核和一个互补的外围区域"，节点区域适用于对都市圈的界定，"都市圈是城市群内部以超大特大城市或辐射带动功能强的大城市为中心、以1小时通勤圈为基本范围的城镇化空间形态"。功能区域的另一种类型是网络区域，将城市网络定义为能够进行商品、人员和思想交流的城市群体（Glaeser et al.，2016），网络区域的核心可以有多个。尽管"一带一路"倡议以及京津冀协同发展、长江经济带、粤港澳大湾区等新区域发展战略同样强调区域内部互联互通和分工协作，但这些区域内部是多极的。

"四大板块"和"四大战略"中不同的区域界定方式，对应着不同的区域政策着力点。四大板块主要考虑区域间的异质性特征，相应的区域政策，也是根据特定区域的具体特征和发展中的具体问题制定的具有针对性的区域政策，区域政策的适用范围仅限于区域内部，四大板块战略的一个重要目标就是减小区域间发展差距。而"四大战略"的关键在于降低区域内部商品、要素、技术的流通成本，打破市场分割，消除区域内部一体化发展的体制机制障碍，目标更多地体现为促进区域内部各地区间互联互通、分工协作、形成发展合力，而非单纯消除内部差异。

第三节　中国区域经济学发展展望

一　我国区域经济学科发展面临的困难挑战

第一，区域经济理论研究和政策研究脱节，区域经济理论跟不上当前中国区域经济的发展。区域发展规划，实际上有一些是和我们区域经济的一些基本理论不完全符合的，有的甚至是背道而驰的。集聚经济如何影响区域政策的效果，需要从理论上厘清区域经济发展中市场力量与政府力量的协同作用。在区域经济的理论分析方面，分析集聚力和扩散力时，一般情形下考察的是企业和劳动力的市场行为，关注的重点是市场作用下经济活动空间分布规律，往往忽视政府作用；而在进行区域政策研究时，最重要的行为主体是中央政府和地方政府，关注的是政府力量，政府行政力量干预与市场力量如何相互作用？政府政策如何作用于微观经济主体的经济决策和区位选择？上述问题仍然需要从理论层面进一步研究。

　　第二，区域经济理论研究的深化与中国化问题，缺乏以我国实践为基础的区域经济理论创新。在引进国际区域经济学和相关学科的成果时，部分研究中对基本理论内涵难以融会贯通，将国外的结论和方法直接套上中国的数据，这样的研究自然难以对中国的区域经济实践产生实质性的借鉴作用。对区域经济学的研究对象、基本方法和基本逻辑尚未获得统一的认识，即使是最核心的区域概念也需要进行统一认识（蔡之兵、张可云，2014）。一些以区域作为研究对象但运用其他学科范式和方法的研究也被视为区域经济学的内容，甚至有研究者将区域经济学视为将经济学的理论和方法运用到区域层面。克鲁格曼在1991年创立的新经济地理学，强调从区域间关联（商品贸易成本）角度出发分析产业空间布局，是区域经济学融入主流经济学迈出的重要一步。但从某种程度上看，新经济地理学只能视为区域经济理论基石中的一块，而不是全部。除了商品的流通成本之外，要素在地区间的流动成本，知识、技术在区域间的扩散障碍，城市规模扩张所产生的拥挤成本都是区域经济理论所需包含的内容。

　　第三，对于新技术对区域经济发展和产业结构影响的研究不够深入。当前，区域专业化出现新的趋势，即区域分工同时出现了区域产业分工和区域职能分工。当前我国区域经济研究对产业分工研究较多，而对职能分工研究相对薄弱。此外，技术进步和发展阶段的变化，对区域经济格局的潜在影响如何，也需要进一步研究，比如，信息化对区域经济结构的影响（Forman et al.，2018），服务业为主体的区域分工格局如何演化？在知识密集型时代，各区域如何重新构建比较优势？

二 中国区域经济学发展的方向

1. 高质量发展背景下，进一步深化区域协调发展的内涵

是否存在有别于既有理论或他国经验的中国区域经济发展模式？中国各种不同类型、不同层次的区域经济发展都有许多成功的典型，它们究竟是复制了国外的经验或某种理论指导的产物，还是有自己的特殊性？这需要在总结中国区域经济发展模式的基础上，分析其背后的理论机制。

以新发展理念引领中国区域经济学的学科建设、塑造引领区域发展的新理念，是区域经济学学科建设的当务之急。以新发展理念引领中国区域经济学的学科建设，第一是创新发展。把创新摆在国家发展全局的核心位置，同时也摆在区域发展的核心位置，在国家推进理论创新、制度创新、科技创新和文化创新的同时，也同步推进区域创新。第二是开放发展。区域的开放是与国民经济的开放相辅相成的，构建互利共赢的开放战略，发展更高层次的开放型经济，包括与国际经济的接轨，也包括国内区域之间的开放与融合。第三是协调发展。促进区域城乡协调发展，促进经济社会协调发展，促进新型工业化、信息化、城镇化、农业现代化同步发展。第四是绿色发展。节约资源和保护环境是基本国策，也是区域发展必须坚持的可持续发展战略。加快建设资源节约型、环境友好型社会，形成人与自然和谐发展的现代化建设新格局，需要从区域做起。第五是共享发展。区域共享发展，包括发展的均衡、各区域发展机会的均等。各区域人民获得福利水平的基本一致，实现各区域全体人民共同迈向全面小康社会的目标。

区域经济学的学科发展与中国区域经济实践的融合（孙久文，

2017），需要从四个方面推进：第一，树立新区域发展理念，即协调发展的理念。推动区域协调发展、城乡协调发展、物质文明和精神文明协调发展、经济建设和国防建设协调发展。第二，建立新空间战略，这就是"经济带＋经济区"战略。形成沿海与沿江为主轴，沿主要交通干线经济带为核心的纵向横向经济轴带，培育壮大若干重点经济区。第三，完善区域发展新机制，即区域创新机制和产业转移机制。区域创新的重点在东部沿海地区，产业转移的重点是中西部地区。目标是形成均衡协调发展的区域经济发展框架。第四，构建全新的区域经济关系，加强区域合作，实现区域经济一体化。

在我国新一轮的空间发展战略中，"一带一路"建设、京津冀协同发展、长三角一体化、粤港澳大湾区建设等本质上要求地区之间加强互联互通，形成分工协作，进而提高整个区域的发展质量和发展潜力。地区间和行业间存在复杂的经济社会联系网络，这种网络联系结构的优化，有利于提升整体经济发展质量。结合我国区域经济发展的实践，未来需要加强以下三个方面的研究。

（1）区域产业分工的研究。我国正处在从高速增长向高质量发展的关键阶段。在要素和资源投入成本上升时，实现进一步增长的路径有三条：一是提升单位要素的能力禀赋，如提升管理能力、增加创新投入以及人力资本积累和资本深化。二是促进要素在部门间、地区间的合理流动，提高要素的配置效率，优化产业结构和经济空间结构。三是获取外部经济，包括通过经济主体间的知识溢出、要素流动、前后向联系等所产生的外部经济。后两者都与区域产业结构的调整升级密切相关。产业空间格局的优化，有利于形成新的集聚效应和增长动力，引领经济结构优化调整和发展方式转变。因此，深入研究区域产业结构演进的规律和机制，探讨如何以当地及周边既有产业结构为基础形成区域新增长路径，有着重要的现实意义和紧迫性。

当外部经济对产业区位和产业成长起主导作用时，精准的区域发展战略需要在理解外部经济机制的基础上，考虑采取什么措施来强化本地各产业间以及地区间的外部经济，以提高整体效率。比如，当影响产业区位选择的力量是知识溢出时，推进基础设施投资的政策效果可能并不明显。反之，如果某一产业从劳动力池效应中获得的外部性较小，但下游产业关联的影响更大，那么通过完善交通基础设施，提高地区通达性，将有利于相关产业的发展。

在选择产业升级路径时，能否在本地或临近地区获得其所需的外部资源（人力资本、技术、中间投入品、销售市场等），是影响目标产业能否在当地产生并发展的关键因素。在选择产业升级方向时，需要考虑本地区的独特的产业基础，是选择与本地产业具有更高匹配程度的产业，还是选择对本地产业产生更大外部性的产业，需要根据具体情形审慎抉择。

（2）城市群和城市网络的研究。城市群发展的关键在于形成城市间的功能互补和专业化分工协作。未来对区域产业结构的研究，需要分析特定产业在哪些维度仅依赖于本地关联、在哪些维度存在地区间关联。比如，如果产业存在显著的跨地区上下游关联，则表明形成基于产业链的区域分工体系有利于该行业发展；如果产业存在跨地区的劳动力池效应，则意味着该产业可以从城市群劳动力市场一体化中受益。未来相关研究需要为如何发挥各城市间比较优势、实现优势互补，优化更大空间范围内的资源配置，获取更大空间范围内的外部经济提供理论指导。

（3）区域衰退和经济复原力的研究。[①] 区域经济发展为何出现停滞或衰退，在什么条件下可以实现衰退区域的复苏。区域经济发展停滞或衰退的原因有多种：资源型城市或区域，在资源耗竭后未能产生新的发展动力；区域产业结构老化，区域主导产业竞争力下降；重大环境和自然灾害造成的外生冲击；全球金融危机、国际贸易环境恶化等因素对区域经济的异质性冲击。区域衰退通

---

① Breinlich, H., Ottaviano, G. I. P., Temple, J. R. W., "Regional Growth and Regional Decline", in *Handbook of Economic Growth* (Vol. 2), Elsevier, 2014.

常表现为区域的绝对或（更经常）相对生活水平和福利指标下降。随着衰退区域的工资水平下降和失业率提升，当地绝对人口或相对人口也可能下降，因为劳动力会转移到发展水平更高的地区。劳动力从衰退区域（或欠发达区域）向发达区域的迁移，在一定情况下有助于缩小地区收入差距，但也有可能加剧衰退地区的问题。对区域衰退的预期可能是自我实现的，一旦衰退开始，不利因素就会累积起来，而且很难逆转。离开衰落地区的往往是年轻人和受过良好教育的人，考虑到人力资本外部性的影响，这将对区域创新能力和区域经济转型造成负面影响。当房价跌至一定的水平时，这座城市很快就变成了吸引低技能工人和无法就业的人，对衰落的区域产生社会和政治后果，衰落区域很可能会成为低信任、高犯罪率的地区。

在遭受负面冲击后，有些地区快速转型恢复，重新走上增长轨道，而另一些地区则可能陷入长期停滞甚至开始衰落。为什么不同地区在面临冲击后表现不一致？区域经济学者引入了经济复原力（Regional Resilience，也被译为区域韧性）的概念，以理解区域抵御外部冲击的能力以及在冲击后恢复的能力。具体而言，区域经济复原力可以从四个维度进行考察：区域经济对衰退冲击的抵抗力或敏感程度；区域经济从外部冲击中复苏的速度和程度；区域经济在面临冲击后的适应程度；区域经济是否能够恢复增长路径或形成新的增长路径（Martin，2012）。影响区域经济复原力的因素包括区域产业结构、社会资本、政策和制度环境、文化因素等。国内学者也开始对区域经济复原力进行研究，特别是用来分析东北老工业基地振兴（廖敬文、张可云，2019），但相关研究在数量和质量上尚显不足。

2. 关注新技术对区域经济关系的影响

我国正处在从高速发展到高质量发展的关键时期，技术进步和知识积累在新的发展阶段重要性将日益凸显。在产业结构转型和升级过程中，区域经济格局将发生的改变，将对区域经济理论产生新的需要，也将为中国区域经济学科体系建设提供现实基础。比如，交通基础设施降低要素和商品流通成本；互联网减少了三大相互关联的经济摩擦：通信成本、运输成本和搜索成本；人工智能和自动化改变区域禀赋对各产业的吸引力。

互联网的传播对经济活动的地理位置有什么影响？距离导致了各种各样的空间经济摩擦（地区间交换要素、商品以及知识信息的成本），互联网和相应的信息技术基础设施减少了这些摩擦。在减少空间摩擦方面，交通基础设施和信息基础设施的作用存在差异。第一，交通基础设施降低空间摩擦的作用，体现在商品流通、要素流动、知识和信息传播等多方面，而信息基础设施的作用则更多地体现在降低信息传播的成本方面，其对商品和要素流动的作用是通过降低信息成本实现的，比如获知其他地区有更好的工作机会而产生劳动力流动、获得其他地区市场需求情况而产生商品流动。第二，交通基础设施降低空间摩擦，但基础设施修建以后，空间摩擦仍然存在，且空间摩擦仍随距离增大而增大，即交通基础设施降低了单位距离的空间摩擦；而信息基础设施则不然，在多数情形下，一旦接入互联网等信息网络，就可以便捷地与其他区域进行信息交换，发送和接收电子邮件和其他形式的数字通信的费用是相同的，无论发送方和接收方之间的距离如何，由于距离而导致的信号传播时滞在多数情形下可以忽略不计。

互联网将可能在多方面改变区域经济发展格局，需要引起理论界重视。第一，信息基础设施建设和互联网的应用大大降低了区域间沟通成本，促进知识技术在地区间的扩散。第二，信息化改变商品形态，音乐、书籍、视频和其他以传播信息为目的、能够电子化的商品，产品复制和传播的边际成本下降到几乎为零，这意味着生产函数和贸易成本同时发生改变。第三，对于无法数字化的项目，在线交互减少了专业技术人员旅行的需求，例如，数字会议可以减少旅行的需要。第四，信息化降低了商品的搜寻成本和匹配成本，促进商品跨地区贸易和要素的跨区域流动，提高经济总体效率。

　　技术进步可能导致区域间形成新的分工体系。信息化和高铁，降低了产业内分工成本，推动总部管理职能和生产职能的空间分离。根据欧美发达国家的经验，区域分工格局将可能从部门专业化转型为职能专业化。人工智能和自动化、资本和机器替代劳动力，可能会改变区域要素禀赋对区域产业结构的影响。由于技术革新，某些劳动力密集型产业可能转变为资本密集型和技术密集型产业，在此情形下，丰裕、低成本的劳动力不再是影响这类产业区位选择的关键因素，产业的生产区位就可能从低工资的欠发达区域转向发达区域，从而在改变区域分工格局的同时，扩大地区差距。

　　3. 以国际区域经济及其相关学科的最新学术成果丰富中国区域经济学的学科体系

　　90 年代以来，新经济地理学、空间经济学发展很快，一些基本的原理、定理等，极大地丰富了区域经济研究的内容，而其丰富多彩的模型方法，也为区域经济学的应用提供了更多的工具。把区域经济学和新经济地理学等结合起来，形成一个涵盖新经济地理学、新贸易理论、演化经济地理学等的区域经济学的理论体系，是需要探讨的一个难度很大的问题。因此，一方面要强调区域经济学基本原理的准确性、理论观点的权威性、教材结构的合理性和学术研究的前沿性，以保持区域经济学的历史传承；另一方面要把新经济地理学等学科的模型融入区域经济学，使区域经济学更加丰满和丰富。

　　未来我国区域经济的研究中，需要继续跟踪、借鉴国际区域经济学理论的最新进展，基于一致的逻辑内涵和分析框架，同时考虑技术外部性、货币外部性和地区产业联系，融会马歇尔外部性集聚理论（技术外部性）、新经济地理学理论（货币外部性）、演化经济地理学理论的最新研究成果，建立针对区域经济结构的理论分析框架。特别是要注重经济主体区位选择的微观机制研究。微观市场主体决策如何影响区域经济格局，区域经济政策如何通过影响区域经济主体决策改变区域经济格局。如果对微观市场主体的决策机制不明晰，则区域政策的效果可能会大打折扣，甚至与预期相反。

近年来空间经济学定量模型（定量空间模型，Quantitative Spatial Models）的研究成果日益丰富（Redding and Rossi-Hansberg，2017）。这些模型可以通过反事实模拟来研究公共设施、生产率和公共政策干预的影响。经济活动和人员的空间分布取决于向心力和离心力的平衡。公共政策（区位导向政策）和交通基础设施投资、地方税收、土地管制等政策干预的影响主要取决于这些公共政策如何影响向心力和离心力之间的平衡。

定量空间模型与传统经济地理关注的问题相似，比如都关注：自然地理和经济地理有多重要？商品、要素运输费用以及信息交流成本下降对经济活动空间分布的影响？定量空间模型的特点有三：第一，定量空间模型以将理论模型与观测数据联系起来，从而为所分析的问题提供了定量而非定性的答案，因此重点是对现有的理论机制进行重组、测量和量化。第二，基于现实数据，对空间模型中的关键结构参数进行估计，而非人为设定。第三，可以进行反事实政策分析，对某项政策作用进行事前评估，从而为政策制定提供依据。

除了对具体的反事实情形分析和政策定量评估外，现有的定量空间模型研究还产生了两套主要的总体见解。定量空间模型可以将自然地理（外生的区域资源禀赋、区位条件）和经济地理学（经济主体之间的相互作用）的贡献分离出来，并采用反事实的方法对比较静力学进行评价。在统一的理论框架中，以简单和实用的方式引入各种集聚力和分散力。第一，市场准入是活动空间分布的经验因果决定因素；第二，经典城市经济学模型可以定量地解释城市内部经济活动的梯度分布；第三，区域经济发展受货物和要素市场的空间联系影响，当地经济环境和本地冲击的作用大小受其与周边区域空间联系强度的影响；第四，经济活动在城市和地区之间的分布不仅取决于生产力和舒适程度的差异，还受到地方基础设施和地区治理能力等因素的影响；第五，经济活动的分布通过决定企业的市场规模来塑造地方创新和增长的动力。

空间经济基础理论近年来有多方面的突破。在消费者需求方面，新的模型设定考察了对差异化商品的需求、从单部门到多部门、不同地区消费者的异质性偏好；在生产者方面，考虑了企业生产函数的报酬递增特征、企业效率的异质性、部门间的投入产出关联；在运输成本方面，考虑了运输成本随距离的非线性变动、不同方向运输成本的非对称性、地理和经济因素导致的运输成本；在知识的生产和扩散方面，考虑了知识外部性和技术扩散，集聚、匹配与知识的生产；在要素流动方面，考虑了劳动力跨地区迁移的成本、劳动力在城市内部的通勤成本、异质性劳动力迁移决策；在区域间相互联系方面，考察了要素流动成本、商品流动成本和信息流动成本对区域经济格局的影响。

第 十 章

区域发展战略研究

我国一直是世界上最大的国家之一，自然条件复杂多样、矿产水能资源丰富、人口众多、地区差异显著，区域问题是我国经济发展必须面对的问题之一。新中国成立之前，我国生产力水平十分低下，工业基础非常薄弱，地区分布极端不平衡。77%以上的工业总产值集中在占国土面积不到12%的东部沿海狭长地带，而广大内地，尤其是西南、西北等地，处于与工业相脱离的落后状态（陈栋生，1993）。当时我国地区经济发展与政策，主要是由国家的总体经济发展战略尤其是工业发展战略推动的，并且受到国际形势的重要影响。早在1956年，毛泽东同志在《论十大关系》中就详细阐述了沿海工业与内地工业的关系问题。[①] 为了改变沿海与内地发展很不平衡的状况，新中国成立以来，在有计划按比例发展国民经济的同时，从生产布局的客观要求和我国生产布局的客观条件出发，开始在全国范围内合理布局生产力（孙敬之，1994），平衡发展、平衡布局、缩小差距是其基本特征。1978年东部地区生产总值1819.44亿元，占全

[①] 当时的"沿海"，是指辽宁、河北、北京、天津、河南东部、山东、安徽、江苏、上海、浙江、福建、广东、广西。其余的地区属于内地。参见《毛泽东选集》（第五卷），人民出版社1977年版，第269—270页。

国的 52.4%，沿海与西部人均地区生产总值之比为 1.75：1[①]，区域
发展不平衡的状况得到改变。新中国成立以来，区域经济的发展
大体经历了从平衡发展、不平衡发展到协调发展的战略转变。随
着经济发展战略和体制的转轨，国家区域政策也在不断完善和调
整之中。

第一节　中国区域发展战略的演进

新中国成立以来，中国区域发展战略和政策的演变大体经历了
向西推进的平衡发展阶段（1949—1978 年）、向东倾斜的不平衡发
展阶段（1979—1990 年）、区域协调发展战略启动阶段（1991—
1998 年）、协调发展战略全面实施阶段（1999—2014 年）、区域协调
发展战略纵深推进阶段（2015—2017 年 9 月）、区域协调发展战略
成为国家战略（2017 年 10 月以后）这六个不同时期（魏后凯，
2008）。

一　向西推进的平衡发展阶段（1949—1978 年）

旧中国遗留下来的经济基础十分薄弱，生产力分布畸形，工业
偏集于东部沿海一隅（茶洪旺，2005）。新中国成立以后，国家在全
国有计划地合理分布工业，使工业接近原料、燃料产区和产品消费
地区，提高落后地区的经济水平，巩固国防，作为调整生产力布局
的原则和方向，将其纳入历次国民经济计划（魏后凯，2006）。

1. 生产力布局第一次大规模向西推进

国民经济恢复时期，为迅速恢复和发展生产，国家首先把经济
建设的重点放在以辽宁为中心的东北地区，开工建设了一批煤炭、
电力、钢铁、铝冶炼、机械等重点项目（欧阳渊，2010）。同时，国

---

①　西部为 1，下文同。

家开始把一些轻工业企业内迁到东北北部、西北、华北和华东的一些地区，使之接近原料地与广大消费地区（魏后凯，2006）。"一五"时期，国家提出了有计划地、均衡地在全国布局工业的指导方针，这一时期，国家把建设重点首先放在重工业有一定基础的东北地区，同时还集中建设了武汉、包头、兰州、西安、太原、郑州、洛阳、成都等工业基地。

2. "大跃进"时期的均衡布局和地方经济体系

"二五"计划时期，中国生产力布局的方针主要集中在两个方面：一是期望在全国实现工业的均衡分布。二是期望各大协作区和各省区均能各自建立比较独立和完整的经济体系（魏后凯，2006）。1963—1965 年，在地区布局方面，国家在充实和发展华东地区重工业的同时，进一步加强了内地的工业建设（张平，2005）。

3. "三线建设"时期的第二次大规模西进

中国第三和第四两个五年计划的制定以及生产建设，都转向了以备战为中心、以建设三线地区为重点的轨道。"三五"时期，国家重点是加强西南地区的建设。这五年内，内地建设投资达 631.21 亿元，占全国基本建设投资的 64.7%（魏后凯，2006）。"四五"时期，"三线建设"的重点转向"三西"（豫西、鄂西、湘西）地区，同时积极进行大西南的建设。在此期间，根据经济发展状况和战备的要求，将全国划分为西南、西北、中原、华南、华东、华北、东北、山东、闽赣和新疆 10 个经济协作区，要求在每个协作区内逐步建立不同水平、各有特点、各自为政、大力协作的工业体系和国民经济体系；要求各省市区的成套机械设备和轻工产品尽快做到自给，建立为农业服务的地方工业体系，建立各自的"小三线"。从"四五"后期到"五五"初期，国家投资的地区重点开始逐步向东转移（张平，2005）。

二　向东倾斜的不平衡发展阶段（1979—1990 年）

1979—1990 年，中国区域发展战略主要受不平衡发展思潮的影响，国家投资布局和区域政策强调效率目标，向条件较好的沿海地区倾斜，同时对贫困落后地区和少数民族地区给予一定的补偿。随着经济发展战略和体制的转轨，国家区域政策的手段也日趋多元化（魏后凯，2009）。具体而言，主要表现为以下方面：第一，区域经济发展指导方针的转变。从"六五"计划开始，中国生产力布局和区域经济发展的指导方针，由过去主要强调备战和缩小地区差别，逐步转移到以提高经济效益为中心，向沿海地区倾斜（魏后凯，2008）。第二，国家投资布局重点逐步东移。在"六五"时期，中国生产力布局基本上是以提高经济效益为中心，向优势地区倾斜。到"七五"前期，中国生产力布局进一步向沿海地区倾斜（魏后凯，2008）。第三，实施沿海对外开放政策。1979—1990年，形成了一条从南到北沿海岸线延伸的沿海对外开放地带。第四，实行国家扶贫开发政策。20世纪80年代初，中国开始酝酿并着手解决贫困地区的问题。1986年，国务院成立了贫困地区经济开发领导小组，并将扶持"老少边穷"地区尽快摆脱经济文化落后状况，列入国民经济"七五"发展计划（魏后凯，2008）。第五，进一步完善民族地区政策。1979年以来，虽然国家把投资布局和政策支持的重点放在沿海地区，但仍然在人力、财力、物力和技术等方面对少数民族地区给予相应支持，并在政策上给予特殊照顾（魏后凯，2008）。

三　区域协调发展战略启动阶段（1991—1998年）

自20世纪90年代初以来，面对地区发展差距特别是东西差距的不断扩大，国家正式把促进地区经济协调发展提到了重要的战略高度，区域发展战略开始了从不平衡发展到协调发展的根本转变（魏后凯，2008）。

1. 提出地区经济协调发展的总方针

《国民经济和社会发展十年规划和第八个五年计划纲要》明确指出，要"促进地区经济朝着合理分工、各展其长、优势互补、协调发展的方向前进"。《中共中央关于制定国民经济和社会发展"九五"计划和 2010 年远景目标的建议》明确指出："从'九五'开始，要更加重视支持内地的发展，实施有利于缓解差距扩大趋势的政策，并逐步加大工作力度，积极朝着缩小差距的方向努力。"

2. 实行全方位的对外开放政策

自 1992 年邓小平同志南方谈话以来，在进一步巩固沿海地区对外开放成果的基础上，逐步加快了中西部地区对外开放的步伐。在全国范围内形成了沿海、沿边、沿江和内陆省会（首府）城市相结合的，多层次、多渠道、全方位的对外开放格局（魏后凯，2008）。

3. 调整国家投资和产业布局政策

为加快中西部地区的经济发展，中央提高了在中西部地区的投资比重，并积极推动沿海一些加工制造业逐步向中西部资源丰富地区转移扩散。一是国家投资布局重点逐步向中西部转移。二是在资金和政策上支持中西部地区乡镇企业发展。三是有计划地引导沿海地区和中心城市逐步将棉纺初加工能力转移到中西部产棉地区（魏后凯，2008）。

4. 完善国家扶贫政策和民族地区政策

1994 年 4 月，国务院制定并实施了《国家八七扶贫攻坚计划》。1996 年 10 月，中共中央、国务院发出了《关于尽快解决农村贫困人口温饱问题的决定》。"九五"计划又提出要基本消除贫困的目标。同时，国家还采取了一系列政策措施促进少数民族地区发展致富。

四　协调发展战略全面实施阶段（1999—2014 年）

自 1999 年以来，为促进区域经济协调发展，国家先后制定实施了西部大开发战略、东北地区等老工业基地振兴战略和促进中部地区崛起战略，近年又提出推进形成主体功能区，这表明中国已经进入区域协调发展战略全面实施阶段（魏后凯，2008）。

1. 实施西部大开发战略

1999 年 9 月，党的十五届四中全会正式提出实施西部大开发战略，并强调，实施西部大开发战略、加快中西部地区发展，关系经济发展、民族团结、社会稳定，关系地区协调发展和最终实现共同富裕，是实现第三步战略目标的重大举措。2000 年 1 月，国务院决定成立西部地区开发领导小组，之后，国务院先后批复实施"十一五""十二五"两个西部大开发规划，为推进实施西部大开发工作发挥了引领作用。

2. 振兴东北地区等老工业基地

2002 年 11 月，党的十六大报告明确提出："支持东北地区等老工业基地加快调整和改造，支持以资源开采为主的城市和地区发展接续产业。"2003 年 10 月，中共中央、国务院发布《关于实施东北地区等老工业基地振兴战略的若干意见》，对振兴东北等老工业基地做出重大战略部署。2007 年 8 月，国务院正式批复《东北地区振兴规划》，提出经过 10—15 年的努力实现东北地区全面振兴，并将规划范围扩展到内蒙古东部地区。2013 年，国务院批复《全国老工业基地调整改造规划》，标志着老工业基地振兴政策向全国范围延伸。

3. 促进中部地区崛起

2004 年 9 月，党的十六届四中全会提出"促进中部地区崛起"。2006 年 4 月，中共中央、国务院发布《关于促进中部地区崛起的若干意见》。同年 5 月，国务院办公厅发布《关于落实中共中央国务院关于促进中部地区崛起若干意见有关政策措施的通知》，提出了 56 条具体落实意见。2007 年 1 月，国务院办公厅下发《关于中部六省比照实施振兴东北地区等老工业基地和西部大开发有关政策范围的通知》，明确中部六省 26 个城市比照实施振兴东北地区等老工业基地有关政策，243 个县（市、区）比照实施西部大开发有关政策。① 2009 年 9 月，国务院通过《促进中部地区崛起规

---

① 《国务院办公厅关于中部六省比照实施振兴东北地区等老工业基地和西部大开发有关政策范围的通知》，http：//www. gov. cn/xxgk/pub/govpublic/mrlm/200805/t20080505_32834. html。

划》。2012 年国务院印发《中共中央国务院关于促进中部地区崛起的若干意见》，指出要稳步提升中部地区"三基地、一枢纽"地位。

4. 鼓励东部地区率先发展

国家对东部地区的发展尚无整体规划，从"鼓励东部地区加快发展"到"鼓励东部地区率先发展"，国家政策更多地体现在支持局部地区发展方面。东部沿海地区经济比较发达，人口比较密集，开发强度较高，资源环境问题更加突出，因此，东部地区率先发展是为了解决东部地区的"膨胀病"（肖金成、安树伟，2019）。2008 年编制出台的《珠江三角洲规划》指出，珠江三角洲要率先建成资源节约型和环境友好型社会，率先建设创新型区域，率先建立社会主义和谐社会，率先建立更加开放的经济体系。2010 年出台的《主体功能区规划》将环渤海地区、长江三角洲地区和珠江三角洲地区划定为优化开发区域。2014 年发布的《国家新型城镇化规划（2014—2020 年）》指出，东部地区城市群主要分布在优化开发区域，面临水土资源和生态环境压力加大、要素成本快速上升、国际市场竞争加剧等制约，必须加快经济转型升级、空间结构优化、资源永续利用和环境质量提升。2014 年以来，京津冀协同发展战略也是以解决北京"大城市病"为出发点（肖金成、安树伟，2019）。

5. 完善老少边穷地区政策

近年来，国家发改委会同有关部门和地方，制定实施了支持革命老区开发建设的规划和政策，初步形成"1258"的老区支持政策体系（国家发改委，2016）。即"1"总体指导意见、2 个区域性政策意见、5 个重点老区振兴发展规划、8 个涉及老区的片区区域发展与扶贫攻坚规划。2014 年 9 月，国家发改委出台《关于加大脱贫攻坚力度支持革命老区开发建设的指导意见》，成为支持全国革命老区开发建设和脱贫攻坚的纲领性文件。针对特殊困难老区的政策措施包括两类：一是 2012 年国家发改委编制实施《关于支持赣南等原中央苏区振兴发展的若干意见》。二是 2011 年国务院同意沂蒙老区 18 个县（市、区）在安排中央预算内投资等资金时参照执行中部地区政策。此外，2012 年以来，国家发改委先后组织编制了陕甘宁、赣闽粤、左右江、大别山、川陕 5 个跨省区重点革命老区振兴发展规划，以及武陵山、秦巴山、滇桂黔石漠化、六盘山、吕梁山、燕山—太行山、大别山、罗霄山 8 个集中连片特困地区的区域发展与扶贫攻坚规划。

为促进民族地区经济社会发展，2014 年中共中央、国务院发布《关于加强和改进新形势下民族工作的意见》①，从坚定不移走中国特色解决民族问题的正确道路、围绕改善民生推进民族地区经济社会发展、促进各民族交往交流交融、构筑各民族共有精神家园、提高依法管理民族事务能力、加强党对民族工作的领导六个方面提出 25 条意见，旨在切实加强和改进新形势下民族工作，团结带领全国各族人民共同推进全面建成小康社会，努力实现中华民族伟大复兴的中国梦。

为促进边境地区经济社会发展，国家民委先后制定兴边富民行动"十一五"和"十二五"规划。2011 年发布的《兴边富民行动规划（2011—2015 年）》指出，"十二五"时期是边境地区全面建设小康社会的关键时期，要促进边境地区经济社会又好又快发展与社会和谐稳定，为边境地区与全国同步全面建成小康社会奠定坚实基础。

针对农村贫困问题，2011 年中共中央、国务院印发《中国农村扶贫开发纲要（2011—2020 年）》②，扶贫范围在重点县和贫困村的基础上，增加了六盘山区、秦巴山区、武陵山区、乌蒙山区、滇桂

---

① 《贯彻落实〈中共中央、国务院关于加强和改进新形势下民族工作的意见〉实施方案》，http：//www.gov.cn/zhengce/2014 – 12/22/content_2795307.htm，2014 年 12 月 22 日。

② http：//www.gov.cn/gongbao/content/2011/content_2020905.htm。

黔石漠化区、滇西边境山区等 14 个集中连片特困区。

6. 推动资源型城市转型

2007 年 12 月，国务院发布《关于促进资源型城市可持续发展的若干意见》，之后国务院分别于 2008 年、2009 年和 2011 年分三批确定 69 个资源枯竭城市，中央财政给予转移支付支持。2013 年 12 月，国务院印发《全国资源型城市可持续发展规划（2013—2020 年)》。

五　区域协调发展战略纵深推进阶段（2015—2017 年 9 月）

2015 年以来，区域协调发展战略持续实施，国家先后制定实施了西部大开发"十三五"规划、东北地区等老工业基地振兴"十三五"规划和促进中部地区崛起"十三五"规划，老少边穷政策逐步完善，资源型城市转型加快推进，近年又提出京津冀协同发展战略，推动长江经济带发展，推进陆海统筹，表明中国已经进入区域协调发展战略纵深推进阶段。

1. 持续实施四大板块协调发展战略

2017 年 1 月 5 日，国务院正式批复《西部大开发"十三五"规划》，提出要结合新时期西部地区发展的阶段性特征和突出矛盾，持续实施好西部大开发战略。要紧抓基础设施和生态环保两大关键，增强可持续发展支撑能力，统筹推进新型城镇化与新型工业化、信息化、农业现代化协调发展，推动西部经济社会持续健康发展，实现与全国同步全面建成小康社会的奋斗目标。2016 年 12 月 19 日，国家发改委印发《东北振兴"十三五"规划》，是"十三五"时期推进东北老工业基地振兴发展的重要依据，要努力走出一条质量更高、效益更好、结构更优、优势充分释放的振兴发展新路，与全国同步全面建成小康社会。[①] 2016 年 12 月 17 日，国务院批复《促进

---

① 《国家发改委关于印发〈东北振兴"十三五"规划〉的通知》（发改振兴〔2016〕2397 号），http：//www. ndrc. gov. cn/zcfb/zcfbghwb/201612/t20161219_830406. html。

中部地区崛起"十三五"规划》，提出要把中部地区建设成为全国重要先进制造业中心、全国新型城镇化重点区、全国现代农业发展核心区、全国生态文明建设示范区、全方位开放重要支撑区。中共中央的战略决策与政策安排对中部地区崛起发挥了强大的推动作用。东部地区率先发展继续得到积极支持，并聚焦推动产业升级，实施创新驱动发展战略，完善全方位开放型经济体系。

2. 老少边穷政策逐步完善

2016 年，国务院制定实施《"十三五"促进民族地区和人口较少民族发展规划的通知》，阐明国家支持少数民族和民族地区发展、加强民族工作的总体目标、主要任务和重大举措，是"十三五"时期促进少数民族和民族地区全面建成小康社会的行动纲领（龙小红，2017）。2017 年 5 月印发《兴边富民行动"十三五"规划》，指出坚持"富民、兴边、强国、睦邻"宗旨任务，坚持捍卫国家主权和领土完整，以保基本、补短板为重点，着力实施强基固边、民生安边、产业兴边、开放睦边、生态护边、团结稳边，建设繁荣稳定和谐边境，巩固祖国边防，确保边境地区与全国同步全面建成小康社会。2015 年 11 月发布《中共中央、国务院关于打赢脱贫攻坚战的决定》，确保到 2020 年农村贫困人口实现脱贫。2016 年《"十三五"脱贫攻坚规划》发布，阐明"十三五"时期国家脱贫攻坚总体思路、基本目标、主要任务和重大举措，是指导各地脱贫攻坚工作的行动指南，是各有关方面制定相关扶贫专项规划的重要依据。旨在加快破解贫困地区区域发展瓶颈制约，不断增强贫困地区和贫困人口自我发展能力，确保与全国同步进入全面小康社会。

3. 加快推动资源型城市转型

2016 年，国家发改委印发《关于支持老工业城市和资源型城市产业转型升级的实施意见》，提出"用 10 年左右时间，建立健全支撑产业转型升级的内生动力机制、平台支撑体系，构建特色鲜明的现代产业集群"。2017 年 1 月，国家发改委发布《关于加强分类引导培育资源型城市转型发展新动能的指导意见》①，坚持分类指导、特色发展，对推动资源型城市在经济发展新常态下发展新经济、培育新动能，加快实现转型升级提出指导性意见。在《关于支持首批老工业城市和资源型城市产业转型升级示范区建设》②中，确定辽宁中部（沈阳—鞍山—抚顺）、吉林中部（长春—吉林—松原）、内蒙古西部（包头—鄂尔多斯）等12个城市（经济区）作为首批产业转型升级示范区。

4. 加快推动京津冀协同发展

2014年2月26日，习近平总书记在北京主持召开京津冀协同发展座谈会，将京津冀协同发展上升为重大国家战略。2015年4月30日中央政治局会议通过《京津冀协同发展规划纲要》，提出京津冀协同发展的核心是有序疏解北京非首都功能。2017年4月1日，中共中央、国务院决定设立雄安新区，作为疏解北京非首都功能集中承载地。随后在党的十九大报告中提出"以疏解北京非首都功能为'牛鼻子'推动京津冀协同发展，高起点规划、高标准建设雄安新区"，进一步确立了京津冀协同发展在国家重大发展战略中的重要地位。

5. 推动长江经济带发展

2014年9月12日，国务院印发《关于依托黄金水道推动长江经济带发展的指导意见》，首次明确长江经济带在区域发展总体格局中的重要战略地位。随后出台《长江经济带综合立体交通走廊规划（2014—2020年）》。2016年3月25日，中共中央政治局审议通过《长江经济带发展规划纲要》，确立了长江经济带"一轴、两翼、三

---

① 《国家发展改革委关于〈加强分类引导培育资源型城市转型发展新动能的指导意见〉》（发改振兴〔2017〕52号），http：//www. ndrc. gov. cn/zcfb/zcfbtz/201701/t20170125_836755. html。

② 《国家发展改革委关于〈支持首批老工业城市和资源型城市产业转型升级示范区建设的通知〉》（发改振兴〔2017〕671号），http：//www. gov. cn/xinwen/2017－04－21/content_5188011. html。

极、多点"的发展格局。2016 年 1 月 5 日，习近平总书记在重庆主持召开推动长江经济带发展座谈会，指出推动长江经济带发展是一项国家级重大区域发展战略。

6. 推进陆海统筹

2015 年 8 月 20 日，国务院印发《全国海洋主体功能区规划》，成为海洋空间开发的基础性和约束性规划。2016 年国家发改委印发《国家海洋局关于促进海洋经济发展示范区建设发展的指导意见》。2017 年 5 月，国家发改委、国家海洋局联合印发《全国海洋经济发展"十三五"规划》。

六　区域协调发展战略成为国家战略（2017 年 10 月以后）

针对中国特色社会主义新时代新的主要矛盾，党的十九大报告首次提出区域协调发展战略，标志着区域协调发展上升为国家重大发展战略。同时，报告对区域协调发展战略的实施做出具体部署，包括加大力度支持革命老区、民族地区、边疆地区、贫困地区加快发展，强化举措推进西部大开发形成新格局，深化改革加快东北等老工业基地振兴，发挥优势推动中部地区崛起，创新引领率先实现东部地区优化发展，建立更加有效的区域协调发展新机制。以城市群为主体构建大中小城市和小城镇协调发展的城镇格局，加快农业转移人口市民化；以疏解北京非首都功能为"牛鼻子"推动京津冀协同发展，高起点规划、高标准建设雄安新区；以共抓大保护、不搞大开发为导向推动长江经济带发展；支持资源型地区经济转型发展；加快边疆发展，确保边疆巩固、边境安全；坚持陆海统筹，加快建设海洋强国；为区域协调发展指明具体方向。

截至目前，西部大开发、东北等老工业基地振兴、京津冀协同发展、长江经济带等战略已取得初步进展。2019 年 3 月 19 日，中央全面深化改革委员会第七次会议审议通过《关于新时代推进西部大开发形成新格局的指导意见》，提出要围绕抓重点、补短板、强弱项，在注重生态环境"大保护"的同时，提高西部地区对外开放和外向型经济发展水平，推动高质量发展，促进西部地区经济社会发展与人口、资源、环境相协调。2018 年 9 月 26 日，习近平总书记就深入推进东北振兴提出六项要求：一是以优化营商环境为基础，全面深化改革；二是以培育壮大新动能为重点，激发创新驱动内生动力；三是科学统筹精准施策，构建协调发展新格局；四是更好支持生态建设和粮食生产，巩固提升绿色发展优势；五是深度融入共建"一带一路"，建设开放合作高地；六是更加关注补齐民生领域短板，让人民群众共享东北振兴成果。就京津冀协同发展战略而言，2018 年，中共中央、国务院先后批复《河北雄安新区规划纲要》和《河北雄安新区总体规划（2018—2035 年）》。2019 年 1 月 24 日，《中共中央、国务院关于支持河北雄安新区全面深化改革和扩大开放的指导意见》发布，支持雄安新区全面深化改革和扩大开放。2018 年 3 月 29 日，北京市人大常委会听取和审议了《北京城市副中心控制性详细规划（草案）》。2019 年 1 月 11 日，北京市级行政中心正式迁入北京城市副中心，成为推动京津冀协同发展、探索人口经济密集地区优化开发模式重要举措。此外，《中共中央　国务院关于建立更加有效的区域协调发展新机制的意见》指出，以重庆、成都、武汉、郑州、西安等为中心，引领成渝、长江中游、中原、关中平原等城市群发展，带动相关板块融合发展。以疏解北京非首都功能为"牛鼻子"推动京津冀协同发展，调整区域经济结构和空间结构，推动河北雄安新区和北京城市副中心建设，探索超大城市、特大城市等人口经济密集地区有序疏解功能、有效治理"大城市病"的优化开发模式。充分发挥长江经济带横跨东中西三大板块的区位优势，以共抓大保护、不搞大开发为导向，以生态优先、绿色发展为引领，依托长江黄金水道，推动长江上中下游地区协调发展和沿江地区高质量发展。

2019 年 9 月 18 日，习近平总书记主持召开黄河流域生态保护和高质量发展座谈会，提出要坚持"绿水青山就是金山银山"的理念，坚持生态优先、绿色发展，以水而定、量水而行，因地制宜、分类施策，促进全流域高质量发展，至此，黄河流域生态保护和高质量发展正式成为重大国家战略。

第二节　改革开放以来区域经济格局演变

改革开放以来，我国区域经济发展思想大体经历了不平衡发展论到协调发展论的转变，随之区域经济发展战略与政策大体经历了梯度发展阶段（1978—1995 年）、转折阶段（1996—1998 年）和区域问题导向阶段（1999—2012 年）。党的十八大以来，国家陆续提出了京津冀协同发展和长江经济带等区域发展战略。改革开放以来，中国区域经济格局发生了天翻地覆的变化，但如何科学分析和概括，学术界还没有形成一致的观点（孙久文，2014；肖金成、欧阳慧等，2015；安树伟、郁鹏，2015；王业强、魏后凯，2015）。

一　三大地带

1978 年党的十一届三中全会做出了把工作重点转移到社会主义现代化建设上来的重大战略决策，正式提出了"改革开放"的总方针和总政策，在让一部分地区和一部分人先富起来的思想指导下，1979 年中央批准广东省先在与澳门和香港毗邻的珠海和宝安两地试办出口特区[①]，1980 年中央又批准了汕头和厦门两个特区。通过让特区实行国家资本主义的市场经济体制，发挥对外开放的窗口和桥梁作用，同时让特区作为中国经济改革的实施基地发挥示范作用（董辅礽，1999）。"六五"计划时期，国家调整了地区经济发展与

---

① 1980 年 5 月，将"出口特区"更名为"经济特区"。

生产力布局的指导方针，明确提出了"沿海地区"和"内陆地区"①，并进一步提出了沿海、内陆和少数民族地区的不同发展方向（陈栋生，1993）。当时，沿海与内地明显处于不同地位，沿海是"带动"内地经济发展，而内地则是"支援"沿海地区发展（董辅礽，1999）。为了促进沿海地区的进一步开放，1984年中央决定开放沿海的大连、营口、秦皇岛等14个港口城市，并在这些城市划定一个有明确地域界线的区域，兴办经济技术开发区，试图通过开发区引进外资、扩大对外贸易、引进和开发新技术、促进传统产业改造、学习先进管理经验、提高管理水平等，产生示范效应以带动其他地区发展。

　　1985年8月，在兰州举行的"中国西部地区经济发展研讨会"上，与会学者将内蒙古、新疆、宁夏、陕西、甘肃、青海、西藏、广西、云南、贵州和四川界定为西部地区；1985年11月，在南昌召开的"全国地区发展战略研究工作交流会"上，学术界开始提出中国经济"三分法"，即东、中、西三部分（范恒山、赵凌云，2010）。"七五"计划时期，国家明确将全国划分为东、中、西三大地带②，并进一步提出"要加速东部沿海地带的发展，同时把能源、原材料建设的重点放到西部，并积极做好进一步开发西部地带的准备"（魏后凯，2011）。客观来看，我国东、中、西三大地带的经济技术梯度，不仅表现在经济总量上，更重要的是在经济结构上，以

---

　　①　1982年5月26日，原国家计划委员会和国家统计局发出《关于沿海和内地划分问题的通知》，沿海地区的范围包括辽宁、河北、北京、天津、山东、江苏、上海、浙江、福建、广东、广西，共11个省、直辖市、自治区（台湾回归祖国后也应包括在内），其余18个省（直辖市、自治区）则称为内地。参见栾贵勤《中国区域经济发展大事典》，吉林人民出版社2011年版，第189页。

　　②　其中，东部地带总面积131万平方千米，1985年总人口4.31亿人，占全国的41.2%；地区生产总值4578.53亿元，占全国的53.2%。中部地带总面积286万平方千米，1985年总人口3.75亿人，占全国的35.9%；地区生产总值2675.50亿元，占全国的31.1%。西部地带总面积543万平方千米，1985年总人口2.40亿人，占全国的22.9%；地区生产总值1359.53亿元，占全国的15.7%。

及对外开放程度上，东部地区普遍高于中部地区，中部地区又普遍高于西部地区，形成了东、中、西的梯度变化格局。

让一部分地区先富带动后富地区实现共同发展，以及东、中、西三大地带划分的理论基础是梯度推移理论。20世纪70年代末至80年代初，梯度推移理论被引入我国生产力总体布局与区域经济研究中，运用这个理论探讨开拓空间转移和调整空间结构的途径。其基本点在我国表述为：无论在世界范围，还是一国范围内，经济技术的发展是不平衡的，客观上已经形成了一种经济技术梯度；有梯度就有空间推移；生产力的空间推移，要从梯度的实际情况出发，首先让有条件的高梯度地区引进掌握先进技术，然后逐步依次向处于二级梯度、三级梯度地区转移。随着经济的发展和梯度推移的加速，也就可以逐步缩小地区间的差距，实现经济分布的相对均衡（周起业、刘再兴、祝诚等，1989）。

1988年邓小平同志提出了"两个大局"的战略构想，其中一个大局是："沿海地区要加快对外开放，使这个拥有两亿人口的广大地带较快地先发展起来，从而带动内地地区更好地发展，这是一个事关大局的问题。内地要顾全这个大局。"[①] 在梯度推移理论的指导和国家部署下，国家通过投资布局重点的东移、实施沿海对外开放政策、实行国家扶贫开发政策、进一步完善民族地区政策等措施，沿海地区已经成为推动我国国民经济高速增长的最重要力量。1978—1995年，东部地区生产总值占全国的比重由52.4%提高到59.3%，而中部地区所占比重由30.7%下降到26.5%，西部地区由16.9%下降到14.1%（见图10—1）。在20世纪80年代以市场化为导向的经济体制改革背景下，中西部的资本和劳动力等大量生产要素流向东部，加之能源、原材料价格不合理，以及三大地带内部缺乏统一的经济中心和紧密的内在联系，使得东、中、西三大地带战略并没有

---

① 转引自曾培炎《西部大开发决策回顾》，中共党史出版社、新华出版社2010年版，第3页。

带来东西部地区差距的缩小，而是持续不断地扩大。1978—1995 年，东部和西部人均地区生产总值之比由 1.75：1 扩大到 2.31：1。因此，从"九五"计划时期起，国家开始考虑解决地区差距过大的问题。

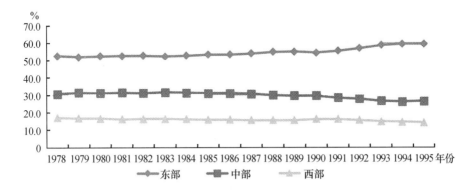

图 10—1　1978—1995 年东、中、西三大地带地区生产总值占全国的比重

资料来源：根据国家统计局国民经济综合统计司《新中国六十年统计资料汇编》（中国统计出版社 2010 年版）整理得到。

二　七大经济区域

面对改革开放以来日益扩大的东西部差距，"八五"计划时期国家的地区经济发展战略有所变化，提出"正确处理和发挥地区优势与全国统筹规划、沿海与内地、经济发达地区与较不发达地区之间的关系，促进地区经济朝着合理分工、各展所长、优势互补、协调发展的方向前进"。但发生重大转变的是在"九五"计划时期，中国政府将区域协调发展提高到一个新的高度来认识，并对区域协调发展战略和政策重新做了调整，这一时期邓小平同志于 1988 年提出的着重解决沿海与内地发展差距所应具备的条件已经初步成熟。1996 年《中华人民共和国国民经济和社会发展"九五"计划和 2010 年远景目标纲要》提出了指导国民经济和社会发展的九条重要方针。其中，第九条方针就是"坚持区域经济协调发展，逐步缩小地区发展差距","要按照统筹规划、因地制宜、发挥优势、分工合作、协调发展的原则,正确处理全国经济发展与地区经济发展的关系,正确处理建立区域经济与发展的关系,正确处理地区与地区之间的关系"。这表明,从"九五"计划开始国家要逐步加大解决地区差距问题的力度。一方面中西部地区要发挥自力更生的精神,努力变资源优势为经济优势,增强自身的经济活力;另一方面政府也要采取一系列有利于中西部地区加快发展的政策措施(刘国光,2006)。

为了实现区域经济的协调发展,在已有经济布局的基础上,国家"九五"计划试图按照市场经济规律、经济内在的联系,以及自然地理特点,以中心城市和交通要道为依托,在全国建立七个跨省(自治区、直辖市)的经济区域:长江三角洲及沿江地区、环渤海地区、东南沿海地区、西南和华南部分省区、东北地区、中部五省地区、西北地区。这七个经济区不是典型的综合经济区,地域上有些重叠,界限上也有些模糊,对全国也没有实现全覆盖。按照经济区划的理论,这七个经济区划的划分具有明显的过渡性(胡兆量,1997)。在实践中虽然也强调经济区域中心的作用,但由于我国传统上是以省为地方政府行政管理中心,打破行政区域的经济区域虽然能够发挥作用,但仍然没有打破原有的区域格局(董辅礽,1999)。2000年之后,这七个经济区的划分就很少再被政府部门和学术界所提及了。

"九五"计划时期,区域协调发展获得了前所未有的动力,国家提出了六个方面的政策措施:即在中西部地区安排资源开发和基础设施建设项目,引导资源加工型和劳动密集型产业向中西部地区转移;理顺资源型产品价格,增强中西部地区自我发展能力;实施规范的中央财政转移支付制度,逐步增加对中西部地区的财政支持;加快中西部地区改革开放步伐,引导外资更多地投向中西部地区;加大对贫困地区支持力度;加强东部沿海地区与中西部地区的经济联合和技术合作(栾贵勤,2011)。经过一系列政策的实施,中西部地区出现了经济快速增长的亮点区域,湖北、安徽、宁夏、河南、江西等省份的发展速度基本接近东部地区,西安、重庆、成都、昆明、乌鲁木齐等城市已成为中西部地区辐射功能较强大的经济中心，长江、黄河、新亚欧大陆桥、京九铁路、南昆铁路也逐渐确立了在中西部地区的发展主轴线地位（刘国光，2006）。但是，由于自然条件和发展基础的局限，"九五"时期中西部在全国地位相对下降的趋势依然没有改变（见图10—2）；东部和西部人均地区生产总值相对差距由2.31：1扩大到2.39：1。世纪之交，迫切需要我国探索新的区域发展战略。

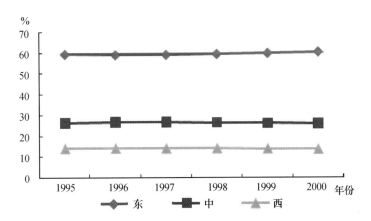

图10—2　"九五"时期东、中、西三大地带地区生产总值占全国的比重

资料来源：根据国家统计局国民经济综合统计司《新中国六十年统计资料汇编》（中国统计出版社2010年版）整理得到。

三　西部大开发战略

西部大开发是中共中央贯彻邓小平同志关于中国现代化建设"两个大局"战略思想、面向21世纪做出的重大战略决策，目的是解决西部地区的落后问题。1988年邓小平同志提出的另一个大局是：发展到一定时候，要求沿海拿出更多力量来帮助内地发展，这也是个大局。那时沿海也要服从这个大局。邓小平同志还强调：先进地区帮助落后地区是一个义务，而且这是一个大政策。1998年东部地区生产总值达到49007.51亿元，占全国的59.4%；人均地区生产总值9551.2元，相当于全国平均水平的1.39倍，已经具备了帮

助内地发展的能力。21 世纪到来之前，我国已经实现了现代化建设
"三步走"战略的第二步战略目标，并准备向第三步战略目标迈进。
1998 年亚洲金融危机发生后，中国面临着重大的机遇和挑战。在这
种背景下，1999 年 3 月 3 日，江泽民同志在九届全国人大二次会议
和全国政协九届二次会议的党员负责人会上的讲话中，正式提出了
"西部大开发"的战略思想；1999 年 6 月 17 日，江泽民同志在西安
主持召开的西北五省区国有企业改革与发展座谈会上，更加系统地
阐述了西部大开发的战略构想；1999 年 9 月，实施西部大开发战略
被正式写入了党的十五届四中全会通过的《中共中央关于国有企业
改革和发展若干重大问题的决定》（曾培炎，2010）。2000 年 10 月，
《中共中央关于制定国民经济和社会发展第十个五年计划的建议》明
确提出，要不失时机地实施西部大开发战略，促进东、中、西部地
区协调发展；2001 年 3 月，《中华人民共和国国民经济和社会发展
第十个五年计划纲要》明确提出了"实施西部大开发战略，加快中
西部地区发展，合理调整地区经济布局，促进地区经济协调发展"
的指导方针，并对西部大开发进行具体部署。国家"十五"计划纲
要还按照西部、中部和东部地区的先后次序，对各地区的发展进行
了总体安排。由此，从根本上扭转了改革开放以来按东、中、西三
大地带梯度推进的区域发展战略。

　　"七五"计划时期提出的西部地带包括陕西、甘肃、宁夏、新
疆、西藏、青海、云南、贵州、四川，共 9 个省（自治区）①，1999
年国家提出西部大开发战略以后，原来属于东部的广西壮族自治区、
属于中部的内蒙古自治区以少数民族区域划入西部地区，加上 1997
年直辖的重庆市，西部地区就扩展为 12 个省（自治区、直辖市），
总面积 686 万平方千米。西部地区地域辽阔，地处偏远，1999 年人
均地区生产总值 4171 元、城镇居民人均可支配收入 5284 元、农村
居民家庭人均纯收入 1634 元，仅分别相当于东部地区的 40.6%、

---

　　①　当时重庆尚未成为直辖市。

70.2%和54.6%；按人均625元的贫困标准统计，全国3400万没有脱贫的农村贫困人口中，有60%左右分布在西部地区；西部地区有307个贫困县，占全国贫困县总数的51.9%。因此，国家"十五"计划特别强调，实施西部大开发就是要依托亚欧大陆桥、长江水道、西南出海通道等交通干线，发挥中心城市作用，以线串点，以点带面，逐步形成西陇海兰新线、长江上游、南（宁）贵（阳）、成昆等跨行政区域的经济带，带动其他地区发展，有步骤、有重点地推进西部大开发。2002年《"十五"西部开发总体规划》发布并实施，西部大开发战略进入了实质性推进阶段。

四 东北振兴战略

东北地区包括黑龙江、吉林、辽宁三省，总面积80万平方千米，是中国自然和经济特点具有较大一致性、交通经济联系密切、各种要素空间组合较好、发育程度相对成熟的重要经济区域。经过新中国成立以来的大规模建设，国家在东北等地区集中投资建设了具有相当规模的以能源、原材料、装备制造为主的战略产业和骨干企业，为我国形成独立、完整的工业体系和国民经济体系做出了历史性重大贡献。1978年东北地区以占全国8.3%的面积，承载了9.1%的人口，创造了14.0%的地区生产总值。随着改革开放的不断深入，老工业基地的体制性、结构性矛盾日益显现，东北进一步发展面临着许多困难和问题。例如，市场化程度低，经济发展活力不足；所有制结构较为单一，国有经济比重偏高；产业结构调整缓慢，企业设备和技术老化；企业办社会等历史包袱沉重，社会保障和就业压力大；资源型城市主导产业衰退，接续产业亟待发展。到2002年，东北的地区生产总值占全国的比重下降到9.5%，仅比面积比重高1.2个百分点；人口占全国的比重则与面积比重持平（见图10—3），属于典型的萧条区域。

针对东北地区出现的萧条问题，面对经济全球化和我国加入世贸组织后日益激烈的国际国内竞争挑战与世界经济结构调整、产业

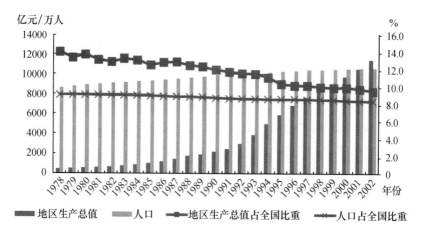

图 10—3　1978—2002 年东北的地区生产总值、人口及占全国的比重

资料来源：根据国家统计局国民经济综合统计司《新中国六十年统计资料汇编》（中国统计出版社 2010 年版）整理得到。

转移的战略机遇，中央认为实施东北地区等老工业基地振兴战略的条件已经具备、时机已经成熟，2002 年党的十六大报告明确提出："支持东北地区等老工业基地加快调整和改造，支持以资源开采为主的城市和地区发展接续产业。"2003 年《中共中央、国务院关于实施东北地区等老工业基地振兴战略的若干意见》发布，2007 年《东北地区振兴规划》发布，由此东北等老工业基地振兴战略正式成为国家重要的区域发展战略之一。

五　区域协调发展格局的不断推进

面对东部地区的率先改革开放、西部大开发和东北等老工业基地战略的先后提出和实施，中部地区一直面临着"不东不西"的尴尬局面。中部地区位于我国内陆腹地，新中国成立以来作为我国重要的农产品、能源、原材料和装备制造业基地，为全国经济发展做出了重要贡献，中部地区的发展也面临一些突出困难，如"三农"问题突出，工业结构调整的任务相当繁重，城镇化水平低，人口、就业和生态环境压力大，对外开放程度不高，体制机制性障碍较多等。中部的政府部门和专家学者一直在呼吁谨防"中部塌陷"（新望，2003；周绍森、王志国、胡德龙，2003；李玲玲、魏晓、陈威，2004；冯子标，2005）。2004 年 3 月 5 日，温家宝总理在《政府工作报告》中明确提出："要坚持推进西部大开发，振兴东北地区等老工业基地，促进中部地区崛起，鼓励东部地区加快发展，形成东中西互动、优势互补、相互促进、共同发展的新格局。"此后，国家的"十一五"规划、"十二五"规划和"十三五"规划，都采用了基本相同的表述，区域发展总体战略形成并进入完善阶段。

2002 年中部地区人均地区生产总值 6284.17 元，与西部地区差别并不明显（见表 10—1）。因此，从问题区域的角度看，促进中部崛起也是为了解决中部地区的落后问题。

表 10—1　　　　　2002 年东、中、西、东北四大区域基本情况

区域	地区生产总值（亿元）	总人口（万人）	人均地区生产总值（元）	人均地区生产总值相对差距（％）	
				中部/东部	西部/东部
东部	65739.20	44716.42	14701.36		
中部	22694.92	36114.44	6284.17	42.7	38.9
西部	20713.86	36199.10	5722.20		
东北	11440.94	10617.80	10775.25		
全国	120588.92[1]	127647.76[1]	9447.01		

注：[1] 为东、中、西、东北四大区域的合计数。数据经四舍五入。

资料来源：根据国家统计局国民经济综合统计司《新中国六十年统计资料汇编》（中国统计出版社 2010 年版）整理得到。

从"鼓励东部地区加快发展"，到"东部地区率先发展"，国家对于整个东部地区的发展并没有专门的文件，也没有整体规划，更多地体现在支持局部地区发展的规划和文件。进入 21 世纪以来，中国部分沿海地区经济比较发达，人口比较密集，开发强度较高（见

图 10—4），资源环境问题更加突出。国家"十一五"规划纲要提出，东部地区要"提高资源特别是土地、能源利用效率，加强生态环境保护，增强可持续发展能力"。2010 年《全国主体功能区规划》划定的环渤海地区、长江三角洲地区、珠江三角洲地区三个国家层面的优化开发区域，均位于东部沿海地区。2014 年《国家新型城镇化规划（2014—2020 年）》提出，"东部地区城市群主要分布在优化开发区域，面临水土资源和生态环境压力加大、要素成本快速上升、国际市场竞争加剧等制约，必须加快经济转型升级、空间结构优化、资源永续利用和环境质量提升"。2014 年以来国家大力推动的京津冀协同发展则是以解决北京"大城市病"为出发点。因此，总体来讲东部地区率先发展是为了解决东部地区的膨胀问题。

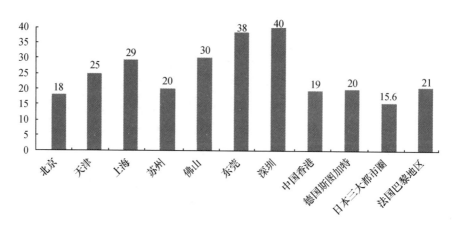

图 10—4　国内外部分地区开发强度

资料来源：根据国家发改委有关资料绘制。

随着区域发展总体战略的实施，中西部地区呈现出快速增长态势，区域发展的相对差距迅速缩小，2002—2016 年东西部人均地区生产总值之比由 2.57∶1 缩小到 1.85∶1。但是，这一发展战略还存在一些问题：（1）东北地区在全国经济中的地位持续下降，2016 年人口和地区生产总值占全国的比重分别为 7.9% 和 6.8%，已经低于其面积占全国的比重，人均地区生产总值仅相当于全国的 85.7%

（见表10—2），说明东北地区的萧条并没有得到有效缓解，东北振兴仍然任重道远。（2）伴随着2013年以来东北地区在全国地位的持续下降，东部地区生产总值占全国的比重又开始上升，中西部地区占全国比重基本保持相对稳定状态（见图10—5）。（3）从"七五"计划时期的东、中、西三大地带的"中部地带"，到2002年以来的东、中、西、东北四大区域的"中部地区"，均是在全国区域经济格局除去沿海和西部，或者除去沿海、西部与东北之后所剩余的部分，严格来讲"中部地带"和"中部地区"并不是一个完整意义上的经济区域，而是一个"剩余区域"。① （4）东、中、西、东北四大区域面积悬殊，西部地区面积接近全国的3/4，致使西部大开发政策的精准性偏弱；中部和西部地区经济发展水平也基本没有差别。这就需要我们重新思考新时代的我国区域经济格局。

表10—2　　　　2016年全国东、中、西、东北四大区域基本情况

区域	面积		人口		地区生产总值		人均地区生产总值	
	绝对数（万平方千米）	占全国比重（%）	绝对数（万人）	占全国比重（%）	绝对数（亿元）	占全国比重（%）	绝对数（元）	相当于全国（%）
东部	92	9.6	52951	38.4	403734	52.3	76247	136.3
中部	102	10.6	36709	26.6	159113	20.6	43344	77.5
西部	686	71.5	37414	27.1	156529	20.3	41837	74.8
东北	80	8.3	10910	7.9	52310	6.8	47947	85.7
全国	960	100.0	137984[1]	100.0	771686[1]	100.0	55926	100.0

注：[1] 为东、中、西、东北四大区域的合计数。数据经四舍五入。

资料来源：根据《中国统计年鉴（2017）》（中国统计出版社2017年版）整理得到。

———————

① 由此导致促进中部地区崛起战略提出以来，中部地区多数省份在"左顾右盼"，山西一直想融入环渤海；安徽在对接长三角，并且事实上已经成为长三角的一部分；江西在对接长三角、闽南厦（门）漳（州）泉（州）三角和珠三角；湖南在对接珠三角。

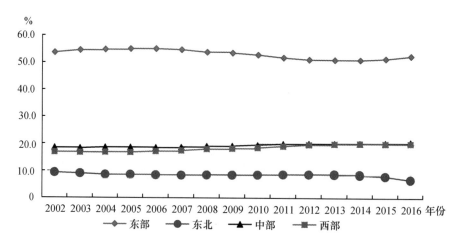

图10—5 2002—2016 年全国东、中、西、东北地区生产总值占全国的比重

资料来源：2002—2009 年数据来源于《新中国六十年统计资料汇编》；2010 年以后数据来源于相关年份《中国统计年鉴》。

六 "一带一路"倡议下的我国区域经济开放格局

2013 年以来国家大力推动"一带一路"建设，虽然"一带一路"倡议不是中国的区域发展战略，但毫无疑问对中国的区域发展产生巨大的影响。"一带一路"倡议提出以来，国内各个地区充分发挥自身的区位优势和比较优势，积极参与"一带一路"建设，在政策协调、基础设施、经贸合作、人文交流等方面取得了较好成效。从区域层面来看，华东地区领先，区域内参与度水平整体较高；其次是华南地区，但区域内参与度水平差距明显；西北和西南地区参与度水平较低，区域内差距也较大。更重要的是，如何把"一带一路"倡议与东部率先、中部崛起、西部大开发、东北振兴四大区域发展战略，以及京津冀协同发展、长江经济带建设进行对接，既是各级政府的重要工作，也是学术界需要回答的问题。

在"一带一路"倡议的背景下，我国区域格局的总体态势将是东西两翼带动中部崛起，从而形成海陆统筹、东西互济、面向全球的开放新格局（安树伟，2015）。同时考虑到 2004 年以来我国制造业向中部地区集中的态势（见图10—6），以及我国客观存在的省际经济增长传递现象（安树伟、常瑞祥，2016），据此提出未来我国区域经济发展格局是面向全球的"沿海—内陆—沿边"全面开放格局。其中，沿海地区与"七五"计划时期东部地带范围一致；沿边地区包括吉林、黑龙江、内蒙古、新疆、西藏、云南；其余为内陆地区。2016年沿海、内陆、沿边基本情况具体见表10—3。

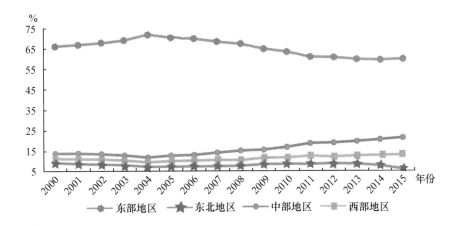

图10—6　2000—2015年四大地区制造业销售产值占全国比重变化

资料来源：根据《中国工业经济统计年鉴》计算整理，其中2004年和2008年数据来源于相应年份的《中国经济普查年鉴》。

表10—3　　　　　　　　　　　2016年沿海、内陆、沿边基本情况

区域	面积		人口		地区生产总值		人均地区生产总值	
	绝对数（万平方千米）	占全国比重（％）	绝对数（万人）	占全国比重（％）	绝对数（亿元）	占全国比重（％）	绝对数（元）	相当于全国（％）
沿海	129	13.4	59994	43.5	419118	54.3	69860	124.9
内陆	319	33.2	61438	44.5	278026	36.0	45253	80.9
沿边	512	53.4	16552	12.0	74542	9.7	45035	80.5
全国	960	100.0	137984[1]	100.0	771686[1]	100.0	55926	100.0

注：[1] 为沿海、内陆、沿边三大区域的合计数。数据经四舍五入。

资料来源：根据《中国统计年鉴（2017）》（中国统计出版社2017年版）整理得到。

　　沿海地区是优化发展为主的区域，发展方向是依托"21世纪海上丝绸之路"，全面提升对外开放水平，积极主动参与国际竞争。沿海地区的京津冀、长江三角洲和粤港澳大湾区，曾经支撑了我国近40年的经济高速增长。然而与世界级城市群相比，发育仍不够充分，要以内涵式增长为主，加快改革开放，打造全球重要的现代服务业和先进制造业中心，推进城市群的结构优化，建设世界级城市群（安树伟、肖金成，2016）。加强上海、天津、宁波—舟山、广州、深圳、湛江、汕头、青岛、烟台、大连、福州、厦门、泉州、海口、三亚等沿海城市港口建设，使沿海地区成为"21世纪海上丝绸之路"建设的排头兵和主力军（国家发改委、外交部、商务部，2015）。

　　内陆地区拥有长江中游城市群、中原城市群、成渝城市群、关中城市群等近年来增长势头迅猛的城市群，是支撑中国经济持续增长、到2035年国家基本实现社会主义现代化的重要战略区域。在沿海地区进入工业化的后期阶段之后，一些制造业就有可能加速向内陆地区转移。未来内陆地区要以自身"做大做强"为主，加快打造有全球影响力的先进制造业基地和现代服务业基地。内陆地区并不意味着封闭，要重点打造重庆、成都、郑州、武汉、长沙、南昌、合肥等内陆开放型经济高地，创新加工贸易模式，深化与沿线国家的产业合作（国家发改委、外交部、商务部，2015）。

　　沿边地区战略地位十分突出，包括云南沿边、滇中地区、西藏"一江三河"地区、新疆及其沿边、呼（和浩特）包（头）银（川）地区等潜在新空间。这些区域既是战略性资源富集区，是全国重要的能源原材料、加工制造、农产品加工、文化旅游产业基地，也是我国对外开放的新门户，还是维护国家稳定、巩固民族团结、边疆安全的重要区域（安树伟、肖金成，2016）；更是2035年到21世纪中叶，把我国建成富强民主文明和谐美丽的社会主义现代化强国的主要支撑区域。近期要完善基础设施建设，推进市场化进程，积蓄能量，为2035年之后的快速发展奠定基础。沿边地区要进一步深化与周边国家的经贸合作，推动大湄公河次区域经济合作，建设孟中印缅经济走廊，加快环喜马拉雅经济合作带建设；打造新疆"丝绸之路经济带"核心区，发挥内蒙古连通俄蒙的区位优势，建设向北开放的重要窗口；完善黑龙江对俄铁路通道和区域铁路网，广泛开展黑龙江、吉林与俄远东地区陆海联运（国家发改委、外交部、商务部，2015），建设更加开放的跨境经济合作区，形成沿边开放新高地。

第三节　新时代区域协调发展重大战略

一　京津冀协同发展

许多学者对京津冀区域历程进行了分析，但是目前对历程的回顾没有从京津冀三者的关系入手。京津冀区域发展的阶段应该从三省市之间关系的演变来划分，在京津冀区域发展过程中，河北一直是态度最坚决和最积极的，天津次之，而北京市态度最不明确。但是随着北京城市规模扩大，继而出现环境问题突出、人口与交通拥挤、水资源匮乏、房价高涨等"大城市病"，北京开始主动寻求合作以期解决北京的"大城市病"。因此，我们将京津冀区域发展的历程划分为三个阶段：萌芽阶段（1978—2003年）、合作阶段（2004—2012年）、协同阶段（2013年至今）。

1. 萌芽阶段（1978—2003年）

1981年，华北地区成立了华北经济技术协作区，这是最早的区域经济合作组织，协作区由北京、天津、河北、山西和内蒙古五个省份组成，这是第一个包含京津冀的区域合作组织。1982年《北京城市建设总体规划方案》中首次提到了首都圈的概念，首都圈分内圈和外圈，内圈包括北京、天津两市以及河北省的唐山、廊坊和秦皇岛三市，外圈是河北省的承德、张家口、保定和沧州，这是在规划文本中首次提到首都圈。1986年河北主动提出环京津战略，依托环京津的区位优势，带动河北实现快速发展；1986 年时任天津市市长的李瑞环提出了环渤海区域合作问题，并且发起成立了环渤海地区经济联合市长联席会。1988 年北京与河北的保定、廊坊、唐山、秦皇岛、张家口、承德六市组成环京经济协作区，建立市长、专员联席会议制度。1994 年出台的《北京城市总体规划（1991—2010）》明确指出，北京要利用首都的科技、人才优势，按照自愿互利、平等协商、优势互补、协调发展的方针，促进和加强与京、津地区的经济技术协作，为区域经济的繁荣发展做出贡献。1996 年《北京市经济发展战略研究报告》首次提出"首都经济圈"的概念，"首都经济圈"是"2 + 7"的模式，以京津为核心，包括河北省的唐山、秦皇岛、承德、张家口、保定、廊坊和沧州七个市。2001 年，清华大学教授、两院院士吴良镛率团队完成了《京津冀北（大北京地区）城乡空间发展规划研究》，提出"大北京"概念，这一研究直接推动了《北京城市总体规划（2004—2020 年）》的修订。2001 年10 月 12 日，《京津冀北（大北京地区）城乡空间发展规划研究》通过建设部审定。2001 年 12 月河北省召开了环京津工作会议，在会议中提出了要树立"大北京"的观念，建设京津保、京津唐、京津承三个"金三角"，充分发挥环京津的区位优势，加快河北的发展。

改革开放以来，京津冀区域发展一直是各界关注的焦点，不论是学者提出的"大北京"概念还是政府组织的各种形式的关于京津冀区域发展的概念，都是各方为京津冀区域发展所做出的努力。改革开放伊始至 2003 年我们称之为京津冀的萌芽阶段，因为此阶段大部分都是停留在概念层面和设想层面，并且在这一阶段，北京、天津和河北三者之间的关系也非常微妙，河北一直是态度积极和努力推进的，而北京、天津动力不足。

2. 合作阶段（2004—2012 年）

2004 年是京津冀区域发展具有实质性进展的一年，2004 年 2 月12—13 日，由国家发改委地区经济司召集北京、天津、河北，以及秦皇岛、承德、张家口、保定、廊坊、沧州和唐山各地发展改革部门负责人在廊坊召开京津冀区域经济发展战略研讨会，石家庄、衡水、邯郸、邢台市的发改部门负责人也出席此次会议，会议达成了"廊坊共识"，提出了在公共基础设施、资源和生态环境保护、产业和公共服务等方面加速一体化的进程，这标志着京津冀区域发展终结"纸面文章"，京津冀三地的合作开始从务虚转向务实。2004 年 5 月 21 日，在北京第七届科博会"环渤海经济圈合作与发展高层论坛"上，发出了"北京倡议"，倡议建立环渤海合作机制，6 月环渤海合作机制会议召开，与会的五省两市共同达成合作框架协议，并且将常住机构设在河北廊坊，这表明"环渤海"从概念变为务实的合作。2004 年 11 月《京津冀都市圈区域规划》编制工作进入调研阶段，京津冀都市圈规划范围包括北京、天津两个直辖市和河北省的石家庄、秦皇岛、唐山、廊坊、保定、沧州、张家口和承德 8 个地市，国家发改委原本要求在"十一五"期间出台规划，但是因为种种原因到"十一五"末期该规划也没有出台，至今已不再提此规划。2005 年颁布的《北京城市总体规划（2004—2020）》就为京津冀的整体发展绘制了比较详尽的蓝图，京津冀整体发展及对北京城市发展的意义被写入规划总则之中，在总则之中强调："北京所在的京津冀地区是我国经济社会发展的重要区域。京津冀地区的整体发展将为北京城市持续快速发展提供支持，尤其京津城镇发展走廊是未来京津冀区域城镇协调发展最重要的地区，是确定北京未来城市发展主导方向的重要因素之一。"由于北京城市发展过程中人口过度集聚、环境污染、交通拥挤等问题已经开始影响到北京城市的发展，2005 年颁布的城市总体规划标志着北京开始主动寻求合作，主动从京津冀区域合作中寻求北京城市发展的路径。2006 年 10 月 11 日，北京市和河北省正式签署《北京市人民政府　河北省人民政府关于加强经济和社会发展合作备忘录》，双方在交通基础设施、水资源和生态环境保护、能源开发、旅游、农业等九个方面展开合作，以期促进两地经济和社会的可持续发展。2006 年出台的《河北省城镇体系规划（2006—2020）》指出进一步充分利用环京津和环渤海的区域优势，注意与周边地区的优势互补，互相促进，共同发展。2007年6月，天津和河北两省市在天津召开了经济交流工作座谈会，就交通基础设施建设、人才交流等12个方面展开合作。2008年11月28日，天津市和河北省签署了《天津市人民政府河北省人民政府关于加强经济与社会发展合作备忘录》，共同推进滨海新区、曹妃甸新区和渤海新区的建设。2008年12月4日，北京市和河北省在北京召开座谈会，并且签署了会谈纪要，合作主要包括：交通基础设施、水资源和环境保护、旅游合作、教育合作、商贸合作、劳务市场合作、电力开发合作、建筑市场合作，双方商定共同推动张承地区发展。2010年7月15日，北京市与河北省正式签署《北京市人民政府、河北省人民政府关于加强经济与社会发展合作备忘录》，在交通综合体系、能源、水资源和环境、工业、农业、旅游、商贸、人才和建筑业九个方面展开合作。2011年3月国家"十二五"规划中正式把"京津冀一体化""首都经济圈"的概念写入国家"十二五"规划中，"京津冀"一体化终于在国家层面得到强有力的推动。

2004—2012年京津冀区域发展终结了"纸面文章"和概念层面，迈向了实质性的合作阶段，在此阶段河北依然态度积极，北京由于城市发展碰到的问题也开始寻求合作以期解决城市发展的瓶颈。天津工业基础雄厚，并且城市规模较北京较小，天津与河北、北京的同质化现象明显，据测算京、津、冀三地专业化指数可以看出，北京与天津、河北的专业化指数较大，这说明北京与河北、天津形成了不同的产业分工，专业化程度较为明显，而天津与河北的专业化指数较小，天津与河北主导产业可能存在重叠，并且在承接产业转移的过程中天津与河北可能存在无序竞争现象，这都说明了天津在参与京津冀区域合作过程中动力不足。

3. 协同阶段（2013年至今）

2013年5月14—15日，习近平总书记在天津调研时指出要谱写新时期社会主义现代化的京津"双城记"。2013年8月习近平总书记在北戴河主持研究河北发展问题时指出，在谱写新时期社会主义现代化京津"双城记"的基础上，要再加上河北，提出要推动京津冀协同发展。2014年2月26日，习近平总书记主持召开专题座谈会，阐述推进京津冀协同发展的重大意义，他指出京津冀已经成为继长三角、珠三角之后，第三个最具活力的城市群，他指出京津冀要"抱团"而协同发展，这标志着京津冀协同发展正式上升为国家战略。2014年8月2日京津冀协同发展领导小组成立，对京津冀协同发展进行顶层设计、统筹规划，标志着京津冀协同发展机制的建立。2014年政府工作报告中强调要加强环渤海及京津冀地区经济协作。2015年5月中央政治局召开会议审议通过《京津冀协同发展规划纲要》，纲要指出，推进京津冀协同发展是国家重大战略，核心是疏解非首都功能，协同发展要在京津冀一体化、生态环境保护、产业升级转移等重要方面率先取得突破。2015年10月23日国务院批复《环渤海地区合作发展纲要》，该纲要的颁布对于加快环渤海地区合作发展，推进实施"一带一路"建设、京津冀协同发展等国家重大战略和区域发展总体战略具有重要的意义。2015年12月8日交通运输部和国家发改委联合编制的《京津冀协同发展交通一体化规划》，构建"四纵四横一环"的主骨架，促进城市间互联互通，为打造成为世界级城市群提供保证。2015年12月30日国家发改委发布《京津冀协同发展生态环境保护规划》，划定京津冀空气质量红线，给出具体的浓度限值，规划始终坚持"一盘棋"的思想，加快扩展生态空间，强化生态环境治理，将京津冀区域打造成为环境修复和生态环境改善示范区。2016年"十三五"时期京津冀国民经济和社会发展规划发布，这是全国首个跨省区的"十三五"规划，明确了京津冀之后五年的发展目标，"十三五"规划以《京津冀规划纲要》为基本遵循，把京津冀打造成为一个区域统筹规划，在城市群发展、交通基础设施、产业转型升级、民生改善等方面统一布局。2016年3月17日发布的全国"十三五"规划纲要中明确提出要调整京津冀的经济结构和空间结构，探索密集经济区的发展模式，建设以首都为核心的世界级城市群。2016年5月国土资源部和国家发改委联合印发了《京津冀协同发展土地利用总体规划（2015—2020年)》，着重推动北京非首都功能疏解，重点保障交通一体化、生态环境保护、产业转移升级等率先突破领域的土地需求。2016 年 6 月 29 日，工业和信息化部、北京市人民政府、天津市人民政府和河北省人民政府四部门联合印发了《京津冀产业转移指南》，引导京津冀产业合理转移，优化产业布局，加快产业转型升级。2017 年 4 月 1 日，党中央、国务院决定设立河北雄安新区，建设北京非首都功能疏解集中承载地，打造贯彻落实新发展理念的创新发展示范区。

2013 年习近平总书记在天津、河北和北京的视察与三地座谈会的召开，标志着京津冀区域发展上升为国家战略。京津冀区域发展已不再是简单的合作，而是进入全方位的协同阶段，并且京津冀区域发展已不再是地方之间的合作，而是从国家层面布局京津冀区域发展。此阶段是京津冀全方位的协同阶段，区域协调发展机制逐渐建立，京津冀区域的发展已从要素和市场的一体化转化为资本市场的一体化，从交通一体化转化为区域政策的一体化（具体见表10—4）。

表10—4   京津冀区域发展历程及阶段划分

	时间	文件或事件	内容
萌芽阶段	1981 年	华北经济技术协作区	最早的区域经济合作组织，包括北京、天津、河北、山西和内蒙古五个省区市
	1982 年	《北京城市建设总体规划方案》	首次提出了首都圈的概念，首都圈分内圈和外圈，内圈包括北京、天津两市以及河北省的唐山、廊坊和秦皇岛三市，外圈是河北省的承德、张家口、保定和沧州
	1986 年	环京津战略	依托环京津的区位优势，带动河北实现快速发展

	时间	文件或事件	内容
萌芽阶段	1986 年	环渤海区域合作	发起成立了环渤海地区经济联合市长联席会
	1988 年	环京经济协作区	北京市与河北省的保定、廊坊、唐山、秦皇岛、张家口、承德六市组成，建立市长、专员联席会议制度
	1994 年	《北京城市总体规划（1991—2010）》	利用首都的科技、人才优势，按照自愿互利、平等协商、优势互补、协调发展的方针，促进和加强与京、津地区的经济技术协作，为区域经济的繁荣发展做出贡献
	1996 年	《北京市经济发展战略研究报告》	首次提出"首都经济圈"的概念，"首都经济圈"是"2＋7"的模式，以京津为核心，包括河北省的唐山、秦皇岛、承德、张家口、保定、廊坊和沧州七个市
	2001 年	《京津冀北（大北京地区）城乡空间发展规划研究》	提出"大北京"概念
	2001 年	河北省召开了环京津工作会议	提出了要树立"大北京"的观念，建设京津保、京津唐、京津承三个"金三角"
合作阶段	2004 年	"廊坊共识"	在公共基础设施、资源和生态环境保护、产业和公共服务等方面加速一体化的进程

	时间	文件或事件	内容
合作阶段	2004 年	"北京倡议"	建立环渤海合作机制
	2004 年	环渤海合作机制会议召开	达成合作框架协议，并且将常住机构设在河北廊坊
	2004 年	《京津冀都市圈区域规划》	北京、天津两个直辖市以及河北省的石家庄、秦皇岛、唐山、廊坊、保定、沧州、张家口和承德八个地市，但是因为种种原因到"十一五"末期该规划也没有出台，至今已不再提此规划
	2005 年	《北京城市总体规划（2004 年—2020 年）》	为京津冀的整体发展绘制了比较详尽的蓝图，京津冀整体发展及对北京城市发展的意义被写入规划总则之中
	2006 年	《北京市人民政府　河北省人民政府关于加强经济和社会发展合作备忘录》	在交通基础设施、水资源和生态环境保护、能源开发、旅游、农业等九个方面展开合作
	2006 年	《河北省城镇体系规划（2006—2020）》	指出进一步充分利用环京津和环渤海的区域优势，注意与周边地区的优势互补，互相促进，共同发展
	2007 年	天津和河北两省市在天津召开了经济交流工作座谈会	在交通基础设施建设、人才交流等十二个方面展开合作
	2008 年	《天津市人民政府河北省人民政府关于加强经济与社会发展合作备忘录》	共同推进滨海新区、曹妃甸新区和渤海新区的建设

	时间	文件或事件	内容
合作阶段	2008 年	北京市和河北省在北京召开座谈会，并且签署了会谈纪要	交通基础设施、水资源和环境保护、旅游合作、教育合作、商贸合作、劳务市场合作、电力开发合作、建筑市场合作，双方商定共同推动张承地区发展
	2010 年	《北京市人民政府、河北省人民政府关于加强经济与社会发展合作备忘录》	在交通综合体系、能源、水资源和环境、工业、农业、旅游、商贸、人才和建筑业九个方面展开合作
	2011 年	《中华人民共和国国民经济和社会发展第十二个五年规划纲要》	"京津冀一体化""首都经济圈"的概念写入国家"十二五"规划中
协同阶段	2013 年	习近平总书记在天津调研	谱写新时期社会主义现代化的京津"双城记"
	2013 年	习近平总书记在北戴河主持研究河北发展问题	谱写新时期社会主义现代化京津"双城记"的基础上，又加上河北，提出要推动京津冀协同发展
	2014 年	京津冀协同发展座谈会	京津冀协同发展上升为国家战略
	2014 年	京津冀协同发展领导小组成立	顶层设计，统筹协调
	2015 年	《京津冀协同发展规划纲要》	有序疏解北京非首都功能，率先在京津冀交通一体化、生态环境保护、产业转移升级等方面取得突破
	2015 年	《环渤海地区合作发展纲要》	2030 年京津冀区域一体化格局基本形成

	时间	文件或事件	内容
协同阶段	2015 年	《京津冀协同发展交通一体化规划》	构建"四纵四横一环"的主骨架，促进城市间互联互通
	2015 年	《京津冀协同发展生态环境保护规划》	划定京津冀空气质量红线，给出具体的浓度限值
	2016 年	《"十三五"时期京津冀国民经济和社会发展规划》	明确了"十三五"时期京津冀地区发展的总体思路、发展目标、主要任务
	2016 年	《中华人民共和国国民经济和社会发展第十三个五年规划纲要》	调整京津冀的经济结构和空间结构，探索密集经济区的发展模式，建设以首都为核心的世界级城市群
	2016 年	《京津冀协同发展土地利用总体规划（2015—2020 年)》	着重推动北京非首都功能疏解，重点保障交通一体化、生态环境保护、产业转移升级等率先突破领域的土地需求
	2016 年	《京津冀产业转移指南》	引导京津冀产业合理转移，优化产业布局，加快产业转型升级
	2017 年	中共中央、国务院决定设立河北雄安新区	建设北京非首都功能疏解集中承载地，打造贯彻落实新发展理念的创新发展示范区

资料来源：笔者绘制。

二　长三角区域一体化

纵观长三角区域发展历程，长三角区域发展经历了萌芽起步阶段（1983—1991 年）、城市协调阶段（1992—2000 年）、省市合作阶段（2001—2013 年）、深化一体化阶段（2014 年至今）四个阶段。

1. 萌芽起步阶段（1983—1991 年）

长三角区域合作萌芽起步阶段的标志性事件是 1982 年 12 月设立的"上海经济区"。1983 年 3 月国务院成立上海经济区规划办公室，作为上海经济区的领导机构，但是没有行政管理权，上海经济区规划办公室的主要职能是区域合作与共同发展、为上海区域发展制定区域发展规划。到 1986 年上海经济区已经扩展到江苏、浙江、安徽、江西、福建五省份。上海经济区规划办公室先后建立了两省一市省市长会议制度、十市市长联席会议制度，省市长会议执行主席由各个省市负责人轮流担任，并且先后出台了《上海经济区发展战略纲要》和《上海经济区章程》，上海经济区的设立促进了省市间的经济往来和交流，但是由于缺乏协调的行政权力，区域经济差异太大，很多利益难以协调，上海经济区最终在 1988 年 6 月被撤销，长三角区域合作陷入停滞阶段。

2. 城市协调阶段（1992—2000 年）

在此阶段，长三角各个城市从市场配置要素角度出发，积极探索区域合作的机制。1990 年浦东开发战略提出以来，上海的开放发展得到进一步促进，长三角经济发展、城镇化建设等迈上新台阶，也促使区域一体化发展进入新阶段（陈斐等，2019）。1992 年，上海、南京、苏州、无锡、常州、扬州、镇江、南通、杭州、嘉兴、湖州、宁波、绍兴、舟山 14 个城市自发成立长江三角洲城市协作部门（经协委）主任联席会议，开始了长三角城市间合作领域的初步实践，长三角区域一体化的序幕就此拉开。1997 年联席会议升格为"长江三角洲城市经济协调会"，并首次提出"长三角经济圈"概念。这一阶段的长三角区域合作已经有了实质性的变化，"政府搭台、企业唱戏"的城市协调发展是这一阶段的主要特征。

3. 省市合作阶段（2001—2013 年）

进入 21 世纪以来，长三角区域合作进入省市合作阶段，这一阶段的主要特征是建立区域合作的体制机制。2001 年，上海、江苏和浙江三方共同发起召开了首届"沪苏浙经济合作和发展座谈会",在很大程度上加快了长三角交通、能源供应等方面的合作,到2003年,三省市先后就基础设施、产业分工、生态环保、科教人才等方面签订了一系列协议。2003年3月时任浙江省委书记的习近平倡议"建立沪苏浙三省市主要领导定期会晤机制以及相关的专项议事制度,并从政府、企业、民间等多方着手,加强多方位、经常性的交流与合作,积极推动各类经贸活动的开展"。2007年,"长江三角洲地区经济社会发展专题座谈会"在上海召开,国务院总理、沪苏浙主要领导、国家部委主要负责人就长三角可续发展的基本思路和政策举措共同商议,并且明确指出"推动重大基础设施建设一体化,提升区域合作功能和效率"是该时期的主要任务和措施,座谈会前后,由国家发改委、商务部、交通部等十多个部委对长三角区域发展的成效和措施展开调研,开始制定长三角区域协调发展的指导性文件,这标志着长三角区域一体化正式进入国家战略决策视野。2008年,国务院正式出台了《关于进一步推进长江三角洲地区改革开放和经济社会发展的指导意见》。2009年,安徽作为正式成员出席长三角地区主要领导座谈会。2010年,《长江三角洲地区区域规划》正式颁布实施。这一阶段长三角区域一体化的主要特征是探索区域一体化的体制机制,为区域进一步合作提供指导性意见。

4. 深化一体化阶段(2014年至今)

2014年,习近平总书记在上海考察时指出"要继续完善长三角地区合作协调机制,加强专题合作,拓展合作内容,加强区域规划衔接和前瞻性研究,努力促进长三角地区率先发展、一体化发展"。2016年6月,国家发改委颁布《长江三角洲城市群发展规划》,指出要健全城市群一体化发展的体制机制。2016年12月,长三角地区主要领导座谈会在杭州举行,就基础设施、产业布局、环境保护、要素流动等议题展开了深入的讨论。2018年1月,长三角地区主要领导座谈会在苏州举行,会议提出要"加快建设长三角世界级城市群",会议就区域一体化市场、基础设施、深化改革开放等议题进行了商议。2018 年 1 月，由上海牵头，三省一市共同组建，在上海设立长三角区域合作办公室，这是长三角一体化过程中第一个跨行政区的官方常设机构。2018 年 6 月，第十四次长三角主要领导座谈会在上海召开，审议通过了《长江三角洲一体化发展三年行动计划（2018—2020）》，进一步明确了长三角区域一体化的时间表、任务书和路线图（樊福卓等，2019）。2018 年 11 月 5 日，在首届中国国际进口博览会开幕式上，中国国家主席习近平发表主旨演讲时指出，为了更好发挥上海等地区在对外开放中的重要作用，决定将支持长江三角洲区域一体化发展并上升为国家战略，标志着长三角一体化进入崭新的时代。

三 长江经济带发展

长江经济带覆盖上海、江苏、浙江、安徽、江西、湖北、湖南、重庆、四川、云南、贵州 11 个省市，面积约 205 万平方千米，人口和生产总值均超过全国的 40%，横跨中国东、中、西三大区域，具有独特优势和巨大发展潜力。新中国成立以来，经过较长时间的研究探索，长江经济带发展最终被确立为国家发展战略，长江经济带发展进入全面推进阶段。新时期我国经济发展进入高质量发展阶段，资源环境约束趋紧，长江经济带发展必须坚持"生态优先、绿色发展"的战略定位，践行绿色、创新、协调、开放、共享新发展理念，"共抓大保护、不搞大开发"，推动形成绿色生产生活方式，将长江经济带建设成为引领全国经济高质量发展的生力军。

基于长江经济带发展战略推进特征，关于长江经济带发展战略的演进阶段划分，存在较大差异。罗清和、张畅（2016）将长江经济带开发历程划分为自我发展时期（1979—1989 年）、以开放浦东为主时期（1990—1999 年）、由点到面拓展时期（2000—2013 年）、全面上升为国家战略时期（2014 年至今）四个阶段。王丰龙、曾刚（2017）从学术研究的角度将长江经济带发展研究历程划分为兴起阶段（20 世纪 80—90 年代）、停滞阶段（2001—2012 年）、复兴阶段

（2013 年至今）。吴传清等（2018）将长江经济带发展战略演进历程划分为"早期构想阶段、早期探索阶段和全面实施推进阶段"三个阶段。

1. 早期构想阶段（1949—1991 年）

新中国成立到改革开放初期，长江经济带发展处于早期构想阶段。在早期的构想阶段，国务院发展研究中心马洪提出"一线一轴"战略构想，其中"一轴"即"长江发展轴"，提出长江经济带是"最有希望的增长区"（马洪，1994）。陆大道基于"点—轴开发理论"指出长江沿岸轴是我国应重点发展的一级轴线（陆大道，1987）。国家计划委员会（2003 年更名为国家发展和改革委员会）1987 年编制的《全国国土总体规划纲要（草案）》、1990 年编制的《全国国土总体规划纲要》提出，"在生产力的总体布局方面，以东部沿海地带和横贯东西的长江沿岸相结合的'T'形结构为主发展轴线，以其他主要交通干线为二级发展轴线，按照点、线、面逐步扩展的方式进一步展开生产力布局"。1985 年设立的沿海经济开放区中长江三角洲位于长江经济带。整体来看，20 世纪 80 年代以位于沿海地带轴的城市和区域为优先开放开发地带，长江沿岸轴总体上处于自我发展阶段，开放开发停留在规划构想阶段。

2. 早期探索阶段（1992—2012 年）

20 世纪 90 年代到 21 世纪初期，长江经济带发展战略进入早期探索阶段。伴随上海浦东新区开发和三峡工程推进，"长江三角洲及长江沿江地区经济"发展逐步进入国家发展战略视野（吴传清，2018）。1992 年 4 月七届全国人大五次会议通过《关于新建长江三峡工程的决议》，将兴建三峡工程列入国民经济和社会发展十年规划。1992 年 6 月，国务院召开长江三角洲及长江沿江地区经济发展规划座谈会；同年 10 月中央决定以上海浦东为龙头，开放芜湖、九江、黄石、武汉、岳阳、重庆六个沿江城市和三峡库区，将"以上海浦东开发为龙头，进一步开放长江沿岸城市，尽快把上海建成国际经济、金融、贸易中心城市之一，带动长江三角洲和整个长江流域地区的新飞跃"写入党的十四大报告。

1995年9月召开的党的十四届五中全会通过《中共中央关于制定国民经济和社会发展"九五"计划和2010年远景目标的建议》，指出"要突破行政区划界限，在已有经济布局的基础上，以中心城市和交通要道为依托，进一步形成以上海为龙头的长江三角洲及沿江地区经济带等若干跨省（区、市）的经济区域"。1996年3月全国人大八届四次会议通过《中华人民共和国国民经济和社会发展"九五"计划和2010年远景目标纲要》，提出"以浦东开放开发、三峡建设为契机，依托沿江大中城市，逐步形成一条横贯东西、连接南北的综合型经济带"。长江经济带以流域为主体（孙尚清，1994），以"七省二市"（长江流域发展研究院课题组，1998）或"七省一市"（王合生、虞孝感，1998）为核心范围，重点推进长江流域上中下游产业分工协作（王丰龙、曾刚，2017）。沿江省份逐步实施沿江开发战略，在沿江地区建立经济技术开发区和城市新区。2005年，长江沿江九省市（上海市、重庆市、江苏省、安徽省、江西省、湖北省、湖南省、四川省和云南省）签订《长江经济带合作协议》，开始自下而上探索长江经济带协同发展合作机制。2009年以来，长江沿线七省二市不断呼吁"将长江经济带的发展上升为国家战略"。

长江经济带发展在早期探索阶段被确立为国家战略，但仍是以上海为龙头带动沿江发展的思路，沿江省份发展表现为自发探索特征，在国家层面尚未从实质上实施长江经济带发展战略（吴传清，2018）。

3. 全面实施推进阶段（2013年至今）

2013年以来，长江经济带发展战略进入全面推进阶段。经过长时间研究和探索，长江经济带沿线省份在经济体量、增长速度、产业基础、创新资源、交通网络、联系密度、生态资源等诸多方面均已形成良好的发展基础，能够成为新常态下我国经济社会生态全面发展的重要支撑带，客观要求长江经济带发展必须上升为国家重大发展战略，成为挺起新时期中国发展的"脊梁"（吴传清，2018）。

2013 年 7 月 21 日，习近平总书记视察湖北武汉新港时提出，"长江流域要加强合作，发挥内河航运作用，把全流域打造成黄金水道"。2013 年 9 月 21 日，李克强总理在国家发改委呈报件上批示，"沿海、沿江先行开发，再向内陆地区梯度推进，这是区域经济发展的重要规律。请有关方面抓紧落实，深入调研形成指导意见，依托长江这条横贯东西的黄金水道，带动中上游腹地发展，促进中西部地区有序承接沿海产业转移，打造中国经济新的支撑带"。2013 年 9 月 23 日，国家发改委与交通部在北京召开《依托长江建设中国经济新支撑带指导意见》研究起草工作动员会议。同年 12 月，将长江经济带的地域范围扩展为 11 省市（云南、贵州、四川、重庆、湖北、湖南、安徽、江西、江苏、浙江、上海）。

2014 年 3 月 5 日，李克强总理首次在政府工作报告中提出，"依托黄金水道，建设长江经济带"，长江经济带发展被明确为国家战略。2014 年 4 月 28 日，李克强总理在重庆召开座谈会，与长江沿线 11 省市主要负责人讨论长江经济带建设。2014 年 9 月 25 日，国务院出台《关于依托黄金水道推动长江经济带发展的指导意见》，明确长江经济带发展的总体战略定位和战略重点主要任务。2014 年 9 月 25 日，国务院出台《长江经济带综合立体交通走廊规划（2014—2020 年）》，明确打造黄金水道和建设综合立体走廊的主要任务，系统谋划长江经济带交通建设。

2016 年 1 月 5 日，习近平总书记在重庆召开推动长江经济带发展座谈会，强调"当前和今后相当长一个时期，要把修复长江生态环境摆在压倒性位置，共抓大保护，不搞大开发"，明确长江经济带"生态优先、绿色发展"的战略定位。2016 年 3 月 2 日，国家发改委等三部委联合颁布《长江经济带创新驱动产业转型升级方案》，明确长江经济带产业创新发展的重点任务和保障措施，系统谋划长江经济带产业创新发展。2016 年 9 月，中共中央正式印发《长江经济带发展规划纲要》，明确长江经济带发展的战略定位和总体布局。

2017 年 6 月 30 日，工信部等五部委联合颁布《关于加强长江经济带工业绿色发展的指导意见》，明确长江经济带工业绿色发展的主要抓手和保障措施，加快推动长江经济带工业绿色发展。2017 年 7 月 13 日，环境保护部（现为生态环境部）颁布《长江经济带生态环境保护规划》，明确长江经济带生态环境保护的重点任务和保障措施。2017 年 10 月 18 日，习近平总书记在党的十九大报告上进一步强调"以共抓大保护、不搞大开发为导向推动长江经济带发展"，把保护长江生态环境作为长江经济带开发的重要前提。

2018 年 4 月 26 日，习近平总书记在武汉召开深入推动长江经济带发展座谈会，提出推进长江经济带高质量发展，使长江经济带成为引领我国经济高质量发展的生力军。2018 年 10 月 18 日，《国务院关于汉江生态经济带发展规划的批复》发布，长江经济带发展战略进一步丰富。2018 年 11 月 5 日，习近平主席在首届中国国际进口博览会开幕式演讲中指出，将支持长江三角洲区域一体化发展并上升为国家战略，着力落实新发展理念，构建现代化经济体系，推进更高起点的深化改革和更高层次的对外开放。

2013 年以来长江经济带发展被确立为新时期国家重大战略，并不断推进长江经济带战略向纵深发展。长江经济带交通网络、产业布局、生态环境、新型城镇化、对外开放、体制机制创新等战略部署不断细化，长江经济带沿线 11 省市陆续出台相应的地方行动方案，长江经济带发展进入全面实施推进阶段。

第十一章

产业布局研究

2019 年是新中国成立 70 周年，这 70 年是经济快速发展的 70 年，中国已经发展成为世界第二大经济体、第一大货物贸易国、第一大外汇储备国，人均 GDP 接近 1 万美元。产业作为经济社会发展的支撑，通过不断的布局调整，为实现国家的战略目标起到了关键作用。总结 70 年来产业布局的演变逻辑、成就与经验，展望未来产业布局趋势与方向，不仅对于未来中国的产业布局具有指导意义，而且对于其他发展中国家也具有重要启发价值。

产业布局研究产业在空间的分布规律。合理的产业布局，不仅要体现市场规律、提高经济效益，而且要对实现国家战略与社会公平起到重要的支撑作用。在社会主义市场经济体制的中国，国家发展战略是产业布局调整的重要指南针。新中国成立之初，中国经济发展水平很低，1952 年人均 GDP 仅为 119 元人民币，美国等资本主义国家对中国实施经济封锁。在此背景下，中国积极向苏联寻求援助，提出优先发展重工业的战略。通过实施 156 项项目，加强产业在内地的布局。20 世纪 60 年代，随着国际环境的恶化，新中国把国防建设放在第一位，按照"山、散、洞"的原则，加快三线建设，逐步改变产业布局（陈东林，2014）。156 项项目和三线建设，促进了产业空间的均衡化。改革开放之初，面对濒临崩溃的中国经济与和平发展的国际环境，中国的工作重心由阶级斗争转向经济建设。

通过增量改革，发展民营经济、设立经济特区、引进外资等，促进了产业向东部地区的大幅集聚。产业集聚促进了经济的快速发展，但也拉大了区域差距，到20世纪末中国省际人均GDP差距已经高达10倍之多。为此，从20世纪末开始，中国政府陆续实施了西部大开发、东北振兴、中部崛起等战略，推动区域协调发展。与此同时，东部地区的土地、劳动力等成本也在快速上涨。在政府和市场的双重驱动下，中国的东部产业加快向中西部地区转移（胡安俊、孙久文，2014）。不过，东部地区在区位、市场、营商环境等方面具有绝对优势，导致产业集聚力大大高于分散力，中国省际区域差距的绝对值仍然在上升。2008年国际金融危机之后，随着中国从投资驱动逐步转向创新驱动，中国企业的所有权优势不断提高，再加上生产成本上涨、"一带一路"倡议等市场和政策驱动，中国企业开始走出去，向东南亚、南亚、非洲、欧洲等国家和地区进行布局（见图11—1）。

| 156项目 | 三线建设 | 东部聚集 | 跨区域转移 | "走出去" |
| 均衡布局 | 国防战备 | 改革开放 | 区域协调战略 | "一带一路"等 |

1949　　　　1964　　　　1978　　　　1999　　　　2008　　　　年份

图11—1　新中国成立以来的产业布局阶段性特征

70年来，在国家发展战略的指引与驱动下，中国产业布局取得了伟大的成就，积累了丰富的经验。一方面，产业布局优化了中国的区域空间，促进了区域协调发展；另一方面，通过大量的实践，推动了产业布局学学科的发展和完善。本章接下来的安排如下：首先分析改革开放之前和之后的产业布局演变过程与驱动因素，接着总结我国产业空间布局的成就与经验，最后探讨我国产业布局的未来方向。

第一节　改革开放前的产业布局

新中国成立初期中国经济发展水平很低、地缘关系紧张，中国提出集中财力、物力和人力优先发展重工业的战略，主要通过 156 项项目与三线建设积极向内地进行产业布局，在形成国家战备后方的同时，促进内地形成了较为完整的产业体系，极大地改变了内地产业发展落后的面貌，促进了产业在空间的均衡化。

一　156 项项目与均衡布局

旧中国是一种半殖民地经济，工业设施的 70% 集中在沿海一带。有限的内地工业也主要集中在武汉、太原、重庆等少数大城市。占全国土地面积 1/3 的大西北，1949 年工业产值不足全国的 2%（董志凯，2015）。为了改变旧中国工业布局不合理的状况，并且考虑当时美国等资本主义国家对中国实施经济封锁、朝鲜战争等国际环境与国防要求，中国积极向苏联寻求援助，实施了 156 项项目。这些项目和其他限额以上项目中的绝大部分布局在内地（见表 11—1）。

表 11—1　　　　　　　　实际实施的 150 项项目的区域分布

	投资额（万元）	投资比重（%）	省区市个数（个）
东部	53458	2.73	2
中部	487262	24.84	6
西部	551101	28.10	6
东北	869514	44.33	3

注：数据经四舍五入。

资料来源：根据董志凯（2015）数据计算。

从产业类型与区域分布看，实际实施的 150 项项目分布于煤炭、电力、石油、钢铁、有色金属、化工、机械、医药、轻工、航空、电子、兵器、航天、船舶 14 个行业,除了 3 个轻工业和医药项目之外,几乎全部都是重工业。这些项目分布于 17 个省区市,其中东部、中部、西部和东北地区分别分布有 2 个、6 个、6 个和 3 个省区市,投资份额分别占到整体的 2.73%、24.84%、28.10% 和 44.33%,这种布局特征促进了产业空间的均衡化。

二 三线建设与战备布局

20 世纪 60 年代,中国面临着严峻的国际环境。1964—1980 年,我国在内地的十几个省、自治区开展了一场以备战为中心、以工业交通和国防科技为基础的大规模基本建设,被称为三线建设。所谓三线,是由我国沿海和边疆向内地划分为三条线,一线指沿海和边疆地区,三线是甘肃乌鞘岭以东、京广铁路以西、山西雁门关以南、广东韶关以北的广大地区,包括四川、贵州、云南、陕西、甘肃、宁夏、青海、湖南、湖北、河南、山西等。经历了"三五""四五""五五"三个五年计划,三线建设共投入 2050 余亿元资金和近千万人力,建立了 2000 多个大中型企业、科研和基础设施项目。规模之大、时间之长、动员之广、行动之快,在我国建设史上都是空前的,对以后的产业结构与布局产生了深远影响(陈东林,2014)。

三线建设时期(三个"五年计划"时期),三线地区总共新增固定资产 1145 亿元,占到全国的 33.58%,比 1953—1965 年年均增长 92.66%。其中,西部地区是三线建设的主要区域,新增固定资产占到三线地区的 54.35%,重点项目占到三线地区的 80.56%(陈东林,2014)。三线建设涵盖了几乎所有的工业部门和行业,包括不宜在内地建设的船舶工业。从主要投资产业看,包括冶金、机械、铁路公路交通、电子、电力、航空、航天、核、兵器、煤炭、石油、化工、船舶、纺织、建材 15 个产业(陈东林,2003)。

三 产业空间布局均衡化

尽管 156 项项目和三线建设强调国防要求，存在一些项目选址不够合理、经济效益较低、对农业和轻工业投资不足等问题，但是通过集中财力、物力和人力，建立了巩固的国防战略后方，在内地建成了一大批工业交通基础设施，新增了一大批科技力量，建成了一批新兴工业城市，促进了内地省区的经济繁荣和科技文化进步，初步改变了产业东西部布局不均衡的状况（陈东林，2003）。1952年中国东部、中部、西部和东北的 GDP 份额分别为 37.80%、25.46%、22.14% 和 14.60%，到 1977 年分别变化为 39.60%、23.26%、21.97% 和 15.18%，156 项项目和三线建设促进了中国产业空间布局的均衡化（见图 11—2）。

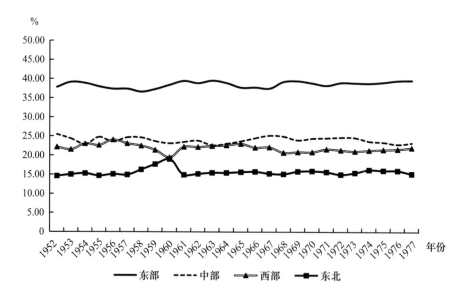

图 11—2 中国四大板块 GDP 比重演变（1952—1977 年）

资料来源：国家统计局。

第二节　改革开放以来的产业布局

1978 年以来，国内外环境发生了很大变化。从国内看，重工业发展战略与中国的资源禀赋结构发生直接矛盾，导致企业缺乏自生能力，经济效率低下。特别是经历了"文化大革命"十年的动乱，国民经济濒临崩溃边缘，人民生活十分困难。从国际看，国际政治形势大为缓和，发展成为国际社会的主题。国内国际的形势改变，促使中国实施改革开放（汪文庆，2014）。

概括起来，改革开放之后，中国产业的空间布局主要受三股力量的作用。在改革开放的制度红利驱动下，结合我国的人口红利，民营经济和外商投资等快速发展。东部地区具有较大的本地市场效应和价格指数效应，在两大效应的循环累积作用下产业加速向东部集聚。产业集聚固然提高了经济效益，但也拉大了区域差距。为此，中央政府陆续实施了西部大开发、中部崛起、东北振兴等战略，从政策上引导产业从东部向中西部和东北地区转移。2008 年国际金融危机之后，东部地区土地、劳动力等成本大幅上涨，一方面进一步推动东部产业向中西部转移，另一方面也驱动中国产业向东南亚、南亚、非洲等国家和地区投资和转移。特别是在 2013 年"一带一路"倡议提出之后，中国企业"走出去"的步伐不断提速。

一　改革开放的制度红利驱动产业加速向东部集聚

中国的改革开放是从扩大国有企业自主权开始的，但在扩大企业自主权试验不成功、国有经济停滞不前的情况下，中国领导人把重点转向非国有经济，实施增量改革战略。通过允许民营经济发展、营造"经济特区"小气候、建立经济体制改革综合试验区等，启动改革开放。当非国有经济为全面建立市场经济制度准备了必要条件时，1994 年中国开始实施整体推进的改革战略（吴敬琏，2016）。

随着改革开放战略的推进，制度红利、便宜土地、优惠政策、丰富劳动力与国内外资本耦合，民营经济和外商投资飞速发展。在此推动下，外向型经济快速发展。世界500种主要工业品中，中国有220种产品产量居世界第一，"世界制造基地"的地位迅速确立。在中国国内需求相对不足、国内原材料规模有限、开采品位下降与开采成本上升的情形下，中国"世界制造基地"只能更多依赖国外市场。美国、欧盟、日本等发达国家和地区以及除西亚之外的亚洲国家是中国主要的出口地和进口地，在巨大的国外市场与原材料市场驱使下，产业加速向东部沿海集聚。产业在东部沿海集聚后，完善了区域的产业配套能力，形成了产业的共享、匹配、学习的集聚效应，提高了沿海地区的经济效率与市场规模，从而进一步推动了产业的沿海化（Duranton and Puga，2004；孙久文、胡安俊，2011），到2006年中国东部的GDP份额达到最高值55.74%，比1978年提高了12.18个百分点。

二　区域协调发展战略与东部生产成本上涨推动产业跨区域转移

在产业加速向东部集聚的过程中，区域差距不断扩大。在全国层面上，人均GDP最高省份与最低省份的绝对差距逐年扩大，2018年扩大到108664元。人均GDP最高省份与最低省份的相对差距近年来逐步下降，由1996年的11.08倍下降到2014年的3.99倍，2015年以来又有一定程度的上浮，2018年为4.47倍（见图11—3）。从区域分布看，人均GDP最高的省份由上海市变为天津市、北京市，人均GDP最低的省份则从贵州等省变为甘肃省。

为了推动区域经济"新古典收敛"，中国政府秉承"移业就民"的发展理念，自20世纪末先后实施了西部大开发战略、东北振兴战略、中部崛起战略，陆续批复了多批加工贸易梯度转移重点承接地和多个承接产业转移示范区，并通过加快基础设施建设、加强生态环境保护、发展特色产业、发展科技教育和文化卫生事业、改善投资环境、促进对内和对外开放等措施，优化中西部和东北地区的营

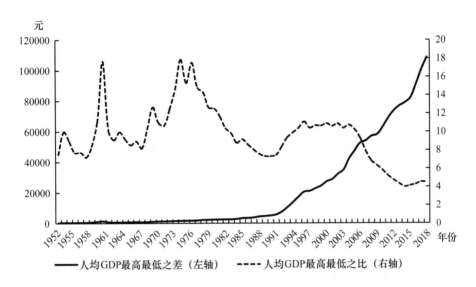

图 11—3 中国省域间人均 GDP 绝对和相对差距演变（1952—2018 年）

资料来源：中国经济与社会发展统计数据库、Wind 数据库。

商环境，引导产业向中西部和东北地区转移。与此同时，2004 年前后东部地区用工荒、用电荒、土地紧张等问题不断出现，市场也在推动产业向外转移。在政策与市场为主要驱动力的作用下，中国进入了产业跨区域转移的加速时期。

采用产业转移相对份额的测度方法，计算中国产业的跨区域转移，结果表明：中国制造业出现了由东部向中西部地区的大规模转移。这种转移突出表现为三个特征：一是转移产业数量众多，80%以上的制造业出现了转移；二是转移规模明显，接近 1/2 的产业转移规模超过 10%；三是转移产业类型多样。转移产业中既有如纺织面料、鞋、软饮料、家具制造等劳动密集型产业，也有如通信设备制造、医疗仪器设备及器械制造等技术密集型与资本密集型产业。前者主要表现为扩展扩散模式，后者主要表现为等级扩散模式（胡安俊、孙久文，2014）。

三　生产成本上涨与"走出去"政策驱动产业对外投资与转移

企业从事国际生产，主要是为了寻求资源、市场、效率和战略资产。根据OLI折中范式（所有权优势、区位优势和内部化优势），跨国公司进行国际生产就是要充分发挥自身独特的所有权优势，发扬跨国企业处理市场失灵的内部化优势，借助不均匀分布的东道国区位优势，形成自身的市场竞争优势。根据IDP理论（投资发展路径理论），当一个国家的经济增长从强调投资驱动转向强调创新驱动时，本国公司开始形成自身的所有权优势，随着本国生产成本的上升，会通过对外投资的方式，在国外进行产业布局（邓宁、伦丹，2016）。

21世纪以来，随着中国企业所有权优势的增长和国内生产成本的增长，着眼于寻求资源、市场、效率、战略资产等的对外投资不断增长。特别是，2013年习近平总书记发起"一带一路"倡议之后，中国对外投资不断加快。对外直接投资流量从2002年的27亿美元，增长到2017年的1582.9亿美元，增长了58.63倍，位居全球第三。从对外投资的国别与地区流向看，中国香港、东盟、欧盟、美国、澳大利亚和俄罗斯联邦位列前六，占到总流量的80.7%，其中中国香港占到57.6%（见表11—2）；从对外投资的产业流向看，涉及18个行业大类，主要流向第三产业（占比为79.8%），其中租赁和商务服务业、制造业、批发和零售业、金融业4个行业流量超过百亿美元，占到总流量的81.42%（中华人民共和国商务部、国家统计局、国家外汇管理局，2018）。

表11—2　　　　　2017年中国对主要经济体投资流量分布

	投资额（亿美元）	比重（%）		投资额（亿美元）	比重（%）
中国香港	911.5	57.6	美国	64.3	4.0
东盟	141.2	8.9	澳大利亚	42.4	2.7
欧盟	102.7	6.5	俄罗斯	15.5	1.0

资料来源：中华人民共和国商务部、国家统计局、国家外汇管理局（2018）。

四　改革开放以来产业空间的集聚与协调化

改革开放之后，中国逐步由一个封闭的国家发展为大进大出的世界制造基地。中国东部是改革开放最早的区域，贸易规则与国外接轨最快，加上靠近国外的原材料和产品市场，绝大多数外商投资和国内资本在东部集聚，并引导中西部的劳动力向东部转移，在资本和劳动的双重作用下中国产业加速向东部集聚。1978 年中国东部、中部、西部和东北的 GDP 份额分别为 43.56%、21.58%、20.88% 和 13.98%，到 2006 年分别变化为 55.74%、18.64%、17.06% 和 8.55%，到 2018 年分别变化为 52.58%、21.06%、20.15% 和 6.20%（见图 11—4）。

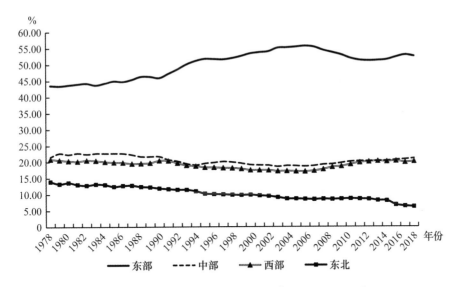

图 11—4　中国四大板块 GDP 比重演变（1978—2018 年）

资料来源：国家统计局、Wind 数据库。

产业集聚提高了经济效益，但也拉大了区域差距。2000 年中国人均 GDP 最高的省份（上海市）是最低的省份（贵州省）的 10.89 倍。面对如此大的区域差距，党中央依照"两个大局"的发展战略，大力实施了西部大开发、中部崛起、东北振兴等战略，从政策上引导产业从东部向中西部和东北地区转移。2008 年国际金融危机之后，东部地区土地、劳动力等成本大幅上涨，进一步推动中国东部产业向中西部转移。在政府和市场的双重驱动下，中国的产业空间得到了一定的协调。2018 年东部地区 GDP 占全国的份额下降到52.58%，人均 GDP 最高的省份（北京市）与最低的省份（甘肃省）的相对差距下降到 4.47 倍。但是，由于市场集聚力的巨大作用，区域绝对差距仍然在持续扩大。2018 年人均 GDP 最高省份比最低省份高出 108664 元，区域协调发展的道路仍然很远。

此外，在制定区域经济协调发展战略的同时，面对不断恶化的生态环境和污染避难所问题，中国也酝酿、形成和发布了具有战略性、基础性、约束性的主体功能区规划，强调根据资源环境承载力、现有开发密度与开发潜力，划分四类主体功能区，在此基础上进行产业布局及调整，实现区域绿色可持续发展。

第三节　产业布局问题的研究回顾

新中国成立 70 年来，我国由一个贫穷的农业国转变为全球最大的制造业大国。由计划经济体转为市场经济体，无论从全国、各省区还是各市县来看，产业布局已经发生了天翻地覆的变化，相关的产业布局研究也反映了我国经济实际的变化。中国的产业布局研究不仅与新中国成立后的经济发展历程息息相关，也受到中国不同历史阶段区域政策、产业政策的影响。按照历史阶段划分，在 20 世纪 70 年代之前，我国的经济学界在借鉴学习苏联生产力布局的基础上，结合我国计划经济的发展实际研究生产力布局问题，提出了以重工业优先发展的产业布局战略；改革开放之后随着"七五"计划的提出，学界开始重点关注东、中、西部的区域优先发展问题，并肯定了轻工业在东部地区的优先发展；进入 90 年代之后市场经济条件下的产业结构与产业布局变化、国有企业布局调整问题受到了学界的关注；进入 21 世纪后，中国学术界对产业布局问题的研究更加多元和深入，产业布局影响因素、产业布局形态变化、新兴产业布局等领域均有所建树，针对国家在不同阶段出台的区域经济发展规划和新兴产业的新动向，中国学者也提供了很多有价值的研究方案和政策建议。

一　改革开放之前的产业布局研究——计划体制下区域均衡的重工业优先发展的产业布局战略

改革开放之前我国实行的是计划经济体制，在产业布局方面也极大地借鉴了苏联的生产力布局理论，形成了以"计划"和"区域均衡"为基础、优先发展重工业的工业化道路。这种产业布局的形成，与我国当时所处的经济、政治形势密不可分。

1951 年 2 月召开的中共中央政治局扩大会议决定自 1953 年起实施第一个五年计划，并于 1953 年由毛泽东参与修改的《为动员一切力量将我国建设成为伟大的社会主义国家而斗争——关于党在过渡时期总路线的宣传与学习提纲（草稿）》中明确提出了"社会主义工业化"的概念（王曙光，2019）。"一五"计划的编制和后续项目支持离不开苏联的帮助，因此我国当时也选择了与苏联类似的优先发展重工业的工业化道路。在新中国成立之初，毛泽东在对苏联访问中签订了《中苏友好同盟互助条约》《关于贷款给中华人民共和国的协定》等文件，规定苏联政府可利用贷款向中国提供第一批 50 个建设项目；1953 年中苏两国政府签订《关于苏维埃社会主义共和国联盟政府援助中华人民共和国中央人民政府发展中国国民经济的协定》，规定苏联援建中国 91 个项目；后又于 1954 年和 1955 年分别增加 15 项和 18 项列入"一五"计划。协议总共规定了 174 项援建项目，实际完成了 150 项，史称"156 项工程"。援建项目大多集中在煤炭、电力、机械制造、有色金属等部门，涉及轻工业和医药工业的项目仅有三项，并且大多数项目位于东北地区、中西部。自

"一五"计划开始，我国在产业区位选择方面就讲求区位"均衡"布局的战略，"一五"时期新开工的 694 个大型工业项目中有 472 个建在内地，为内地城市工业发展奠定了基础。学术界对"一五"时期优先发展重工业和平衡内地与沿海关系的产业布局战略也大多持肯定意见，对计划经济体制下保持国民经济各部分的比例也进行了肯定（邓子基，1955；王亚南，1956）。

"一五"计划的顺利实施和中苏关系的变化，使得我国在党的八大提出了《关于发展国民经济第二个五年计划（1958 年至 1962 年）的建议》，提出了"合理规定发展速度"、经济各部门"按比例"发展的要求，并对经济生产制定了一系列目标，引发了学术界的争论。马寅初（1958，1959）对此发表了"综合平衡论"，认为国民经济各部门的联系是"团团转"的联系，各个环节之间是有机的整体；认为当时我国消费资料赶不上生产资料的发展，原材料工业赶不上加工制造工业的发展，提出农轻重协调发展的建议，即"在优先发展重工业的基础上发展工业必须和发展农业并举的方针"，并对在工业生产中存在的"盲目冒进的偏向"进行了说明。在当时"大跃进"的政治环境下，马寅初的经济观点遭到了学术界的严厉批判，认为其"综合平衡论"否定了国民经济中的主要环节，是过于强调各环节制约性的"机械平衡论"（石世奇、马如璋，1959）；甚至有人将其经济建议认为是"攻击社会主义计划经济"，对其本人也进行了错误批判（萧灼基，1980）。在这样的背景下，重工业成为国民经济发展的重心，当时的重工业投资占全部基本建设投资的比重一直保持在 45% 以上。

随着国际环境的恶化和战备需要，我国在 20 世纪 60 年代中期重点开展了"大三线"建设，有计划地向内陆地区转移了大量企业和科研院所，对沿海、内地的工业布局产生了深远的影响（黄辉，2001）。1965 年国家计委拟定的《关于第三个五年计划安排情况的汇报提纲》明确提出该阶段的基本经济方针从以解决吃穿用为中心，转为以备战为中心。在这一环境下，我国学术界对工业布局的原则是政治意义和经济意义结合，重工业项目继续向内地分散。有学者在原则基础上根据产业性质决定企业布局是更靠近消费地还是原料地，并有针对性地提出一系列便于工业布局技术论证的方法和步骤（胡序威、胡昕主，1965）。从结果来看，"三五"计划的五年中，三线建设投资额占全国总投资额的52.7%，主要工业品的生产能力也接近同期东北的水平（国家计委计划经济研究所，1984）。同时也要看到，三线建设的产业布局选址更多地分散在内陆的山区等欠发达地区，这些地区工业基础薄弱，农业和轻工业建设也没有跟上工业建设速度，对国民经济和一、二线城市建设也造成了不利的影响。

总的来说，改革开放之前的产业布局研究强调国家计划的重要性，注重在全国范围平衡工业布局，注重对农田水利等基础设施的选址和优先发展。客观来说，这种平衡化的布局原则缓解了新中国成立初期工业分布不均衡现象，也为我国后期工业发展提供了较好的基础设施。但也需要看到，这种产业布局政策过于依赖国家和政策规划，缺乏地方自主性，扼杀了地区经济的活力；同时也过于强调均衡布局和各经济区工业的完整性，需知各地区没必要成为"五脏俱全"的独立经济区，可以通过区域间分工协作实现总体产业布局优化（王守礼，1960）。

二 改革开放至党的十四大之前的产业布局研究——非均衡区域发展下的产业布局调整

1978年党的十一届三中全会的召开，我国开始实行对内改革、对外开放的政策，并于1979年在深圳、珠海、汕头、厦门试办出口特区，客观上改变了区域内均衡发展的产业布局政策。1986年经全国人大六届四次会议审议批准了我国第七个五年计划，该计划提出了三大经济带的划分，并对东部沿海地带、中部地带、西部地带的产业发展做出了不同的产业布局规划，其中东部沿海地带发展知识密集型和高档消费品工业，中部地带发展能源、原材料工业建设和农业，西部地带发展农村牧业、交通运输业。"七五"计划还特别强调了我国居民消费结构的变化，提出要大力发展消费品工业，并提出以乡镇企业发展带动农村地区发展和改革。

经济学界的研究者对新形势下的产业布局情况进行了分析，大多认可了国家在这一时期的非平衡布局思想，也认可我国工业能力呈梯度分布的事实（陈民、王岳平，1988）。陈栋生（1988，1989）仔细地研究了我国各地区工业布局情况，认为在 20 世纪末之前产业布局不做大规模调整的基础上，产业布局政策和资源可以适当向东部地区倾斜。也有学者根据世界国家产业密集区的发展特点，认为产业向条件优越地区集聚是大势所趋（史先虎，1989），还有学者提出建设长江沿岸产业带和沿海产业带的建议（王一鸣，1988；张文合，1991）。即便沿江经济带建设在当时的条件下并没有能力实现，但也为目前我国产业布局提供了前瞻性的理论参考。

虽然很多学者认可国家向东部地区资源倾斜的做法，但对中西部地区的产业布局出现的问题也提出了看法和政策建议。庄志毅（1990）专门研究了我国西部地区的产业分布情况，认为西部经济发展的主要推动力为资金推动型和工业推动型，在农业现代化方面十分落后；西部地区的工业结构呈现出超重工业化和非专业化的特征，缺乏轻工业支持，企业间联系过少，中小企业比重过低，需要注重在西部地区推广中等技术的轻工业发展，但在电子、航空、航天等领域仍需要布局高技术产业，确保国防和其他工业需要。除了对产业布局本身的研究外，也有学者从产业结构的角度分析产业结构与产业布局的关系，李青（1991）认为在劳动要素流动性不足的条件下，我国当时的区域发展存在产业同构问题，可以与产业分工政策配合促进区域经济的协调发展；张复明（1991）认为欠发达地区缺乏有效的分工与协作是地区产业结构趋同化的根本原因，可以通过建立主导产业链群改善产业结构与布局，引导欠发达地区的产业发展和合理布局。

由于计划经济的惯性，在产业布局方面仍使用中央和地方政府直接干预的政策措施，重工业在我国经济体系中仍占有较高的比重。

但在私营企业和乡镇企业涉足的产业中，劳动密集型的轻工业产值比重很高，这不仅满足了我国居民对生活消费产品的需求，也促进了我国相关劳动密集型行业的发展。改革开放之初恰逢国际产业格局发生变化之际，沿海经济特区和乡镇企业的发展，也使得我国劳动力丰富的比较优势得以发挥，顺利地承接国际劳动密集型产业转移。

三 党的十四大至中国加入 WTO 之前的产业布局研究——区域不平衡发展、国有企业布局的调整

1992 年党的十四大明确提出建立社会主义市场经济体制，市场作为资源配置的主要手段得到承认，这对中国的产业布局产生了更为深远的影响。报告中提到对交通、通信、能源、重要原材料和水利等基础设施和基础工业的开发与建设，并将机械电子、石油化工、汽车制造和建筑业设立为支柱产业，提出对轻工、纺织等一般加工工业进行改组和技术改造。在这样的指导思想带动下，我国学术界对产业布局的研究也主要聚焦在几个支柱产业。左大培（1992）认为辽宁省需要建立以大连为中心的海洋运输体系以降低运输成本，同时改造升级以钢铁业和机电业为代表的重工业，抢先发展造船、铁路机车车辆制造、汽车制造等产业，尽快完成产业升级。谢勇和梁惠元（1993）根据京九铁路途经江西的规划提出了产业布局构想，根据京九线在江西境内不同路段的工业因素情况提出因地制宜的产业布局建议，主要选取了化工、稀土、石化等重工业作为主导产业，同时提出要抓住时机开发电子、新材料、生物技术等新兴产业。徐国弟（1999）认为长江流域在 2020 年前应大力扶持机电、石化、钢铁、汽车为主的优势主导产业，改造提高轻纺为主的传统产业等，并根据长江经济带不同省份的产业优势发展因地制宜的工业。

党的十四届三中全会通过的《中共中央关于建立社会主义市场经济体制若干问题的决定》落实了市场经济的地位；1995 年党的十四届五中全会通过了《关于国民经济和社会发展"九五"计划和

2010年远景目标建议》，将国有企业建立现代企业制度作为重要的远景目标之一，并将区域非均衡政策转变为区域经济协调发展政策。对国有企业改革的关注和区域经济政策的变化也影响了我国20世纪90年代后期产业布局的研究，对国有企业布局的反思和分析也成为这一时期研究的重点方向。李朴民（1996）在考察国有资产重组问题时提到，国有资产要向沿海发达地区的高新技术产业和资金技术密集型产业流动，而资源密集、劳动密集型产业和企业要逐步向中西部地区转移，部分符合后来国有企业在东、中、西部地区的产业布局。求实（1996）对国有企业产业布局的定位更为清晰，即从分散的、小型的、竞争性的一般加工工业、零售商业、服务业等领域退出，加强关系国计民生和基础设施产业中的力量，这与我国在20世纪90年代末实行国企改革的产业布局思路基本一致。常修泽（1999）也提出我国国有企业布局存在着产业领域错位、企业布局错位、地区分布错位等问题，需要加强在重要行业和关键领域的布局，集中国有资本扩大企业规模，调整在老工业基地的分布，坚持有进有退、有所为有所不为。在区域发展方面，有学者根据外国产业布局的新趋势对我国不同地区的产业集聚现象做了分析。史先虎（1995）分析了日本和韩国的工业化历程和产业布局特点，认为市场化条件下现代产业会在地域上集聚，进而引发人口流入和城市规模扩大，政府在这种条件下只能起间接、有限的作用，需要顺应产业集聚的趋势。王正毅（1994）分析了第二次世界大战后东盟国家的工业资源结构和工业布局问题，认为东盟国家实行的主导部门发展的工业化路径均与其地理资源相关，出口加工区的设立对吸引外资、调整产业结构和布局有着直接作用，但东盟国家普遍面临工业布局不平衡的问题。

进入21世纪，我国着手改变区域非均衡发展的格局。2000年1月，国务院成立了西部地区开发领导小组；同年10月，党的十五届五中全会通过的《中共中央关于制定国民经济和社会发展第十个五年计划的建议》明确提出实施西部大开发战略，并将农业、特色产业、旅游业作为西部地区的重点产业进行培育。

这一阶段我国经历了亚洲金融危机的考验,面临即将加入 WTO 的前景,因而在产业布局方面,也更加强调金融、保险、咨询等第三产业的发展和相关人才的培养。20 世纪 90 年代末期进行的国企改革,使得我国进行产业布局的主体发生了变化,由国家指令性模式逐步转为国家引导、企业自发相结合的模式,集体、个体、私营、外资企业在国民经济中的比重也得到了提升。

四 加入 WTO 之后产业布局研究——从产业集聚到产业转移的布局思想转变

加入 WTO 之后,我国对外开放进入新阶段,产业发展的结构、规模、速度、区域差距问题也一直成为我国经济政策和宏观调控的重点。在鼓励外商投资方面,国家发展改革委于 2002 年 3 月出台《外商投资产业指导目录》,并于 2004 年、2007 年、2011 年、2015 年、2017 年、2019 年不断更新;针对中西部地区的外商投资,也专门出台了《中西部地区外商投资优势产业目录》,对外商可以投资的产业范围不断进行调整。

随着各地产业布局的规模化,我国以轻纺工业为代表的产业具有竞争优势,电子工业等加工业也具有规模效应,我国政府对这些重点产业的集聚现象进行了关注和重点规划。2006 年十届全国人大四次会议通过的"十一五"规划纲要提出要"按照产业集聚、规模发展和扩大国际合作的要求,加快促进高技术产业从加工装配为主向自主研发延伸",这也与当时我国东部沿海地区产业集聚、产业集群的现象息息相关。在加入 WTO 至 2009 年前后,学术界对产业布局的研究以产业集聚为主。罗勇和曹丽莉(2005)利用 EG 指数分析了中国制造业集聚程度变动的情况,认为制造业的集聚程度在 20 世纪 90 年代有所下降,2002—2003 年集聚程度有所上升,而且根据不同产业的技术、资金、劳动等要素密集程度不同,集聚程度和地域均有不同。白重恩等(2004)专门研究了地方保护对地区产业集中度的影响，发现国有成分越高的行业、利润和税收越高的行业，地方保护主义的倾向就越强，同时也利用 Hoover 指数发现中国 1985—1997 年的区域专业化程度在不断上升。黄玖立和李坤望（2006）也将地方保护作为影响产业布局的重要因素加以考察，通过多种分析指标发现改革开放之后制造业越来越向东部沿海省份集中，客观上东部与中西部已然形成"中心—外围"格局，具体来说，20 世纪 80 年代不平衡性下降而 90 年代又开始上升，地方保护对产业分布的影响也在 90 年代之后不显著。在某些地区产业集群也开始出现，对产业集群理论和表现的研究也越来越多（安虎森、朱妍，2003；阮建青等，2010），这也成为影响我国区域产业布局和区域发展差异的重要因素。

2009 年之后，美国金融危机的影响开始在全球显现，我国"人口红利"优势也逐步减弱，东部沿海地区出现了劳动密集型企业成本上升的现象，我国政府对产业布局的关注更多地集中在产业转移和区域平衡发展方面。国务院于 2009 年先后发布了《纺织工业调整和振兴计划》《轻工业调整和振兴规划》，都提出了东部地区产业向中西部转移的规划。2010 年国务院又发布了《国务院关于中西部承接产业转移的指导意见》，将纺织、服装、玩具、家电等劳动密集型产业作为中西部地区承接的重点产业的首位。中西部地区是否能顺利进行产业跨区域转移承接、如何转移承接成为这一时期产业布局的研究重点。有学者从劳动力成本、地区梯度差异等方面出发，认为中西部地区可以大规模承接东部地区劳动密集型产业转移（蔡昉等，2009），认为这样比较符合中西部地区的比较优势；也有学者用实证方法证明我国东部地区的劳动密集型企业已经于 2006 年前后发生了转移（曲玥等，2013）。但也有学者对此有不同看法，冯根福等（2010）通过统计分析认为大多数资源密集型产业和部分技术密集型产业已在 2000—2006 年先于劳动密集型产业进行转移，转移的产业也多为在全国范围内有规模优势的产业，东中西部间并未出现大规模的产业转移现象，作者认为劳动力向东部沿海流动、地方保护主义和竞争等原因都是阻止产业转移的重要原因。吴福象和蔡悦（2014）则从福利经济学的角度说明中国产业空间布局失衡的原因在于市场最优的集聚高于社会最优的集聚，因而需要改变产业布局战略，引入因地制宜的补偿手段缓解东中西部产业空间布局的不平衡性。

在平衡区域产业发展差异方面，除了继续延续中部崛起和西部大开发战略外，我国还密集出台了《京津冀协同发展规划纲要》《长江经济带发展规划纲要》《河北雄安新区规划纲要》《粤港澳大湾区发展规划纲要》《长江三角洲区域一体化发展规划纲要》等一系列区域发展战略规划，对不同地区的产业布局做出了详尽的部署。很多研究者根据国家新出台的区域规划对不同经济区的产业布局献计献策。针对长三角更高质量一体化发展问题，肖金成（2018）对不同地区的产业优势进行了归纳，认为上海的优势在于金融和对外开放，浙江在电子商务及小商品流转方面具有优势，江苏的科技研发和高端制造具有优势，安徽具有生态资源和农业优势，需要根据各自优势破解长三角产业同构问题。周京奎等（2019）研究了京津冀协同创新发展问题，认为京津冀产业发展不均衡、同质化竞争严重，需要构建合理的协调机制、激励机制等促进京津冀形成合理的产业发展格局；薄文广等（2019）则具体分析了京津冀的产业规划和布局情况，认为需要中央统筹建立惠及三地的顶层机制，促进创新型企业向河北转移。此外，研究者还关注了物联网产业（李遵白、吴贵生，2011）、金融空间分布（张辉等，2016）、海洋产业（徐敬俊，2010）等新兴产业布局及其对其他产业的影响，使我国产业布局研究与现实经济紧密联系在一起。

综上所述，新中国成立70年来关于产业布局的研究体现了时代背景与国家区域战略和产业政策变迁，研究方向更为多元，研究方法也与国际研究前沿靠拢，吸收了越来越多的经济地理的研究方法和工具。随着"一带一路"倡议、"粤港澳大湾区"建设、"长江经济带"建设等规划的实施，可以预见未来我国的产业布局将会逐步缓解过于向东部地区集聚的态势。随着我国由高速度工业化向高质量工业化的转变，我国产业布局也会更加符合创新、协调、绿色、开放、共享的发展理念，更好地满足人民生活的需要。

第四节　产业布局的成就与经验

一　构建完整产业体系，提升持续发展能力

70 年的产业布局，使得我国形成了较为完整的产业体系，发展成为世界制造基地，优化了内需结构，提升持续发展能力。改革开放之前，产业布局调整在中西部地区形成了中国的国防战略后方，为巩固国防、促进国家统一提供了重要保障。改革开放之初，中西部顾全东部加快对外开放、先发展起来的大局，促使中国经济快速跨越"贫困陷阱"，构建了完整的产业体系，成为世界制造基地，实现了中国经济快速发展。20 世纪末以来，东部地区顾全帮助中西部快速发展的大局，通过三线建设调整改造、西部大开发、中部崛起等战略，提升了中西部地区的科技基础，形成了发展的内生能力，有效提升了中国内需潜力，促进了中国经济的持续发展能力。

二　优化空间结构，促进区域经济协调发展

70 年的产业布局，优化了区域空间结构，促进了区域协调发展。通过 156 项项目和三线建设，中西部地区形成了由国防科技产业、机械工业、原材料产业、能源工业等构成的产业结构，奠定了区域发展的基础。改革开放之后，区域协调发展战略的实施，完善了中西部地区的交通、能源、通信等基础设施，提升了区域特色产业的发展能力，促进了生态环境的建设和保护，增加了区域的吸引力。尤其是，结合中西部地区的地形特征、人口分布和产业分布特征，重视发挥增长极的作用，以线串点，以点带面，形成中国西部特色的西陇海兰新线，长江上游，南宁、贵阳、昆明等跨区域的经

济带，优化了区域不平衡的空间结构，促进了区域协调发展。

三　实践归纳总结，不断完善产业布局学学科体系

中国的产业布局学是在实践中不断总结归纳和发展起来的。70年来，为服务好每个时期的国家战略，通过自然资源综合考察、国土开发战略及规划、主体功能区划等，对产业布局进行了大量实践，并在此过程中形成了较为完整的产业布局学学科体系（刘再兴等，1984；陆大道等，2003；陈栋生，2013）。

（1）微观机制与产业布局。微观经济学是产业布局的微观基础。结合区位理论，研究企业选址与人口分布、资源分布、市场分布等的关系，研究市场与企业集聚的循环逻辑，探讨企业集聚与人才流动、技术示范与技术竞争的关系，从而实现财力和时间节约，达到企业经济效益最大化（Glaeser et al.，2010；安虎森，2009；王缉慈，2016）。

（2）产业布局与空间结构。1991年兴起的新经济地理学在Dixit-Stiglitz框架下，研究产业由均匀分布到核心边缘分布的机理与过程（Krugman，1991；Baldwin et al.，2003）。结合经济分布的空间特征与时间演化，以增长极理论为基础，学者提出了产业布局的"点轴系统"理论、经济带理论、网络开发理论等（陆大道，2001；张文尝等，2002；魏后凯，2016）。从规划需求出发，胡安俊和孙久文（2018）探讨空间层级与产业布局的关系。国家层级的产业布局统筹考虑自然条件、技术水平、发展阶段和国家战略，谋划产业布局的总体框架；区域层级的产业布局是在区域发展定位的基础上，研究产业布局的要素指向、市场指向、枢纽网络和政策指向等模式；城市层级的产业布局则研究集聚经济与功能分区、集聚不经济与功能疏解、多维转向与产城融合等规律。

（3）产业布局与生态环境。根据资源环境承载力、现有开发密度与开发潜力，形成主体功能区划的相关理论。在此基础上约束企业选择与规制污染天堂，保护生态环境，实现人与自然和谐发展

（吴传钧，1998；樊杰，2007，2015）。

（4）产业布局与社会发展。在总结三线建设、新城区建设教训的基础上，产业布局要处理好产业发展与社会发展的关系。产业布局过程中需要布局医疗、教育、文化、卫生等社会服务设施，满足居民生活需要。

此外，还研究了产业布局在协调区际关系和外部性、探索改革转型、保障国家国防安全等方面的作用。

四　把握先后次序，整合资源办大事

70 年来的产业布局，背后一直贯彻着"把握先后次序、整合资源集中力量办大事"的思路和经验。新中国成立之初，面对经济发展水平较低的国情和严峻的国际形势，保障国家安全是首要任务。为此，集中国家的财力、物力和人力，优先发展重工业、大力推进三线建设是实现这一任务的关键。改革开放之初，面对和平发展的国际环境和濒临崩溃的国内经济，发展经济是首要任务。邓小平同志提出"两个大局"的战略思维，通过设立经济特区、沿海港口城市与沿海经济开放区，优先发展东部。产业在东部沿海的大量集聚有效地推动了中国经济的快速腾飞。当国家综合实力达到小康水平，巨大的区域差距成为国家面临的突出问题。通过实施西部大开发、东北振兴、中部崛起等战略，引导产业向中西部地区转移，成为国家产业布局的战略选择。党的十八大以来，中国进入创新驱动的高质量发展新时代，中国企业的所有权优势不断增长，审时度势，引导产业在全球进行布局，成为提升国家国际影响力与战略竞争力的选择。根据时代大势，把握决策的先后次序、整合资源集中力量办大事，是中国产业布局 70 年的基本经验。

五　营造地区性的"小气候"，逐步推进产业在国内的纵深布局

经过 30 年计划经济的实践，市场力量几乎被消灭殆尽，国内市场的形成更加困难。要在改革开放的短时间内形成国内市场，并全

面与国际市场接轨是不可能的。于是，我国政府吸取其他国家建立
出口加工区和自由港的经验，利用沿海地区毗邻港澳台和海外华侨、
华人众多的优势，通过营造地区性的"小气候"作为对外开放的基
地（吴敬琏，2016），先后设立经济特区、沿海港口城市与沿海经济
开放区，引导外资产业在这些区域布局。当产业集聚达到一定程度，
通过对沿江、沿边、内陆实行沿海开放的政策，逐步引导产业向全
国纵深布局。新中国成立 70 年来，尤其是改革开放 40 多年来，营
造地区性的"小气候"，改善投资环境，引导产业向"小气候"区
域布局。当产业集聚实现规模之后，通过示范效应和倒逼机制，促
进其他区域体制改革，从而实现产业向内地纵深布局。

第五节　未来展望

　　产业布局，一方面要充分发挥产业的经济效益，另一方面要在
促进社会公平、方便居民生产与生活等方面发挥重要作用。在新的
发展阶段，产业布局还需要综合考虑经济社会发展的新特点与新趋
势。未来，中国的产业布局着力关注以下几个方向。

　　第一，"以人为本"与产业布局。当前产业布局主要重视经济
效益、轻视社会文化和制度，重视生产、轻视生活，重视企业、
轻视人，这是导致产业布局混乱、大城市病、空城鬼城等问题的
重要原因。未来的产业布局要以"以人为本"的发展理念为指导，
统筹考虑经济、社会、环境等的要求，注重多样化与专业化相结
合、产城融合与职住平衡相结合。充分吸收新经济社会学发展的
"嵌入性""地方网络""关系资产""非贸易相互依赖"等理论工
具，发挥制度文化因素在产业布局中的作用（胡安俊、孙久文，
2018a）。

　　第二，在统计数据的基础上，充分利用新数据、新方法以及新
工具，运用区域 CGE 模型、空间计量、大数据分析等模型和方法，

定量回答什么类型产业在什么空间布局、什么发展阶段的产业在什么空间布局、什么类型产业与什么类型产业协同集聚等问题，研究产业集聚扩散规律，为优化产业空间布局提供依据。另外，针对大城市病的突出问题，特别需要研究高端活动与低端活动的共生关系，为疏解城市功能提供思路（胡安俊、孙久文，2018b）。

第三，探讨产业布局在经济发展新动能、区域创新、衰退区域崛起、南北方区域差距等关键问题中的作用。2008年国际金融危机以来，伴随着国内要素价格飙升、外需萎缩和发达国家"再工业化"战略等多重压力，培育经济发展新动能成为中国发展的关键任务。合理的产业布局有利于创新与创业，有利于优化资源配置效率，是经济发展的重要动能支撑。同时，中国南北区域差距不断拉大，北方GDP份额由2008年的43.24%下降到2018年的38.48%，下降4.76个百分点，成为政府和学术界关注的新热点。通过合理的产业布局及调整，支持发展新技术产业和文化、旅游等服务业，调整产业结构，支持民营经济发展，优化所有制体制，是实现南北区域协调发展的重要路径。

第四，数字化技术作用下的产业布局规律。随着计算机硬件、软件、互联网、大数据等技术的迅猛发展和广泛应用，数字化技术框架基本成形。在数字化技术指数级增长、数字化信息的广泛化和组合式创新的共同推动下，数字化技术将成为一种通用目的技术，第二次机器革命正在来临。在第二次机器革命时代，大量程序性工作被机器替代，人类和机器之间正在变为替代关系（布莱恩约弗森、麦卡菲，2014）。在此新时代，比较优势理论受到很大挑战，产业布局将如何演化是未来需要研究的问题。

第五，"一带一路"背景下中国产业海外布局研究。伴随着中国经济的快速发展，中国企业"走出去"的步伐不断加快。2013年中国对外直接投资净额超过1000亿美元，与中国实际利用外商直接投资金额相当，进入邓宁投资发展周期理论的第四阶段。同年，中国发出"一带一路"的发展倡议，得到了许多国家的积极响应，从而为企业海外投资布局提供了难得的外部环境。在此背景下，研究产业在海外布局的影响因素、布局模式、风险控制、长效机制及对策措施成为当前政府和企业的迫切需求（胡安俊、孙久文，2018b）。

第十二章

产业园区发展研究

产业园区作为中国经济建设的重要增长极和对外开放的重要窗口，经历了近 40 年的发展，实现了发展规模和质量上的快速成长，已成为中国参与全球制造业价值链分工的重要载体、优化产业空间布局的有力措施和推动区域经济协调发展的强大力量，成为保障中国经济稳定安全的"压舱石"。中国产业园区经过近 40 年的发展，已经出现涉及不同产业层次，覆盖广泛经济领域，多种类型互为补充的发展态势。园区产业结构和空间布局不断优化，在追求合理化和高端化的目标过程中取得了一定的成效。尤其是国家级产业园区，依托强大的政策支持和中国经济社会的高速发展需求，通过改造提升传统制造业、大力发展高新技术产业和战略性新兴产业，有效地促进了制造业与现代服务业的相互融合和共同发展。同时，遵循城市制造业和生产性服务业由城市中心向城市外围逐步转移的客观规律，园区作为这些产业空间布局的载体发挥了巨大的作用。在相关产业园区优惠政策的激励下，中国产业园区逐渐成为产业和要素集聚利用效率最高和经济发展最快的区域，也是中国外资及其他非公有制经济最为集中的区域。

第一节　近年来中国产业园区转型升级研究

近年来中国产业园区转型升级研究可以归纳为以下三个方面：一是产业园区转型升级方向与路径研究；二是产业园区转型升级的内在动力分析研究；三是产业园区转型升级的模式与策略研究。

一　产业园区转型升级方向与路径研究

对产业园区转型升级方向与路径的研究多为定性分析，近几年定量分析的引入加强了产业园区升级转型方向与路径的可靠性。唐承丽（2013）对湖南省66个省级工业园区进行了分析和评价，并将其划分为四个层次的发展，提出了四个层次的差异化转型发展机制。曹献忠（2014，2015）以芜湖经济技术开发区为例，从产业转型、体制转型和功能转型三个方面对转型升级进行计量测度分析，明确了工业园区未来转型升级的方向。郑国（2014）首先研究了产业园区发展的演变历程中的驱动要素，认为产业园区演进的主要驱动力包括出口导向型经济和固定资产投资，并以此提出发展对策。谷文琴、陈芳（2015）构建了合肥经济技术开发区经济实力评价指标体系，并对其进行了分析和评价，确定了转型的方向和路径。李自琼（2015）评估了13个国家级经济技术开发区的创新和转化能力，比较了各个工业园区的转型能力差异，明确了转型方向。冯斌星（2017）认为全球新一轮的科技革命和产业转型升级，给园区经济带来了新的发展机遇，"智能、绿色、服务、高端"成为园区经济发展的新方向和新目标。

二　产业园区转型升级的内在动力分析研究

产业园区转型升级的动力主要来自外部和内部两个方面。外部动力主要来自国际国内形势的变化。詹其桎（2001）、朱仲羽（2001）、王雄昌（2010）、方建中和邹红（2010）等认为，随着中国加入世界贸易组织，经济国际化进程的深化和经济全球化的竞争压力越来越大，如何吸引外资和增加出口将受到国内外竞争的影响。与此同时，政府主导的工业园区开始面临税收优惠和区域经济战略调整的局面，而政府职能却未能及时完善，使园区发展面临的问题越来越明显。内部动力主要从产业选择和组织角度进行分析。沈宏婷（2007）、李存芳（2011）、安礼伟（2013）、卢弘旻（2012）、陈耀（2011）等认为：产业（工业）园区数量不断增加，规模不断扩大，但是长期以来，产业园区内的产业结构单一，基本以加工制造业为主，产业类型以劳动密集型、出口加工和装配业为主。产业园区发展缺乏技术创新，产业关联性差，难以形成产业链的集聚。沙德春（2016）则依据市场主导、社团推动、政府发动三类基本园区管理体制，选取硅谷、索菲亚·安蒂波利斯、中国台湾新竹科学工业园三个具有代表性、先进性的园区进行对比案例分析，考察了各类园区转型升级的动力机制所存在的差异。

三　产业园区转型升级的模式与策略研究

当前，国内关于产业园区转型升级模式的研究较为丰富，而对于产业园区功能转型、体制转型等模式的研究相对较少。陈家祥（2014）基于产业经济学角度，提出开发区产业转型升级模式包括产业延伸模式、产业替代模式以及产业接替模式三种。钟晟等（2014）基于文化创新对开发区产业转型升级的重要作用，提出了文化创新促进高新区产业转型升级的模式。曹贤忠等（2014）运用 TOPSIS 法和熵权法从企业角度分析了芜湖经济技术开发区产业转型升级的模式选择。杨忠伟等（2015）从土地角度将开发区土地分为实开发、虚开发和伪开发三种，并分别提出开发区土地再开发模式。孙旭东等（2015）认为后开发区时代应树立"经营城市"或"管理城市"的理念即"营城"战略，并提出"营城"的相关策略。魏宗财等

（2015）通过对开发区转型情景的比较分析，认为政府引导、市场主导的渐进转型发展模式是较为理想的选择，并提出该情景下开发区的发展策略。

第二节 中国产业园区转型升级历程与成就

产业园区实质上是为促进特定产业发展创立的特殊区位环境，作为区域经济发展与调整产业升级的重要空间集聚形式，产业园区能够有效地创造集聚力，通过共享资源、克服外部负效应，带动关联产业的发展，从而有效地推动产业集群的形成。[①] 目前中国常见的产业园区形式主要有经济技术产业园区与高新技术产业园区两种。

一 中国产业园区发展的四个阶段

从时间维度来看，追溯到 20 世纪 70 年代末蛇口工业园区的建立，中国产业园区发展已经走过了探索、起步、快速和稳定发展四个阶段（见表 12—1）。从空间维度来看，中国园区自经济特区肇始，到沿海开放城市、沿江城市、内陆城市，再到西部地区，在国土空间范围内已经形成多层次、多领域全面发展的空间格局。从发展类型来看，中国产业园区由工业园区、经济技术开发区、高新技术区等单一类型模式，逐渐向多功能、全方位、专业化、融合智慧化园区的方向发展。

---

① 联合国环境规划署（UNEP）认为，产业园区是在一大片的土地上集聚若干个企业的区域。它具有如下特征：开发较大面积的土地；大面积的土地上有多个建筑物、工厂以及各种公共设施和娱乐设施；对常驻公司、土地利用率和建筑物类型实施限制；详细的区域规划对园区环境规定了执行标准和限制条件；为履行合同与协议、控制与适应公司进入园区、制定园区长期发展政策与计划等提供必要的管理条件。

表 12—1　　　　　中国产业园区发展四个阶段的主要事件与特征

阶段	时间范围	主要事件	主要特征
探索阶段	1979—1983 年	招商局在深圳创办蛇口工业区①	简单工业加工区，并对产业与产业园区一些制度进行探索
起步阶段	1984—1991 年	首设经济技术开发区及高新技术产业开发区	明确产业园区功能，出口加工型园区成长快速，并出现保税区、金融贸易区等特殊类型园区
快速发展阶段	1992—2000 年	邓小平同志南方谈话②	产业园区数量快速增长，分布范围逐渐扩大
稳定发展阶段	2001 年至今	加入 WTO	产业园区以制造业和传统服务业为主，园区经济效益弱化，同质化问题显现

　　中国产业园区也经历了四代产品迭代以适应不同发展阶段产业的需要（见表 12—2）：第一代园区产品主要是单纯的物理空间，主要适应粗放产业的需要，缺乏适用性与组合性，功能相对不完善；第二代园区产品开始注重产品功能，配备了相对完备的配套设施，但缺乏空间品质和空间氛围；第三代园区产品开始注重配套，强调组团式交流功能产品的适用性与组合性；第四代园区产品与"产业生态型"园区相适应，更多地考虑产业需要，适用于以新经济、高科技产业为代表的现代服务业，与组团式交流空间相融合，配套空间氛围较强，已成为一个多功能的生态型城市综合体。

---

　　①　1979 年 7 月 8 日，蛇口五湾顺岸码头正式动工，招商局在深圳创办蛇口工业区，标志着中国第一个对外开放的工业园区诞生。

　　②　1992 年之后，以邓小平同志南方谈话为契机，中国对外开放由沿海向沿江、沿边和内陆省会城市发展，由特区、经济技术开发区、保税区、高新技术产业开发区、边境自由贸易区等构成的多层次、全方位园区发展格局基本形成。

表12—2　　　　　　　　中国四代产业园区的产品与特征

	产品	特征
第一代园区	功能相对不完善，缺乏适用性与组合性，主要适应粗放产业落地的需要	单纯的产业落地物理空间
第二代园区	相对完备的基础设施，缺乏空间品质和空间氛围，配套功能缺乏	开始注重功能开发，与"产业集聚型"园区相对应
第三代园区	设置交流空间，设置组团式交互功能空间，建筑产品的适用性与组合性较强	开始注重配套，与"产业链型"园区相对应
第四代园区	产品具有主题性的核心交流空间，与组团式交流空间相融合，考虑了产业的需要，特别适用于以新经济、高科技产业为代表的现代服务业	与"产业生态型"园区相适应，已经成为一个多功能生态型城市综合体

二　中国产业园区三次转型升级

从中国产业园区的转型发展来看，目前，中国产业园区发展经历了三次转型升级（见表12—3），产业园区从单纯的产业集聚载体逐步向城市综合功能区、产城融合功能新区，以及创新型、智慧化园区发展。

表12—3　　　　　　　中国产业园区三次转型升级的比较分析

阶段	时间	动力	路径	目标
第一次转型升级	2000—2010年	经济国际化进程深化、经济全球化压力、产业园区同质化、产业结构单一	（1）外资与内资相结合、工业与服务协调发展、国际国内市场相结合；（2）形成产业集聚；（3）管理机制由政策优势向体制优势转变，由行政区管理模式到企业型管理模式转变	城市综合功能区

续表

阶段	时间	动力	路径	目标
第二次转型升级	2011—2014年	世界金融和经济危机、全球资本与产业转移、土地及劳动成本的上升、经济增速换挡、经济结构转型	(1) 产业集群向创新集群、制造业向先进制造业和现代服务业发展; (2) 城市服务与生产服务结合,由经济功能区向现代新城区转变; (3) 可持续发展; (4) 政府、企业和社会共同参与	创新型、和谐型、生产型、协调型和开放型的宜产宜居园区——产城融合的城市综合功能新区
第三次转型升级	2015年至今	"中国制造2025"	(1) "制造业2025"产业示范园区建设; (2) 产业园区创新能力建设; (3) 园区产业链协同能力提升; (4) 产业园区共性服务平台建设	园区开发重点以新兴产业、知识密集型行业为主,强化园区创新及智慧化功能

三 国家级园区发展的主要成就

在中国政策激励和经济社会发展需求的持续推动下,中国产业园区开发建设快速发展,质量、规模与数量快速提升,截至2017年年底,共建立了219个国家级经济技术开发区、156个国家级高新技术产业开发区。

1. 国家级经济技术开发区已成为推动中国先进制造业集聚的重要功能载体

兴办国家级经济技术开发区,是中国改革开放的一大创举,经济技术开发区是中国最早在沿海开放城市设立的，重点以发展知识密集型和技术密集型工业为主的特定区域，后来逐步推广到全国范围，在开发区内实行针对经济特区的特殊政策优惠和机理措施。国家级经济技术开发区作为先进制造业的集聚区和区域经济增长极，为中国改革开放、现代化建设、带动部分区域率先发展做出了突出贡献，同时为中国产业技术积累、完善制造业体系奠定了坚实的基础。2006 年国家级经济技术开发区生产总值突破 1 万亿元，到 2017 年 219 个国家级经济技术开发区的地区生产总值达 8.9 万亿元，年均复合增长率达 11%，占国内生产总值的 11.3%（见图 12—1）。同时，国家级经济技术开发区一直是中国产业绿色化、低碳化、循环化发展的先行区与示范区，其单位工业增加值能耗、水耗和主要污染物排放量指标严格控制，显著低于园区周边和全国平均水平。分区域看，开发区已成为推进区域协同发展与产业转移承接的重要先行区与功能载体，中部、西部地区国家级经济技术开发区的地区生产总值和固定资产投资增幅均高于东部地区国家级经济技术开发区。

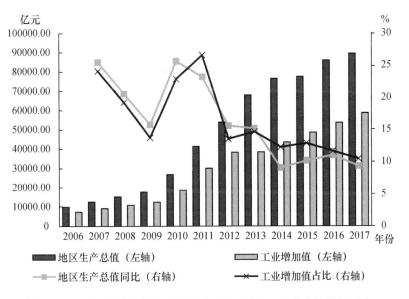

图 12—1　国家级经济技术开发区地区生产总值、工业增加值与增速

2. 国家级高新技术产业开发区已成为践行国家创新驱动发展战略的重要平台

兴办国家级高新技术产业开发区的目的在于依托园区智力密集和开放环境，完善与提升中国制造业体系和发展水平，优化产业布局和结构。经过 40 年发展，高新技术产业开发区在国民经济中的地位日渐突出，创新实力大幅提升，不断培育创新主体，产业向高质量发展迈进，已成为中国高新技术产业的重要载体和对外开放发展的重要窗口。2017 年国家级高新技术产业开发区的生产总值达到 95171.4 亿元，年均复合增长率超过 10%，占当年中国 GDP 的 11.5%，企业净利润达 21420.4 亿元，上缴税金 17251.2 亿元，吸纳就业人数接近 2000 万人，入园企业超过十万家，当年实际利用外资金额占全国的比重为 36.9%（见图 12—2）。连续多年高新技术产业开发区企业的研发投入占全国企业研发投入的比例超过 40%，高新区内国家重点实验室等国家级科研机构约占全国的 2/3，全国一半以上的孵化器集中在高新区，创新产出效率远超全国，万人发明专利申请数、授权数和拥有数为全国平均水平的七倍以上。国家级高新技术产业开发区企业技术与商品收入情况具体见图 12—3。

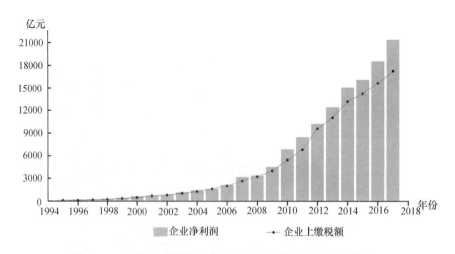

图 12—2　国家级高新技术产业开发区企业净利润与上缴税额

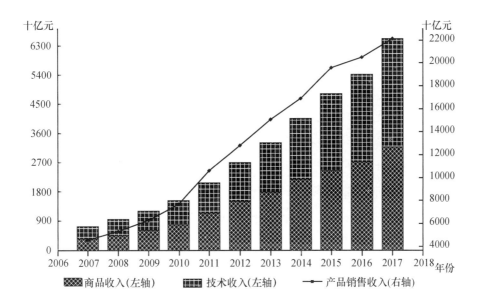

图12—3　国家级高新技术产业开发区企业技术与商品收入

第三节　中国产业园区转型升级的趋势

一　新工业技术革命应用与智能制造将推动园区智慧化转型升级

随着新工业革命爆发和信息技术的发展，大数据、互联网、人工智能等技术深入人们的工作生活，新技术的作用越来越凸显，并不可替代，它消除信息不对称的同时还改变着人类工作与生活方式，面对新技术革命的重大变革，产业园区转型升级更为紧迫。新工业革命带来的技术变革可以带动园区人才、信息、资金、数据等各类要素的链接，依托产业园区链接城市、链接创新、链接服务、链接生活，改造传统产业园区，将大数据、互联网、人工智能等技术资源整合到产业园区里面，为产业园区内企业提供更优质的服务，让产业园区自身产生裂变，实现升级。同时，新技术与智能制造的应用可以将传统产业园区打造成新式智能、智慧园区，解决产业园区面临的恶性竞争和产业同质化严重问题，将以往的资源招商型产业园区向品牌经营型产业园区转变，将企业集中型产业园区向产业集聚型产业园区转变，从而实现传统园区向智能、绿色、智慧化园区的成功转变。新工业革命带来的新技术既是未来产业园区转型升级的支撑，也是指引未来产业园区升级的发展方向。

借助以大数据、互联网、人工智能等为代表的新工业革命技术，推动园区产业从传统型转向现代适用型、科技领先型和经济实用型主要表现在两个方面。一是基于大数据、互联网、人工智能等技术的发展，通过新技术和模式重新构建产业组织与生态，实现产业价值链的进一步分解和重新组合，依托传统产业园区衍生出平台经济、产业众筹和众包等新的园区发展模式，推进产业园区转型。利用新技术进一步强化产业园区现有的比较优势，巩固制造业基地地位，提升园区产品的高科技含量和附加值。二是基于新工业革命技术的加速推广应用，通过推进产业园区打造智能化、柔性化、开放化OEM制造业平台，实现对产业园区内制造业的智能化改造，逐步形成基于新技术的产业园区内部与产业园区间分工协作，进而推进产业园区转型升级。新工业革命以来，工业化和信息化的融合发生了质的变化，由互联网制造、智能工厂、工业机器人、3D打印、大数据、人工智能等新技术应用推动的产业智能化革命已经到来，必然要求传统工业园区加快推进园区智能化改造以提升其产业承载能力。从园区间协作来看，依托大数据支撑，进行产能优化重组，整合产业园区原有基础设施与创新孵化器，可以打造智能化、柔性化、开放化的共享制造平台。

二　功能完善与产城融合化发展推动园区向综合城区方向升级

中国的产业园区多设在城市的偏远郊区，在早期发展中多以优惠的政策和低廉的土地成本，吸引企业投资和集聚，然后通过企业提供就业机会导入人口。这种发展模式，常常与生活配套服务不足相伴,从而出现了企业员工白天入园、晚上回城的"鬼城"现象。随着产业园区的演化和发展,园区承载的功能日益多元化,大量城市要素和生产活动在区内并存集聚,从而推动了产业园区的城市化进程,园区经济与城区经济逐渐走向融合。

为顺应这一发展趋势,一些产业园区主动谋求战略转型,从单一生产型的园区,逐渐规划发展成为集生产与生活于一体的新型城市。随着园区经济实力和创新活力的增强,园区作为城市空间发展中的增长极,可将自身的优势向城区传递,园区与城区在资金、市场、技术、人才、科研成果等方面的联系日益密切,互动越来越频繁,于是就承载起了新的城市职能。如一些"小园区经济"以科技社区、创新社区的形态,通过产业集聚、人才集聚和企业家交流,逐渐成为城市空间中的新地标、新节点。面对园区经济走向城区经济、产业园区走向综合城区的发展趋势,地方政府应摒弃传统的思维方式和运营模式,以"产城融合"的理念系统策划、规划、管理、开发、运作产业园区(产业新城)。

三　园区间竞争推动园区向品牌化、系统化和平台化转型升级

首先,在园区经济"泛滥"的今天,"软实力"已经成为打造园区核心竞争力的重要筹码。园区的品牌化运作需要精耕细作,绝不仅仅只是个营销的过程,它需要有内涵支撑。园区的品牌建设,其实从园区规划启动之初就已开始。园区品牌可细化为环境品牌、产业品牌、企业品牌、服务品牌、文化品牌等,特别是服务品牌和文化品牌,更需要做精、做深、做出特色。

其次,在日益激烈的园区竞争环境中,越来越多的园区经营者在积极推动公共服务平台的规划和建设,包括招商服务平台、人才服务平台、创业培训平台、风险投资平台、公共技术平台,等等。建设健全园区的公共服务平台,不仅有利于园区品牌宣传、招商引资、降低企业运营成本,也有利于促进企业创新、开拓市场,从而提高企业经营效益,有效地提升园区产业集群的竞争力。

最后，园区产业招商是一个系统工程，涉及产业规划、政策体系、招商接洽、项目入驻、运营扶持等诸多环节，涉及招商参与部门的权责和利益设计。目前，很多园区招商模式还停留在点式突破的"游击战"，个人激励强、项目导入快，但招商体系不健全、招商方式陈旧、整体营销力度不足，难以形成公共平台，不利于未来园区产业集群的发展。因此，产业园区招商运作要往系统化、精细化发展。

第十三章

城市群发展研究

　　城市群是支撑全国经济增长、促进区域协调发展、参与国际竞争合作的重要平台，每一次世界经济重心的转移都带来了大规模的工业化和城市化，进而催生出一些具有战略支撑意义的城市群。中国学者的研究始于改革开放初期，经历了从概念的引入到结合中国实际逐渐本土化的过程。中国城市群无论是在理论研究与政策探索层面还是在实际培育和发展层面都取得了重要的进展和巨大的成就，战略地位和作用愈加凸显。可以说，城市群是中国新型城镇化建设的重要平台，是中国经济发展的主要载体，已经成为中国经济发展的重要核心区和增长极。因此，很有必要对新中国成立 70 年来尤其是改革开放以来中国城市群的发展情况和理论成就进行梳理，明晰其发展存在的问题与不足，从而找准方向，推动其更好地实现高质量发展。

第一节　中国城市群发展的历程回顾

一　改革开放初期都市连绵区的设想

　　早在 1980 年，中国地理学家宋家泰就在其《城市—区域与城市区域调查研究——城市发展的区域经济基础调查研究》一文中首次提出了"城市群"这一术语，其对城市群的界定是"多经济中心的城市区域"。1983 年，于洪俊、宁越敏在《城市地理概论》一书中首次用"巨大都市带"的译名，将西方学者戈特曼的有关思想引入中国，具体解释为"至少有着 2500 万城市人口，过着现代城市生活。这些地区城市职能十分强烈，城市用地比例越来越高，城市与城市间的农田分界带日渐模糊，城市地域相互蔓延，甚至连成一片"。1988 年，周一星在都市区的基础上，提出了与大都市带接轨且符合中国特点的"都市连绵区"的概念，同时指出中国东南沿海已经形成了两个都市连绵区，即长江三角洲和珠江三角洲（含港澳）地区，辽中南、京津唐、山东半岛和福建沿海也有都市连绵区的雏形或形成的潜在可能性，并分析了这些地区所共有的社会经济特征。

二 20 世纪 90 年代城市群的出现

进入 20 世纪 90 年代，中国城市体系不断趋于完善，在一些经济比较发达的地区，受城市化和郊区化的共同影响，以中心城市为核心，且与周边区县存在紧密交互作用的都市区成为中国城市化的新形式，并开始出现由若干个都市区组成的城市密集区。姚士谋等（1992）在《中国的城市群》一书中将其称为城市群（Urban Agglomeration），并概括为"在特定的地域范围内具有相当数量的不同性质、类型和等级规模的城市，依托一定的自然环境条件，以一个或两个特大或大城市作为地区经济的核心，借助于综合运输网的通达性，发生与发展着城市个体之间的内在联系，共同构成一个相对完整的城市'集合体'"。在该阶段，除了长三角地区沪宁杭、京津冀、珠江三角洲、辽东半岛和山东半岛城市群发展较快、比较完善之外，还有成渝、中原、关中、长江中游地区、哈大齐、长吉和厦漳泉地区等城市群也在逐步完善、集中化，群体组合的趋势更加明显。这些城市群正在成长为推进中国现代化和城镇化的主要力量。

三　城市群的快速发展

进入 21 世纪，中国城市群进入快速发展阶段，学术界和政府层面对于城市群的理论研究和实践探索不断深入，围绕长三角、珠三角、京津冀、辽中南、长株潭等几大城市群的理论与实证研究的成果不断丰富。在政策层面，自 2006 年起中国就开始将城市群作为国家新型城镇化的空间主体。2010 年 12 月印发的《国家主体功能区规划》将城市群作为重点开发区和优化开发区。2013 年 12 月召开的首次中央城镇化工作会议和 2014 年 3 月中共中央发布的《国家新型城镇化规划（2014—2020 年）》将城市群作为推进国家新型城镇化的空间主体，提出以城市群为主导，构建大中小城市与小城镇协调发展的城镇化新格局。2016 年 3 月发布的《中华人民共和国国民经济和社会发展第十三个五年规划纲要》也提出要加快城市群建设发展，优化提升东部地区城市群，建设京津冀、长三角、珠三角世界级城市群，提升山东半岛、海峡西岸城市群开放竞争水平。培育中西部地区城市群，发展壮大东北地区、中原地区、长江中游、成渝地区、关中平原城市群，规划引导北部湾、山西中部、呼包鄂榆、黔中、滇中、兰州—西宁、宁夏沿黄、天山北坡城市群发展，形成更多支撑区域发展的增长极。促进以拉萨为中心、以喀什为中心的城市圈发展。建立健全城市群发展协调机制，实现城市群一体化高效发展。2018 年 11 月 18 日发布的《中共中央　国务院关于建立更加有效的区域协调发展新机制的意见》中提出，要建立以中心城市引领城市群发展、城市群带动区域发展的新模式，推动区域板块之间融合互动发展。以北京、天津为中心引领京津冀城市群发展，带动环渤海地区协同发展。以上海为中心引领长三角城市群发展，带动长江经济带发展。以香港、澳门、广州、深圳为中心引领粤港澳大湾区建设，带动珠江—西江经济带创新绿色发展。以重庆、成都、武汉、郑州、西安等为中心，引领成渝、长江中游、中原、关中平原等城市群发展，带动相关板块融合发展。

除此之外，国家层面针对重点城市群的发展相继出台了一系列精细化的发展规划，包括《长江中游城市群发展规划》《京津冀协同规划纲要》《成渝城市群发展规划》《长江三角洲城市群发展规划》《中原城市群发展规划》《关中平原城市群发展规划》《粤港澳大湾区发展规划纲要》等。此外，官方公认的城市群的数量也由1个变为10个，再到最新的19个。截至2019年5月，国家发改委共印发了11个城市群的发展规划纲要，这些城市群分别是：长江中游城市群、京津冀城市群、哈长城市群、成渝城市群、长江三角洲城市群、中原城市群、北部湾城市群、关中平原城市群、呼包鄂榆城市群、兰州—西宁城市群、粤港澳大湾区（见表13—1）。

表13—1　　　　国家正式发布的城市群发展规划及其基本情况

规划名称	发布日期	战略定位
《长江中游城市群发展规划》	2015年4月	中国经济新增长极；中西部新型城镇化先行区；内陆开放合作示范区；"两型"社会建设引领区
《京津冀协同发展规划纲要》	2015年4月	以首都为核心的世界级城市群；区域整体协同发展改革引领区；全国创新驱动经济增长新引擎；生态修复环境改善示范区
《哈长城市群发展规划》	2016年3月	东北老工业基地振兴发展重要增长极；北方开放重要门户；老工业基地体制机制创新先行区；绿色生态城市群
《成渝城市群发展规划》	2016年4月	引领西部开发开放的国家级城市群；全国重要的现代产业基地；西部创新驱动先导区；内陆开放型经济战略高地；统筹城乡发展示范区；美丽中国的先行区

规划名称	发布日期	战略定位
《长江三角洲城市群发展规划》	2016 年 6 月	最具经济活力的资源配置中心；具有全球影响力的科技创新高地；全球重要的现代服务业和先进制造业中心；亚太地区重要国际门户；全国新一轮改革开放排头兵；美丽中国建设示范区
《中原城市群发展规划》	2016 年 12 月	经济发展新增长极；重要的先进制造业和现代服务业基地；中西部地区创新创业先行区；内陆地区双向开放新高地；绿色生态发展示范区
《北部湾城市群发展规划》	2017 年 2 月	面向东盟国际大通道的重要枢纽；"三南"开放发展新的战略支点；21世纪海上丝绸之路与丝绸之路经济带有机衔接的重要门户；全国重要绿色产业基地；陆海统筹发展示范区
《关中平原城市群发展规划》	2018 年 1 月	向西开放的战略支点；引领西北地区发展的重要增长极；以军民融合为特色的国家创新高地；传承中华文化的世界级旅游目的地；内陆生态文明建设先行区
《呼包鄂榆城市群发展规划》	2018 年 2 月	全国高端能源化工基地；向北向西开放战略支点；西北地区生态文明合作共建区；民族地区城乡融合发展先行区
《兰州—西宁城市群发展规划》	2018 年 2 月	维护国家生态安全的战略支撑；优化国土开发格局的重要平台；促进中国向西开放的重要支点；支撑西北地区发展的重要增长极；沟通西北西南、连接欧亚大陆的重要枢纽

续表

规划名称	发布日期	战略定位
《粤港澳大湾区发展规划纲要》	2019 年 2 月	充满活力的世界级城市群；具有全球影响力的国际科技创新中心；"一带一路"建设的重要支撑；内地与港澳的深度合作示范区；宜居宜业宜游的优质生活圈

资料来源：笔者根据各城市群发展规划纲要的内容收集整理。

四　城市群与都市圈齐头并进

都市圈是城市群的核心，也是推进城市群健康高质量发展的核心抓手。国家对都市圈的建设十分重视，2014 年 3 月中共中央发布的《国家新型城镇化规划（2014—2020 年）》中就提出要"培育形成通勤高效、一体化发展的都市圈"，但是没有出台具体的指导意见和推进方案。直到 2019 年 2 月，《国家发改委关于培育发展现代化都市圈的指导意见》才首次对都市圈的概念和范围进行了界定，并就如何培育现代化都市圈提出了具体的指导意见。该文件提出都市圈是城市群内部以超大特大城市或辐射带动功能强的大城市为中心、以 1 小时通勤圈为基本范围的城镇化空间形态。要通过推进基础设施一体化、强化城市间产业分工协作、加快建设统一开放市场、推进公共服务共建共享、强化生态环境共保共治、率先实现城乡融合发展、构建都市圈一体化发展机制等措施培育发展一批空间结构清晰、城市功能互补、要素流动有序、产业分工协调、交通往来顺畅、公共服务均衡、环境和谐宜居的现代化都市圈，形成区域竞争新优势，为城市群高质量发展、经济转型升级提供重要支撑。2019 年 3 月，国家发改委印发《2019 年新型城镇化建设重点任务》，提出要按照统筹规划、合理布局、分工协作、以大带小的原则，立足资源环境承载能力，推动城市群和都市圈健康发展，构建大中小城市和小城镇协调发展的城镇化空间格局。此外，2019 年 8 月 26 日召开的中央财经委员会第五次会议提出，中心城市和城市群正在成为承载发展要素的主要空间形式，新形势下促进区域协调发展，要促进各类要素合理流动和高效集聚，增强中心城市和城市群等经济发展优势区域的经济和人口承载能力。至此，中国已进入城市群和都市圈齐头并进、互促互进的发展阶段。

在 40 年的发展过程中，中国城市群的地位和作用不断凸显。伴随着改革开放，中国城市群不断成长为人口和财富的集聚区，各项经济指标在全国的地位不断提升，集聚效应不断增强。由表 13—2 可以看出，中国三大城市群（长三角、珠三角和京津冀）的土地面积占比由 1987 年的 2.70% 增加到 2017 年的 5.10%，地区生产总值占全国的比重由 12.70% 增加到 38.86%，总人口占全国的比重由 13.61% 增加到 23.50%，实际利用外资额占全国的比重由 23.91% 上升到 47.88%，等等。具体以京津冀城市群为例，其是全国创新能力最强、第三产业占比最高、最具发展活力和发展潜力的城市群之一。数据显示，2017 年京津冀城市群地区生产总值超过 8 万亿，全社会固定资产投资额突破 5 万亿，社会消费品零售总额超过 3 万亿，分别占全国的 9.74%、8.28%、9.07%。

同时，中国城市群在选择、培育和发展中面临的深层次问题也越来越多，当前的主要问题有：城市群的发育程度较低且参差不齐、城市规模等级体系不合理、城市群内部功能分工和发展定位不明确、城市间空间联系和一体化水平不高、区域协调发展体制机制不健全、城市群的环境资源承载压力较大。除此之外，中国当前城市群的影响力和体量依然不够大，缺少世界级城市群和全球中心城市。在空间上，良好的协同分工体系在东部城市群尚未形成，中部的城市群则发展不够快，西部的城市群受自身多种条件的限制难以实现良好的发展。如何推进城市群一体化进程、助推城市群扩容提质、发挥城市群区域带动作用、推动形成优势互补高质量发展的区域经济布局，是一个棘手的问题。

表13—2　　　　　　　中国三大城市群主要经济指标及其变化　　　　　单位：%

年份	地区	地区生产总值占全国比重	总人口占全国比重	城镇人口占全国比重	全社会固定资产投资额占全国比重	实际利用外资额占全国比重	一般公共预算收入占全国比重	社会消费品零售总额占全国比重	面积占全国比重
2017	长三角城市群	19.97	10.99	13.39	14.26	24.13	21.49	17.42	2.20
	京津冀城市群	9.74	8.09	8.97	8.28	15.84	12.00	9.07	2.30
	珠三角城市群	9.15	4.42	6.45	3.97	7.91	8.15	7.46	0.60
	三大城市群总和	38.86	23.50	28.81	26.51	47.88	41.64	33.95	5.10
1987	长三角城市群	7.40	8.36	4.93	9.75	8.32	14.14	16.17	1.50
	京津冀城市群	3.30	3.47	3.25	7.06	6.48	6.64	8.24	0.70
	珠三角城市群	2.00	1.78	1.33	3.23	9.11	2.71	5.23	0.50
	三大城市群总和	12.70	13.61	9.51	20.04	23.91	23.49	29.64	2.70

资料来源：《中国城市统计年鉴》和各省（直辖市）、地级市统计年鉴，其中长三角城市群包括26个城市，京津冀城市群包括13个城市，珠三角城市群包括9个城市（不包含香港和澳门）。

第二节　中国城市群研究的理论成就

中国对于城市群的研究开始较晚，始于改革开放以后，但是发展非常迅速。自城市群的相关概念被引入中国后，国内一大批学者开始关注城市群及其相关的城镇集群、集合城市、都市连绵区、大都市区、巨型城市等概念，并对中国城市群的范围界定、动力机制、发展质量等进行了细致深入的理论探索和实证研究，成果不断丰富。

第一，对于城市群的定义及形成发育的充要条件基本达成一致。关于城市群的定义，目前比较公认的是姚士谋和方创琳两位学者提出的，归结起来就是"城市群被认为是在特定的地域范围内具有相当数量的不同性质、类型和等级规模的城市，依托一定的自然环境条件，以一个或两个超大或特大城市作为地区经济的核心，借助于现代化的交通工具和综合运输网的通达性，以及高度发达的信息网络，发生与发展着城市个体之间的内在联系，共同构成一个相对完整的城市'集合体'"。城市群形成发育的充要条件基本可概括为：至少有 3 个以上大中城市，必须至少有 1 个市区常住人口超过 1000 万人的超大城市或 500 万人以上的特大城市作为核心城市带动，城市之间交通、通信等网络非常发达和快捷，经济社会交往联系密切。

第二，对于城市群空间范围的界定标准更加完善合理。周一星（1995）在对都市区空间范围和都市连绵区形成条件进行分析的基础上提出了都市连绵区空间范围识别的五大指标。姚士谋等（2001）在《中国城市群》论著中，提出了城市群空间范围的十大标准。方创琳（2009）也提出城市群空间范围识别的十大基本判断标准。宁越敏（2014）提出了城市群界定的六项标准。珇立宁等（2018）从概念内涵、政策意义、测度标准等方面提出了有中国特色的都市圈制度构想。张学良等（2018）提出都市圈建设的首要任务是促进要素流动、明确区域分工、加强城市治理和协调机制建设，形成都市圈"功能—产业—人口—空间—公共服务"协调发展的新格局。清华大学中国新型城镇化研究院（2019）提出应以人口规模和国家战略需求为标准选取中心城市，以与中心城市的联系度为标准确定都市圈范围，建议将城区人口 500 万人以上、1 小时左右通勤圈内人口密度超过 1500 人/平方千米作为都市圈划定的基本门槛。

第三，对于中国城市群发展动力机制的研究不断深入。叶裕民等（2008）认为由市场决定的生产过程在微观、中观、宏观三个层面上的运行机理决定着城市群的产生、发育与成长机制。方创琳等（2011）认为经济全球化、新型工业化、信息化、交通快速化、新政策是推动中国城市群形成发育的五个新型驱动力。姚士谋等（2016）认为城市—区域经济增长与产业联系是城市群的发育基础，FDI 等资本流动与人口集聚是城市群发育的重要动力，现代交通与信息化技术是城市群发育的重要推动因素，国家（区域）政策对城市群的发育与发展产生重要影响。张学良（2017）认为都市圈本质上是区域核心城市与周边中小城市在分工与协作基础上形成的具有密切联系的一体化功能区域，其核心驱动力来源于资源在超越单一城市的城市体系内的集聚与优化配置。

第四，对于中国城市群的实证研究方法不断创新，研究视角更加多元，且坚持问题导向。例如，很多学者关注城市群内部的空间联系和网络结构。朱英明等（2002）借助城市流强度模型研究了沪宁杭城市密集区的空间联系。宋吉涛（2009）通过构建城市产业联系强度指数，刻画了城市群内部产业联系的空间结构特征。孙东琪等（2013）构建产业联系强度测度模型，对长三角城市群与京津冀城市群展开了实证研究。王圣云等（2016）应用社会网络方法对1990 年、2000 年、2012 年长江中游城市群空间联系网络结构动态演变进行了分析。孙久文等（2016）通过构建多维度指标体系，借助修正后的引力模型对京津冀地区 13 个城市之间的空间经济联系强度进行了定量分析。也有很多学者试图从不同维度对城市群（或都市圈）的空间范围进行识别。潘竟虎等（2017）利用 Huff 模型，基于矢量数据，采用最短交通路网距离和城市综合规模值来综合测算腹地与中心城市之间的势能，并对全国地级及以上城市的空间影响范围进行识别。琚立宁等（2018）基于经济、社会、文化和交通联系紧密度这四个维度对上海大都市圈的空间范围进行了测度。张学良等（2018）选取 30 千米作为通勤可达率的计算指标，并结合规模以上工业企业的数据、经济普查的数据、夜间灯光数据和遥感数据以及一些 OD 数据从全国尺度、城市群尺度和重点城市尺度三个层面对都市圈空间范围进行了初识别。清华大学中国新型城镇化研究院（2019）通过构建都市圈高质量发展指标体系，测算出了各都市圈发展质量的综合得分，并按发展水平分为三个层级，其中成熟型都市圈2个（长三角都市连绵区、珠三角都市连绵区），发展型都市圈16个，培育型都市圈11个。

此外，众多学者也陆续出版了许多有关城市群的专著，深入探讨中国城市群的发展现状、存在的问题及提升路径，其中影响较大的包括姚士谋的《中国的城市群》和《中国城市群新论》，张学良主编的《2016中国区域经济发展报告：长江经济带与中国城市群发展》和《2017中国区域经济发展报告："一带一路"建设与中国城市群发展》，方创琳和姚士谋等的《2010中国城市群发展报告》，刘士林、刘新静的《中国城市群发展报告：2016》，方创琳等的《中国城市群可持续发展理论与实践》《中国城市群选择与培育的新探索》和《2016中国城市群发展报告》。除此之外，国内学术界也发表了众多有关城市群的文章和研究成果，且呈逐年快速增长的趋势。通过对文献进行梳理，可以发现研究内容主要包括：城市群的界定与划分，竞争力评价与分析，评述、展望与回顾，承载力评价与分析，城市群的空间结构、联系与演变，发展模式与战略方向，系统整合与协调发展，形成机制与发展动力，发展质量与效益。

综上所述，可以看出新中国成立70年来，城市群研究先后经历了从无到有、逐渐本土化、快速发展、精细化和多元化等阶段，在注重吸收和借鉴国外研究成果的同时，也越来越聚焦于中国问题，对于中国城市群的研究更加具有前瞻性、系统性和针对性，既关注整体的协调发展，又聚焦特定城市群的具体问题，且涵盖城市群研究的方方面面。可以说，中国城市群的研究进入了一个理论探索和实际需要互促互进的黄金期。

第三节 中国城市群发展的未来展望

第一，中国城市群的培育和发展已经迈向精细化和深度一体化时代，未来中国城市群的格局应该是形成长三角、粤港澳大湾区和京津冀三大世界级城市群，建设5—7个成熟型国家级城市群，培育10个左右发展型区域性城市群，形成25—30个不同层级、结构合理的现代化都市圈。其中，国家级城市群主要分布在中国沿海、长江和黄河等重要流域沿线，区域性城市群主要分布在中西部人口集中区和经济集聚区，现代化都市圈则主要是以省会城市、国家中心城市、城市群核心城市和重要节点城市为依托逐渐形成。

第二，长三角城市群、粤港澳大湾区和京津冀城市群是当前中国发展最为成熟的三大城市群，有望进一步发展成为世界级城市群。但是与世界级城市群相比，还存在经济体量不够大、投入产出效率比较低、区域一体化水平不够高、区域协调发展体制机制不健全、缺少全球中心城市等问题，需要尽快明晰差距，找出不足，加快推进城市群高质量一体化发展。

第三，城市群发展的关键在于一体化，主要包含基础设施和公共服务的一体化、产业一体化、要素流动一体化、市场一体化、政策规划与体制机制一体化。中国城市群的一体化发展也需要打破"以邻为壑"的利益藩篱，树立一盘棋的思维，创新权责利机制，加强政策协调，构建区域协调发展新机制。要做好城市功能的"聚与疏"，加快产业转型升级和产业集群建设，强化产业链的协作与分工，打造高水平对接合作平台。要大力改善营商环境，推动基础设施互联互通、公共服务共建共享、要素自由流动、市场统一开放。

第四，城镇化是现代化的必由之路，也是乡村振兴和区域协调发展的有力支撑。而城市群作为推进国家新型城镇化的空间主体，是新型城镇化的重要推动力。这两者相互促进，相伴而生，共生共荣。因此，要加快现代化都市圈和中心城市建设，促进城乡区域融合发展，构建大中小城市和小城镇协调发展的城镇化空间格局。

此外，现代交通体系的不断完善和科技创新有利于构建网络化的空间格局，推动地区间合理分工和功能互补，缩小地区差距，进而促进区域协调发展。因此，要以"五大发展理念"为引领，构建现代化交通体系，坚持创新驱动发展，推进智慧型、绿色低碳型城市建设。要反对一刀切，精准聚焦各城市群的具体问题，精细化因城施策，同时也要做好城市群培育发展的中期评估监测以及后期总结反思工作。

综上所述，新中国成立 70 年来，中国城市群无论是在理论研究层面还是在实际发展中都取得了巨大的成就，是支撑中国经济转型和推动社会发展的重要引擎。学术界的研究和探索不断深入，理论将愈加成熟和完善，将为中国城市群的高质量发展提供越来越强大的智力支持和更加科学合理的理论指导。国家层面始终高度重视加快高质量城市群的建设以及现代化都市圈的培育，从政策规划层面对城市群的发展进行更加精细化的统筹规划。因此，我们有理由相信，中国城市群和都市圈的建设将实现人与城市的共生共荣共同发展，城市群的行政、经济、人文等边界将不断走向重合，发展空间将走向网络化和多元化，从而最终走向绿色化、智慧化、国际化和高质量一体化。

参考文献

［美］埃里克·布莱恩约弗森、安德鲁·麦卡菲：《第二次机器革命：数字化技术将如何改变我们的经济与社会》，蒋永军译，中信出版社 2014 年版。

安虎森、季赛卫：《演化经济地理学理论研究进展》，《学习与实践》2014 年第 7 期。

安虎森、朱妍：《产业集群理论及其进展》，《南开经济研究》2003年第 3 期。

安礼伟、张二震：《论开发区转型升级与区域发展开放高地的培育——基于江苏的实践》，《南京社会科学》2013 年第 3 期。

安树伟：《"一带一路"对我国区域经济发展的影响及格局重塑》，《经济问题》2015 年第 4 期。

安树伟：《改革开放 40 年以来我国区域经济发展演变与格局重塑》，《人文杂志》2018 年第 6 期。

安树伟、常瑞祥：《中国省际经济增长的传递及其机制分析》，《中国软科学》2016 年第 11 期。

安树伟、肖金成：《区域发展新空间的逻辑演进》，《改革》2016 年第 8 期。

安树伟、郁鹏：《未来中国区域经济发展空间战略新棋局》，《区域经济评论》2015 年第 1 期。

安同良：《中国企业的技术选择》，《经济研究》2003 年第 7 期。

安维复：《从国家创新体系看现代科学技术革命》，《中国社会科学》

2000 年第 5 期。

［美］巴里·诺顿：《中国经济：转向与增长》，安佳译，上海人民
　　出版社 2010 年版。

白俊红、卞元超：《要素市场扭曲与中国创新生产的效率损失》，
　　《中国工业经济》2016 年第 11 期。

白重恩、杜颖娟、陶志刚等：《地方保护主义及产业地区集中度的决
　　定因素和变动趋势》，《经济研究》2004 年第 4 期。

包小忠：《20 世纪 90 年代日本产业政策衰微的原因分析——关于日
　　本产业政策的最新回顾》，《世界经济研究》2001 年第 4 期。

薄文广、刘阳、李佳：《京津冀产业协同创新共同体发展研究》，
　　《区域经济评论》2019 年第 3 期。

蔡昉、王美艳、曲玥：《中国工业重新配置与劳动力流动趋势》，
　　《中国工业经济》2009 年第 8 期。

蔡之兵、张可云：《区域的概念、区域经济学研究范式与学科体系》，
　　《区域经济评论》2014 年第 6 期。

曹贤忠：《经济技术开发区转型升级影响因素实证分析——以芜湖为
　　例》，《石家庄经济学院学报》2015 年第 1 期。

曹贤忠、曾刚：《基于熵权 TOPSIS 法的经济技术开发区产业转型升
　　级模式选择研究——以芜湖市为例》，《经济地理》2014 年第
　　4 期。

茶洪旺、和云：《中国生产力布局的理论与实践述评》，《中国生产
　　力学会第十三届年会专辑》，2005 年 11 月 16 日。

柴志贤、黄祖辉：《集聚经济与中国工业生产率的增长——基于
　　DEA 的实证分析》，《数量经济技术经济研究》2008 年第 11 期。

长江流域发展研究院课题组：《长江经济带发展战略研究》，《华东
　　师范大学学报》（哲学社会科学版）1998 年第 4 期。

常修泽：《国有经济布局的战略调整分析》，《经济体制改革》1999
　　年第 6 期。

陈炳才：《外商直接投资与中国技术进步的关系——兼谈如何实现

"以市场换技术"》,《国际贸易问题》1998 年第 1 期。

陈超、王海建:《环境外在性与"干中学"内生经济增长》,《预测》
　　2002 年第 2 期。

陈超凡:《中国工业绿色全要素生产率及其影响因素——基于 ML 生
　　产率指数及动态面板模型的实证研究》,《统计研究》2016 年第
　　3 期。

陈东林:《中国共产党与三线建设》,中共党史出版社 2014 年版。

陈栋生:《经济布局与区域经济》,中国社会科学出版社 2013 年版。

陈栋生:《论布局政策和区域政策 (续)》,《江西社会科学》1989
　　年第 4 期。

陈栋生:《区域经济学》,河南人民出版社 1993 年版。

陈栋生:《中国产业布局研究》,经济科学出版社 1988 年版。

陈丰龙、康宁:《本土市场规模与中国制造业全要素生产率》,《中
　　国工业经济》2012 年第 5 期。

陈汉欣、林幸青:《我国港口布局原则的初步探讨》,《中山大学学
　　报》(社会科学版) 1960 年第 3 期。

陈宏平、陇小渝:《规制的困惑——规制政策的动态演变及其成本分
　　析》,《西南师范大学学报》(哲学社会科学版) 1999 年第 1 期。

陈佳贵:《改革以投资驱动为主要特征的经济发展方式增强消费对经
　　济的拉动力》,《经济体制改革》2012 年第 4 期。

陈佳贵、黄群慧:《工业发展、国情变化与经济现代化战略——中国
　　成为工业大国的国情分析》,《中国社会科学》2005 年第 4 期。

陈佳贵、黄群慧、钟宏武:《中国地区工业化进程的综合评价和特征
　　分析》,《经济研究》2006 年第 6 期。

陈家祥:《开发区产业转型及其规划对策研究——以南京高新区为
　　例》,《江苏城市规划》2014 年第 8 期。

陈晋文:《中国近代对外贸易史研究综述》,http://economy.guox-
　　ue.com/? p =4527, 2011 年 10 月 16 日。

陈康、谢千里:《中国经济改革的经验》,《经济社会体制比较》

1992 年第 4 期。

陈宽等：《中国国营工业生产率变动趋势研究》，《中国社会科学》1988 年第 4 期。

陈民、王岳平：《地区产业结构改造和产业布局调整》，《计划经济研究》1988 年第 S2 期。

陈明艺：《国外出租车市场规制研究综述及其启示》，《外国经济与管理》2006 年第 8 期。

陈胜昌：《关于〈中国经济结构问题研究〉答问著译者言》，《读书》1982 年第 12 期。

陈时中：《经济增长的结构因素分析》，《数量经济技术经济研究》1986 年第 7 期。

陈涛涛：《影响中国外商直接投资溢出效应的行业特征》，《中国社会科学》2003 年第 4 期。

陈希、黄志杰、胥俊章：《有效利用能源是发展国民经济的重要问题》，《经济研究》1979 年第 5 期。

陈耀、季允丰、生步兵：《开发区转型升级的"扬州模式"研究》，《南京社会科学》2011 年第 3 期。

陈耀庭：《关于垄断利润和垄断价格的几个理论问题》，《中国人民大学学报》1987 年第 6 期。

陈重、韩志国：《八十年代的日本产业政策》，《现代日本经济》1983 年第 1 期。

程俊杰：《中国转型时期产业政策与产能过剩——基于制造业面板数据的实证研究》，《财经研究》2015 年第 8 期。

程茂吉：《我国沿海五大高新技术产业开发区区集聚带的初步分析》，《开发研究》1995 年第 2 期。

戴觅、余淼杰：《企业出口前研发投入、出口及生产率进步——来自中国制造业企业的证据》，《经济学（季刊）》2011 年第 1 期。

戴翔：《中国制造业国际竞争力——基于贸易附加值的测算》，《中国工业经济》2015 年第 1 期。

戴翔、刘梦、任志成：《劳动力演化如何影响中国工业发展：转移还是转型》，《中国工业经济》2016 年第 9 期。

邓宏图、徐宝亮、邹洋：《中国工业化的经济逻辑：从重工业优先到比较优势战略》，《经济研究》2018 年第 11 期。

邓向荣、曹红：《产业升级路径选择：遵循抑或偏离比较优势——基于产品空间结构的实证分析》，《中国工业经济》2016 年第 2 期。

邓子基：《我国第一个五年计划关于工业地区分布的正确部署》，《厦门大学学报》（社会科学版）1955 年第 6 期。

邓子基、邓力平：《税收中性、税收调控与产业政策》，《财政研究》1995 年第 9 期。

丁方允：《一般生产函数的科技要素生产率的性质及计算方法》，《数学的实践与认识》1989 年第 2 期。

丁加栋：《中国工业布局变动趋势及其主要影响因素研究》，硕士学位论文，重庆大学，2010 年。

董辅礽：《中华人民共和国经济史》（下卷），经济科学出版社 1999 年版。

董志凯：《中国共产党与 156 项工程》，中共党史出版社 2015 年版。

豆建民、张可：《中国城市群发展的战略目标、思路与展望》，《城市观察》2013 年第 5 期。

杜辉：《略论我国工业化升级转换中的战略选择》，《经济研究》1992 年第 4 期。

杜义飞：《基于价值创造与分配的产业价值链研究》，博士学位论文，电子科技大学，2005 年。

樊杰：《我国主体功能区划的科学基础》，《地理学报》2007 年第 4 期。

樊杰：《中国主体功能区划方案》，《地理学报》2015 年第 2 期。

范炳竖：《怎样分析各种因素对劳动生产率的影响》，《劳动工作》1980 年第 10 期。

范恒山、赵凌云：《促进中部地区崛起重大战略问题研究》，中国财政经济出版社 2010 年版。

范红忠：《有效需求规模假说、研发投入与国家自主创新能力》，《经济研究》2007 年第 3 期。

范建勇：《产业集聚与中国地区差距研究》，上海人民出版社 2008 年版。

范剑勇：《产业集聚与地区间劳动生产率差异》，《经济研究》2006 年第 11 期。

方创琳：《城市群空间范围识别标准的研究进展与基本判断》，《城市规划学刊》2009 年第 3 期。

方创琳：《改革开放 40 年来中国城镇化与城市群取得的重要进展与展望》，《经济地理》2018 年第 9 期。

方创琳：《中国新型城镇化高质量发展的规律性与重点方向》，《地理研究》2019 年第 1 期。

方创琳、鲍超、马海涛：《2016 中国城市群发展报告》，科学出版社 2016 年版。

方建中、邹红：《江苏科技园区转型升级研究》，《科技与经济》2010 年第 6 期。

冯宝兴、万欣、张大简：《在一定时期内优先发展轻工业的客观必然性》，《经济研究》1980 年第 1 期。

冯斌星：《新常态下加快园区产业转型升级的路径研究》，《宝鸡文理学院学报》（社会科学版）2017 年第 6 期。

冯德华、黄载尧：《关于综合性水利枢纽内部各部门经济效益的初步探讨》，《经济研究》1962 年第 5 期。

冯根福、刘志勇、蒋文定：《我国东中西部地区间工业产业转移的趋势、特征及形成原因分析》，《当代经济科学》2010 年第 2 期。

冯国华：《打造大数据驱动的智能制造业》，《中国工业评论》2015 年第 4 期。

冯海发、李溦：《试论工业化过程中的工农业关系》，《经济研究》1989 年第 12 期。

冯华德、黄载尧：《关于大型水利枢纽布局经济效益综合论证的几个问题》，《经济研究》1962 年第 2 期。

冯晓琦、万军：《从产业政策到竞争政策：东亚地区政府干预方式的转型及对中国的启示》，《南开经济研究》2005 年第 5 期。

冯昭奎：《工业化、信息化、新产业文明：技术进步对世界经济的影响》，《世界经济》2001 年第 5 期。

冯之浚、周蓉：《低碳经济：中国实现绿色发展的根本途径》，《中国人口・资源与环境》2010 年第 4 期。

冯子标：《中部塌陷原因及崛起途径探析》，《管理世界》2005 年第12 期。

符正平：《新竞争经济学及其启示——评波特竞争优势理论》，《管理世界》1999 年第 3 期。

傅京燕、李丽莎：《环境规制、要素禀赋与产业国际竞争力的实证研究——基于中国制造业的面板数据》，《管理世界》2010 年第10 期。

傅晓霞、吴利学：《技术差距、创新路径与经济赶超——基于后发国家的内生技术进步模型》，《经济研究》2013 年第 6 期。

傅勇、白龙：《中国改革开放以来的全要素生产率变动及其分解（1978—2006 年）——基于省际面板数据的 Malmquist 指数分析》，《金融研究》2009 年第 7 期。

富金鑫、李北伟：《新工业革命背景下技术经济范式与管理理论体系协同演进研究》，《中国软科学》2018 年第 5 期。

干春晖、余典范：《城市化与产业结构的战略性调整和升级》，《上海财经大学学报》2003 年第 4 期。

高钟：《简评"三次产业"分类法》，《计划经济研究》1985 年第8 期。

葛顺奇、刘晨、罗伟：《外商直接投资的减贫效应：基于流动人口的微观分析》，《国际贸易问题》2016 年第 1 期。

龚刚、魏熙晔、杨先明、赵亮亮：《建设中国特色国家创新体系　跨越中等收入陷阱》，《中国社会科学》2017 年第 8 期。

谷文琴、陈芳：《合肥经济技术开发区经济实力评价及转型发展研究》，《重庆三峡学院学报》2015 年第 5 期。

郭克莎：《1979—1988 年经济增长的因素及效应分析》，《经济研究》1990 年第 10 期。

郭克莎：《外商直接投资对我国产业结构的影响研究》，《管理世界》2000 年第 2 期。

郭克莎：《我国产业结构变动趋势及政策研究》，《管理世界》1999 年第 5 期。

郭克莎：《中国：改革中的经济增长与结构变动》，上海三联书店 1993 年版。

郭克莎：《中国工业化的进程、问题与出路》，《中国社会科学》2000 年第 3 期。

郭克莎：《中国经济发展进入新常态的理论根据——中国特色社会主义政治经济学的分析视角》，《经济研究》2016 年第 9 期。

郭力生、徐战菊：《欧盟的产业保护政策措施》，《WTO 经济导刊》2006 年第 7 期。

郭琪、贺灿飞：《演化经济地理视角下的技术关联研究进展》，《地理科学进展》2018 年第 2 期。

郭庆旺、赵志耘：《污染课税问题初探》，《当代经济科学》1992 年第 5 期。

郭吴新：《战后西欧的国家垄断资本主义的发展状况及其特点》，《世界经济》1982 年第 2 期。

郭祥才：《马克思主义跨越发展理论与中国新型工业化道路》，《中国社会科学》2003 年第 6 期。

国家发展改革委：《打造"1258"老区支持政策体系　推动革命老区脱贫攻坚振兴发展》，《中国经贸导刊》2016 年第 6 期。

国家发展改革委、外交部、商务部：《推动共建丝绸之路经济带和 21 世纪海上丝绸之路的愿景与行动》，2015 年。

国家计委计划经济研究所：《〈新中国国民经济计划史纲要（初稿）〉（专辑二）　第六章　发展国民经济的第三个五年计划（1966—1970 年）》，《计划经济研究》1984 年第 11 期。

国务院发展研究中心产业政策专题研究组：《我国产业政策的初步研究》，《计划经济研究》1987 年第 5 期。

过勇、胡鞍钢：《行政垄断、寻租与腐败——转型经济的腐败机理分析》，《经济社会体制比较》2003 年第 2 期。

郝寿义：《建立区域经济学理论体系的构想》，《南开经济研究》2004 年第 1 期。

何道峰：《我国社会主义经济机制与技术创新——企业创新行为研究》，《经济研究》1986 年第 6 期。

何建章：《关于三次产业的若干理论问题》，《南方经济》1985 年第 4 期。

何林、袁建华：《人口、经济发展与环境污染关系的定量分析》，《人口与经济》1993 年第 4 期。

贺灿飞、梁进社：《中国外商直接投资的区域分异及其变化》，《地理学报》1999 年第 2 期。

贺沛海：《论我国轻工业的技术创新战略》，《中国工业经济》1995 年第 11 期。

洪银兴：《以创新支持开放模式转换——再论由比较优势转向竞争优势》，《经济学动态》2010 年第 11 期。

侯方宇、杨瑞龙：《产业政策有效性研究评述》，《经济学动态》2019 年第 10 期。

侯知正：《试论林业在国民经济中的作用》，《经济研究》1962 年第 5 期。

胡安俊、孙久文（2018a）：《产业布局的研究范式》，《经济学家》2018 年第 2 期。

胡安俊、孙久文（2018b）：《空间层级与产业布局》，《财贸经济》2018 年第 10 期。

胡安俊、孙久文：《中国制造业转移的机制、次序与空间模式》，《经济学（季刊）》2014 年第 4 期。

胡鞍钢：《全球气候变化与中国绿色发展》，《中共中央党校学报》2010 年第 2 期。

胡鞍钢、周绍杰：《绿色发展：功能界定、机制分析与发展战略》，《中国人口·资源与环境》2014 年第 1 期。

胡序威、胡听主：《工业布局的技术经济论证》，《地理学报》1965 年第 3 期。

胡兆量：《中国七个经济区域评价》，《经济地理》1997 年第 1 期。

黄灿：《政治关联能改善民营企业的经营绩效吗？——基于全国民营企业抽样数据的再研究》，《财经问题研究》2013 年第 12 期。

黄德春、刘志彪：《环境规制与企业自主创新——基于波特假设的企业竞争优势构建》，《中国工业经济》2006 年第 3 期。

黄华民：《外商直接投资与我国实质经济关系的实证分析》，《南开经济研究》2000 年第 5 期。

黄辉：《从我国产业布局政策的演变看西部开发》，《西北工业大学学报》（社会科学版）2001 年第 4 期。

黄玖立、李坤望：《对外贸易、地方保护和中国的产业布局》，《经济学（季刊）》2006 年第 2 期。

黄茂兴、叶琪：《马克思主义绿色发展观与当代中国的绿色发展——兼评环境与发展不相容论》，《经济研究》2017 年第 6 期。

黄群慧：《改革开放 40 年中国的产业发展与工业化进程》，《中国工业经济》2018 年第 9 期。

黄群慧：《论新时期中国实体经济的发展》，《中国工业经济》2017 年第 9 期。

黄群慧：《论中国工业的供给侧结构性改革》，《中国工业经济》2016 年第 9 期。

黄群慧：《中国的工业大国国情与工业强国战略》，《中国工业经济》2012 年第 3 期。

黄群慧：《中国工业化进程：阶段、特征与前景》，《经济与管理》2013 年第 7 期。

黄群慧、贺俊：《"第三次工业革命"与中国经济发展战略调整——技术经济范式转变的视角》，《中国工业经济》2013 年第 1 期。

黄群慧、黄阳华、贺俊、江飞涛：《面向中上等收入阶段的中国工业化战略研究》，《中国社会科学》2017 年第 12 期。

黄群慧、李芳芳等：《中国工业化进程（1995—2015）》，社会科学文献出版社 2017 年版。

黄群慧、王钦：《中国工业经济与企业管理若干前沿问题综述》，《经济管理》2007 年第 8 期。

黄荣生：《对综合利用河流规划中航运经济规划工作的一些意见》，《经济研究》1958 年第 6 期。

黄少卿、郭洪宇：《产业政策的目标：增强市场竞争秩序——基于政府与市场关系视角》，《学习与探索》2017 年第 4 期。

黄速建、肖红军、王欣：《论国有企业高质量发展》，《中国工业经济》2018 年第 10 期。

黄先海、石东楠：《对外贸易对我国全要素生产率影响的测度与分析》，《世界经济研究》2005 年第 1 期。

黄兴年、王庆东：《国际贸易新规则的制度非中性与中国产业升级路径选择——兼评盛斌的"中国产业升级对策说"》，《国际贸易》2016 年第 3 期。

黄燕萍、刘榆、吴一群：《中国地区经济增长差异：基于分级教育的效应》，《经济研究》2013 年第 4 期。

黄一义：《论本世纪我国产业优先顺序的选择》，《管理世界》1988 年第 3 期。

黄玉兴、陈忠暖、陈婷：《地理学视角下中国城市群研究综述》，《城市观察》2016 年第 1 期。

吉婷婷等：《基于熵权 Topsis 的淮河生态经济带水资源承载力评价》，《中国农业资源与区划》2018 年第 9 期。

季伟：《国外划分三次产业的标准》，《天津金融研究》1984 年第
　11 期。

贾根良：《第三次工业革命与工业智能化》，《中国社会科学》2016
　年第 6 期。

江飞涛、李晓萍：《改革开放四十年中国产业政策演进与发展——兼
　论中国产业政策体系的转型》，《管理世界》2018 年第 10 期。

江瑞平：《法人垄断资本主义——关于日本模式的一种解析》，《中
　国社会科学》1998 年第 5 期。

江小涓：《论我国产业结构政策的实效和调整机制的转变》，《经济
　研究》1991 年第 2 期。

江小涓：《体制转轨中的增长、绩效与产业组织变化：对中国若干行
　业的实证研究》，格致出版社 2015 年版。

姜承昊：《中国省际财政平衡和区域差距研究》，《当代财经》1997
　年第 8 期。

姜国利：《新疆继续推进兴边富民行动的思考》，《实事求是》2013
　年第 5 期。

姜泽华、白艳：《产业结构升级的内涵与影响因素分析》，《当代经
　济研究》2006 年第 10 期。

蒋殿春、张宇：《经济转型与外商直接投资技术溢出效应》，《经济
　研究》2008 年第 7 期。

蒋家俊：《生产资料生产优先增长理论的探讨》，《学术月刊》1962
　年第 9 期。

蒋兴明：《产业转型升级内涵路径研究》，《经济问题探索》2014 年
　第 12 期。

金碚：《关于"高质量发展"的经济学研究》，《中国工业经济》
　2018 年第 4 期。

金碚：《论我国现阶段的产业政策》，《经济理论与经济管理》1989
　年第 6 期。

金碚：《现阶段我国推进产业结构调整的战略方向》，《求是》2013

年第 4 期。

金碚：《中国工业的技术创新》，《中国工业经济》2004 年第 5 期。

金和辉、杜志雄：《中国乡村工业的生产率：增长速度和地区差异》，
　　《中国农村经济》1993 年第 7 期。

金学：《关于社会主义再生产问题的讨论及值得探讨的若干问题》，
　　《学术月刊》1962 年第 6 期。

琚立宁：《都市圈的概念内涵与测度方法探讨》，《共享与品质——
　　2018 中国城市规划年会论文集》，2018 年。

孔爱国、郭邱杰：《城市规模与城市污染——数理模型的分析》，
　　《数量经济技术经济研究》1996 年第 2 期。

邝日安、方行、戎文佐：《南票综合利用煤矸石的经验好》，《经济
　　研究》1978 年第 5 期。

拉丰：《激励与新型规制方式》，《数量经济技术经济研究》1994 年
　　第 10 期。

雷明：《技术进步、组织管理效率与生产率变动决定》，《经济科学》
　　1997 年第 4 期。

雷明、冯珊：《全要素生产率（TFP）变动成因分析》，《系统工程理
　　论与实践》1996 年第 4 期。

黎文靖、李耀淘：《产业政策激励了公司投资吗》，《中国工业经济》
　　2014 年第 5 期。

黎祖交：《关于从国家战略层面构建汉江生态经济带的建议》，《绿
　　色中国》2017 年第 5 期。

李必强、任俨：《论工业生产专业化、技术进步和经济效果》，《经
　　济研究》1964 年第 2 期。

李斌、彭星、欧阳铭珂：《环境规制、绿色全要素生产率与中国工业
　　发展方式转变——基于 36 个工业行业数据的实证研究》，《中国工
　　业经济》2013 年第 4 期。

李泊溪、谢伏瞻、李培育：《对“瓶颈”产业发展的分析与对策》，
　　《经济研究》1988 年第 12 期。

李存芳、王世进、汤建影：《江苏经济开发区向创新型经济转型升级的动因与路径》，《经济问题探索》2011 年第 10 期。

李飞跃：《技术选择与经济发展》，《世界经济》2012 年第 2 期。

李果：《中国工业技术创新的结构差异》，《中国工业经济》1997 年第 1 期。

李恢宏、松启仁、王华新：《关于轻、重工业划分问题的意见》，《中国统计》1957 年第 18 期。

李江帆：《服务消费品的使用价值与价值》，《中国社会科学》1984 年第 3 期。

李金萍：《资源枯竭型城市经济转型过程中的政府作用分析》，《商业经济》2011 年第 19 期。

李京文：《工业生产中的物质节约问题》，《经济研究》1961 年第 7 期。

李廉水、程中华、刘军：《中国制造业"新型化"及其评价研究》，《中国工业经济》2015 年第 2 期。

李玲玲、魏晓、陈威：《"中部塌陷"与湖南经济的崛起》，《经济地理》2004 年第 6 期。

李隆章：《关于工业劳动生产率指标计算中的几个问题》，《财经科学》1959 年第 5 期。

李鹏：《关于国民经济和社会发展十年规划和第八个五年计划纲要的报告》，人民出版社 1991 年版。

李平、田朔：《出口贸易对技术创新影响的研究：水平溢出与垂直溢出——基于动态面板数据模型的实证分析》，《世界经济研究》2010 年第 2 期。

李朴民：《关于国有企业资产重组的思考》，《中国工业经济》1996 年第 12 期。

李青：《试析区域产业同构问题》，《江汉论坛》1991 年第 11 期。

李权国等：《基于变异系数的汉江生态经济带鄂豫陕协调发展》，《湖北文理学院学报》2018 年第 2 期。

李全喜:《大力开展劳动力平衡调配工作》,《中国劳动》1956 年第 2 期。

李寿生:《关于 21 世纪前 10 年产业政策若干问题的思考》,《管理世界》2000 年第 4 期。

李寿生:《新型工业化道路与发展战略创新》,《辽宁经济》2003 年第 4 期。

李维安、徐业坤:《政治关联形式、制度环境与民营企业生产率》,《管理科学》2012 年第 2 期。

李向阳:《日、美跨国公司向发展中国家技术转移的比较分析》,《世界经济》1990 年第 12 期。

李小平、卢现祥、朱钟棣:《国际贸易、技术进步和中国工业行业的生产率增长》,《经济学(季刊)》2008 年第 2 期。

李晓华:《产业转型升级中落后产能淘汰问题研究》,《江西社会科学》2012 年第 5 期。

李晓萍、罗俊:《欧盟产业政策的发展与启示》,《学习与探索》2017 年第 10 期。

李晓钟、张小蒂:《外商直接投资对我国技术创新能力影响及地区差异分析》,《中国工业经济》2008 年第 9 期。

李雪松、张雨迪:《长江经济带与汉江生态经济带如何协调融合》,《学习月刊》2015 年第 9 期。

李玉红、王皓、郑玉歆:《企业演化:中国工业生产率增长的重要途径》,《经济研究》2008 年第 6 期。

李玉平:《试析战后法国的产业结构调节政策》,《世界经济》1987 年第 12 期。

李兆熙:《中外合资企业的活力及其可供借鉴的经验》,《企业管理》1992 年第 7 期。

李子伦:《产业结构升级含义及指数构建研究——基于因子分析法的国际比较》,《当代经济科学》2014 年第 1 期。

李自琼、李向东、陈晓雪:《基于灰色关联度的开发区创新转型能力综合评价研究》，《宏观经济研究》2015 年第 12 期。

李遵白、吴贵生：《基于技术路线图的物联网产业布局研究》，《企业经济》2011 年第 6 期。

利广安：《试论工业布局中资源综合利用的若干问题》，《经济研究》1963 年第 3 期。

梁文森：《坚持以农轻重为序的工业化道路》，《经济研究》1983 年第 12 期。

廖敬文、张可云：《东北老工业基地经济复原力：一个四维分析框架与实证研究》，《改革》2019 年第 1 期。

廖泽芳、宁凌：《中国的全球价值链地位考察——基于附加值贸易视角》，《国际商务（对外经济贸易大学学报）》2013 年第 6 期。

林民书、林枫：《经济全球化条件下中国的竞争政策与产业政策的选择》，《东南学术》2002 年第 4 期。

林毅夫、李永军：《必要的修正——对外贸易与经济增长关系的再考察》，《国际贸易》2001 年第 9 期。

林毅夫、苏剑：《新结构经济学》，北京大学出版社 2012 年版。

林毅夫、张鹏飞：《后发优势、技术引进和落后国家的经济增长》，《经济学（季刊）》2005 年第 4 期。

刘昌黎：《进口替代是我国赶超世界工业大国的长期战略》，《经济研究》1987 年第 8 期。

刘东英、程姿：《京津冀物流产业升级路径及对策研究》，《经济与管理》2015 年第 4 期。

刘国光：《马克思的社会再生产理论》，中国社会科学出版社 1981 年版。

刘国光：《中国十个五年计划研究报告》，人民出版社 2006 年版。

刘鹤：《前十年产业结构的变化和矛盾》，《宏观经济研究》1990 年第 11 期。

刘鹤：《我国产业结构的转化与出路：需求、生产、就业和贸易的关联分析》，《管理世界》1991 年第 1 期。

刘会政、陈奕、杨楠：《国际分工视角下产业升级内涵界定与演进研究》，《科学决策》2018 年第 10 期。

刘健：《论中国产业结构升级》，博士学位论文，中共中央党校，1999 年。

刘劲松、舒玲敏：《论产业政策与竞争政策的战略搭配——以日本为例》，《当代财经》2006 年第 7 期。

刘静：《我国工业生产率增长的因素分析》，《决策借鉴》1991 年第4 期。

刘明、李善同：《改革开放以来中国全要素生产率变化和未来增长趋势》，《经济研究参考》2011 年第 33 期。

刘仁毅：《1860—1914 年美国工业化发展模式：农业——轻工业——重工业》，《世界经济研究》1982 年第 2 期。

刘世锦：《寻求经济发展与资源环境约束的平衡》，《人民论坛》2010年第 17 期。

刘伟：《经济发展与结构转换》，北京大学出版社 1992 年版。

刘修岩：《产业集聚与经济增长：一个文献综述》，《产业经济研究》2009 年第 3 期。

刘铮：《工业劳动生产率分析方法中两个问题的商榷》，《统计工作通讯》1956 年第 11 期。

柳剑平、程时雄：《中国 R&D 投入对生产率增长的技术溢出效应——基于工业行业（1993—2006 年）的实证研究》，《数量经济技术经济研究》2011 年第 11 期。

柳卸林：《市场和技术创新的自组织过程》，《经济研究》1993 年第2 期。

柳欣：《经济学的革命——垄断竞争动态非均衡分析》，《南开经济研究》1988 年第 6 期。

龙小红：《发展同步　成果同享　努力为少数民族流动人口打造宜居环境》，《民族大家庭》2017 年第 5 期。

隆国强：《加工贸易发展问题研究》，《国际贸易》2006 年第 9 期。

卢弘旻、杜宁：《上海青浦产业园区转型发展研究》，《城市规划学刊》2012 年第 7 期。

鲁晓东、连玉君：《中国工业企业全要素生产率估计：1999—2007》，《经济学（季刊)》2012 年第 2 期。

陆大道：《论区域的最佳结构与最佳发展——提出"点—轴系统"和"T"型结构以来的回顾与再分析》，《地理学报》2001 年第 2 期。

陆大道：《我国区域开发的宏观战略》，《地理学报》1987 年第 2 期。

陆大道等：《中国区域发展的理论与实践》，科学出版社 2003 年版。

陆德明：《改造产业组织　建立垄断竞争市场》，《经济研究》1988 年第 10 期。

陆迅：《论增产节约》，《经济研究》1966 年第 1 期。

吕铁、韩娜：《智能制造：全球趋势与中国战略》，《人民论坛·学术前沿》2015 年第 11 期。

吕政：《产业政策的制订与战略性产业的选择》，《北京行政学院学报》2004 年第 4 期。

吕政：《关于中国工业化和工业现代化的思考》，《中国工业经济》2000 年第 1 期。

吕政：《论工业的适度快速增长》，《中国工业经济》2004 年第 2 期。

吕政：《中国工业结构的调整与产业升级》，《开发研究》2007 年第 2 期。

栾贵勤：《中国区域经济发展大事典》，吉林人民出版社 2011 年版。

罗超平、张梓榆、王志章：《金融发展与产业结构升级：长期均衡与短期动态关系》，《中国软科学》2016 年第 5 期。

罗军、陈建国：《研发投入门槛、外商直接投资与中国创新能力——基于门槛效应的检验》，《国际贸易问题》2014 年第 8 期。

罗清和、张畅：《长江经济带：一种流域经济开发的依据、历程、问题和模式选择》，《深圳大学学报》（人文社会科学版）2016 年第 6 期。

罗勇、曹丽莉：《中国制造业集聚程度变动趋势实证研究》，《经济研究》2005 年第 8 期。

马洪：《长江经济带：最有希望的经济增长区》，《湖南经济》1994 年第 5 期。

马洪、孙尚清编：《中国经济结构问题研究》，人民出版社 1982 年版。

马建堂：《周期波动与结构变动》，湖南教育出版社 1990 年版。

马建堂、杨正位：《日本经济：全面衰退、积重难返、教训深刻》，《世界经济》2002 年第 1 期。

马建堂等：《经济结构的理论、应用与政策》，中国社会科学出版社 1991 年版。

马彦琳、郝寿义：《经济全球化背景下区域经济研究的若干趋势》，《华中科技大学学报》（人文社会科学版）2002 年第 4 期。

马寅初：《马寅初经济论文选集》，北京大学出版社 1981 年版。

马寅初：《我的经济理论、哲学思想和政治立场》，财政出版社 1958 年版。

马寅初：《再谈平衡论和团团转》，《北京大学学报》（哲学社会科学版）1959 年第 1 期。

马云俊：《产业转移、全球价值链与产业升级研究》，《技术经济与管理研究》2010 年第 4 期。

梅明：《美国〈一九七四年贸易法〉剖析》，《国际贸易问题》1977 年第 3 期。

宁越敏：《中国城市群选择与培育的新探索》，科学出版社 2015 年版。

牛丽贤、张寿庭：《产业组织理论的发展与中国化》，《经济导刊》2010 年第 3 期。

牛丽贤、张寿庭：《产业组织理论研究综述》，《技术经济与管理研究》2010 年第 6 期。

欧阳峣、易先忠、生延超：《技术差距、资源分配与后发大国经济增长方式转换》，《中国工业经济》2012 年第 6 期。

欧阳渊：《中国区域经济政策的演进与思考》，硕士学位论文，山西大学，2010 年。

欧阳志云、赵娟娟、桂振华、倪永明、韩冰、庄长伟：《中国城市的绿色发展评价》，《中国人口·资源与环境》2009 年第 5 期。

潘成云：《解读产业价值链——兼析我国新兴产业价值链基本特征》，《当代财经》2001 年第 9 期。

潘冬青、尹忠明：《对开放条件下产业升级内涵的再认识》，《管理世界》2013 年第 5 期。

潘竟虎、戴维丽：《基于网络分析的城市影响区和城市群空间范围识别》，《地理科学进展》2017 年第 6 期。

庞晶、叶裕民：《城市群形成与发展机制研究》，《生态经济》2008 年第 2 期。

庞瑞芝、李鹏：《中国新型工业化增长绩效的区域差异及动态演进》，《经济研究》2011 年第 11 期。

裴长洪：《中国对外贸易发展的若干结构问题》，《财贸经济》1998 年第 8 期。

彭国华：《我国地区全要素生产率与人力资本构成》，《中国工业经济》2007 年第 2 期。

齐东平：《我国制定国际产业政策的初步设想》，《中国工业经济》2000 年第 5 期。

乔荣章：《试论我国工业生产协作的性质和作用》，《经济研究》1965 年第 5 期。

秦宝庭、史清琪、陈警：《再谈对中国技术进步的评价——兼评与世界银行报告有关的评论》，《数量经济技术经济研究》1989 年第 7 期。

求实：《转型期我国国有企业的产业定位和布局调整》，《财经研究》1996 年第 12 期。

曲玥、蔡昉、张晓波：《"飞雁模式"发生了吗？——对 1998—2008

年中国制造业的分析》，《经济学（季刊）》2013 年第 2 期。

曲振涛、周正、周方召：《网络外部性下的电子商务平台竞争与规制——基于双边市场理论的研究》，《中国工业经济》2010 年第 4 期。

全国人民代表大会常务委员会办公厅：《中华人民共和国第八届全国人民代表大会第四次会议文件汇编》，人民出版社 1996 年版。

任曙明、吕镯：《融资约束、政府补贴与全要素生产率——来自中国装备制造企业的实证研究》，《管理世界》2014 年第 11 期。

任元寿：《发动群众　植树造林》，《经济研究》1965 年第 5 期。

戎文佐：《轻工业企业的原料材料节约利用问题》，《经济研究》1963 年第 1 期。

阮建青、张晓波、卫龙宝：《危机与制造业产业集群的质量升级——基于浙江产业集群的研究》，《管理世界》2010 年第 2 期。

沙德春、王文亮、肖美丹、吴静：《科技园区转型升级的内在动力研究》，《中国软科学》2016 年第 1 期。

沈宏婷：《开发区向新城转型的策略研究》，《城市问题》2007 年第 12 期。

沈坤荣：《综合要素生产率与江苏工业增长——国营工业与乡镇工业的比较分析》，《南京社会科学》1993 年第 4 期。

沈坤荣、徐礼伯：《中国产业结构升级：进展、阻力与对策》，《学海》2014 年第 1 期。

沈能、刘凤朝：《高强度的环境规制真能促进技术创新吗？——基于"波特假说"的再检验》，《中国软科学》2012 年第 4 期。

师博、姚峰、李辉：《创新投入、市场竞争与制造业绿色全要素生产率》，《人文杂志》2018 年第 1 期。

石世奇、马如璋：《论马寅初"团团转综合平衡论"的反动实质》，《北京大学学报》（哲学社会科学版）1959 年第 5 期。

史丹：《绿色发展与全球工业化的新阶段：中国的进展与比较》，《中国工业经济》2018 年第 10 期。

史丹、王蕾:《能源革命及其对经济发展的作用》,《产业经济研究》2015 年第 1 期。

史丹、张成:《中国制造业产业结构的系统性优化——从产出结构优化和要素结构配套视角的分析》,《经济研究》2017 年第 10 期。

史清琪:《对加速我国技术进步措施的探讨》,《开发研究》1986 年第 5 期。

史清琪、王金存、卢鹏、秦宝庭、马骏:《技术进步与产业结构变化研究》,《计划经济研究》1988 年第 2 期。

史先虎:《发达国家产业布局的变动特点与启示》,《浙江经济》1989 年第 7 期。

史先虎:《日韩产业布局特点与政府作用及其启示》,《生产力研究》1995 年第 1 期。

史育龙、周一星:《关于大都市带（都市连绵区）研究的论争及近今进展述评》,《国际城市规划》2009 年第 1 期。

史祖瑞:《唐代中国和阿拉伯人民的友好贸易往来》,《国际贸易问题》1976 年第 4 期。

史祖瑞:《源远流长——从历史上看中国和柬埔寨的友好贸易关系》,《国际贸易问题》1977 年第 2 期。

舒元、才国伟:《我国省际技术进步及其空间扩散分析》,《经济研究》2007 年第 6 期。

宋吉涛、赵晖、陆军等:《基于投入产出理论的城市群产业空间联系》,《地理科学进展》2009 年第 6 期。

宋家泰:《城市—区域与城市区域调查研究——城市发展的区域经济基础调查研究》,《地理学报》1980 年第 4 期。

宋立:《现代西方规制理论及其演进》,《经济学动态》1997 年第 9 期。

宋则:《中国垄断现象的特殊性及特殊对策》,《财贸经济》1999 年第 2 期。

苏利阳、郑红霞、王毅:《中国省际工业绿色发展评估》,《中国人口·资源与环境》2013 年第 8 期。

孙东琪、张京祥、胡毅等:《基于产业空间联系的"大都市阴影区"形成机制解析——长三角城市群与京津冀城市群的比较研究》,《地理科学》2013 年第 9 期。

孙敬之:《中国经济地理概论》(修订版),商务印书馆 1994 年版。

孙久文:《论新时代区域协调发展战略的发展与创新》,《国家行政学院学报》2018 年第 4 期。

孙久文:《论中国区域经济学的完善与创新》,《区域经济评论》2017 年第 2 期。

孙久文:《中国区域经济发展新棋局的主要特征》,《区域经济评论》2014 年第 4 期。

孙久文:《中国区域经济理论体系的创新问题》,《区域经济评论》2017 年第 3 期。

孙久文、胡安俊:《雁阵模式与中国区域空间格局演变》,《开发研究》2011 年第 6 期。

孙久文、罗标强:《基于修正引力模型的京津冀城市经济联系研究》,《经济问题探索》2016 年第 8 期。

孙连成:《略论劳动生产率与商品价值量的关系》,《中国经济问题》1963 年第 11 期。

孙琳琳、任若恩:《中国资本投入和全要素生产率的估算》,《世界经济》2005 年第 12 期。

孙尚清:《关于建设长江经济带的若干基本构思》,《管理世界》1994 年第 1 期。

孙尚清:《光辉的成就 无私的援助——庆祝十月社会主义革命四十二周年》,《经济研究》1959 年第 11 期。

孙尚清:《论经济结构对策》,中国社会科学出版社 1984 年版。

孙晓华、王昀、郑辉:《R&D 溢出对中国制造业全要素生产率的影响——基于产业间、国际贸易和 FDI 三种溢出渠道的实证检验》,《南开经济研究》2012 年第 5 期。

孙岫琴：《工业企业劳动生产率初探》，《学习与探索》1982 年第
　　4 期。

孙旭东、慕野：《后开发区时代下的"营城"战略探讨——以海南
　　澄迈县老城工业开发区为例》，《规划师》2015 年第 9 期。

孙冶方：《关于生产劳动和非生产劳动、国民收入和国民生产总值的
　　讨论——兼论第三次产业这个资产阶级经济学范畴以及社会经济
　　统计学的性质问题》，《经济研究》1981 年第 8 期。

孙云鹏：《近几年来我国经济学界关于劳动生产率问题讨论中的几个
　　论点》，《经济研究》1963 年第 5 期。

孙早、许薛璐：《产业创新与消费升级：基于供给侧结构性改革视角
　　的经验研究》，《中国工业经济》2018 年第 7 期。

谭秀杰、周茂荣：《21 世纪"海上丝绸之路"贸易潜力及其影响因
　　素——基于随机前沿引力模型的实证研究》，《国际贸易问题》
　　2015 年第 2 期。

唐承丽、周海兰、周国华、何胜、蒋志凌、唐凯、李霞：《湖南省级
　　产业园区转型升级提质的顶层设计》，《经济地理》2013 年第
　　1 期。

唐未兵、傅元海、王展祥：《技术创新、技术引进与经济增长方式转
　　变》，《经济研究》2014 年第 7 期。

唐晓华、唐要家、苏梅梅：《技术创新的资源与激励的不匹配性及其
　　治理》，《中国工业经济》2004 年第 11 期。

佟家栋、李胜旗：《贸易政策不确定性对出口企业产品创新的影响》，
　　《国际贸易问题》2015 年第 6 期。

佟家栋、谢丹阳、包群、黄群慧、李向阳、刘志彪、金碚、余淼杰、
　　王孝松：《"逆全球化"与实体经济转型升级笔谈》，《中国工业经
　　济》2017 年第 6 期。

佟哲晖：《对"全员劳动生产率"指标的看法》，《统计工作通讯》
　　1956 年第 21 期。

涂正革、肖耿：《中国工业增长模式的转变——大中型企业劳动生产

率的非参数生产前沿动态分析》,《管理世界》2006 年第 10 期。

汪定伟、裴伟民、刘树安:《科技人员需求量的预测方法》,《控制
　　与决策》1989 年第 5 期。

汪锋、解晋:《中国分省绿色全要素生产率增长率研究》,《中国人
　　口科学》2015 年第 2 期。

汪建坤、邓艳梅:《产业政策中金融手段运用的国际比较》,《经济
　　理论与经济管理》2001 年第 12 期。

汪文庆:《中国共产党与经济特区》,中共党史出版社 2014 年版。

王道义:《省域型特区发展经济的基本道路》,《海南大学学报》(社
　　会科学版)1996 年第 2 期。

王定祥、刘杰、李伶俐:《财政分权、银行信贷与全要素生产率》,
　　《财经研究》2011 年第 4 期。

王丰、龙曾刚:《长江经济带研究综述与展望》,《世界地理研究》
　　2017 年第 2 期。

王福军:《中国贸易产业的国际竞争力分析》,《国际经贸探索》
　　1999 年第 6 期。

王海兵、杨蕙馨:《创新驱动与现代产业发展体系——基于我国省际
　　面板数据的实证分析》,《经济学(季刊)》2016 年第 4 期。

王海宁、陈媛媛:《产业集聚效应与工业能源效率研究——基于中国
　　25 个工业行业的实证分析》,《财经研究》2010 年第 9 期。

王合生、虞孝感:《长江经济带发展中若干问题探讨》,《地理学与
　　国土研究》1998 年第 2 期。

王琥生:《关于重工业和轻工业划分的几个问题》,《经济研究》
　　1963 年第 4 期。

王华:《更严厉的知识产权保护制度有利于技术创新吗?》,《经济研
　　究》2011 年第 S2 期。

王慧炯:《产业组织及有效竞争》,中国经济出版社 1991 年版。

王积业:《计算劳动生产率的若干方法论问题》,《经济研究》1962
　　年第 1 期。

王缉慈：《创新集群三十年探索之旅》，科学出版社 2016 年版。

王建始：《提高工业生产率的实用方法（上）》，《数理统计与管理》1983 年第 5 期。

王俊：《跨国外包体系中的技术溢出与承接国技术创新》，《中国社会科学》2013 年第 9 期。

王丽、邓羽、牛文元：《城市群的界定与识别研究》，《地理学报》2013 年第 8 期。

王乃浦：《我们对计算全员劳动生产率的看法》，《统计工作通讯》1956 年第 18 期。

王平、钱学锋：《从贸易条件改善看技术进步的产业政策导向》，《中国工业经济》2007 年第 3 期。

王然、燕波、邓伟根：《FDI 对我国工业自主创新能力的影响及机制——基于产业关联的视角》，《中国工业经济》2010 年第 11 期。

王荣：《人工智能助力中国服装企业产业升级——定位新中产的"个性化、定制化、私人化"消费》，《智库时代》2019 年第 49 期。

王如玉、梁琦、李广乾：《虚拟集聚：新一代信息技术与实体经济深度融合的空间组织新形态》，《管理世界》2018 年第 2 期。

王圣云、翟晨阳、顾筱和：《长江中游城市群空间联系网络结构及其动态演化》，《长江流域资源与环境》2016 年第 3 期。

王守礼：《关于省内经济区划的若干问题》，《经济研究》1960 年第 3 期。

王曙光：《中国特色工业化进程与产业政策演进》，《经济研究参考》2019 年第 8 期。

王思华：《关于我国过渡时期国家工业化与农业合作化的相互适应问题》，《经济研究》1956 年第 1 期。

王思华：《论我国社会主义工业化的迅速发展》，《经济研究》1956 年第 4 期。

王伟光、马胜利、姜博：《高技术产业创新驱动中低技术产业增长的影响因素研究》，《中国工业经济》2015 年第 3 期。

王文举、范合君:《我国市场化改革对经济增长贡献的实证分析》,《中国工业经济》2007 年第 9 期。

王雄昌:《我国开发区转型的机制与动力探析》,《现代经济探讨》2010 年第 10 期。

王亚南:《我国发展国民经济的第一个五年计划与过渡时期的经济规律》,《经济研究》1956 年第 1 期。

王延中:《论中国工业技术的现代化问题》,《中国工业经济》2004 年第 5 期。

王延中、宁亚芳:《加强民族工作与加快民族地区全面小康社会建设的思考》,《兰州学刊》2017 年第 4 期。

王燕梅:《转变发展方式目标下的财富政策——三大财富综合求解的视角》,《中国工业经济》2011 年第 3 期。

王业强、魏后凯:《"十三五"时期国家区域发展战略调整与应对》,《中国软科学》2015 年第 5 期。

王一鸣:《产业地域运动与我国中长期地区布局战略》,《未来与发展》1988 年第 6 期。

王义琛、王远、朱晓东、吴小庆、陈洁:《绿色供应链管理研究进展评述》,《中国人口·资源与环境》2010 年第 S1 期。

王宇光:《基于区域利益的京津冀协同发展研究》,硕士学位论文,首都经济贸易大学,2017 年。

王元龙、马昀、王思程、刘宇婷、叶敏:《中国绿色金融体系:构建与发展战略》,《财贸经济》2011 年第 10 期。

王岳平:《我国工业结构调整与升级战略:多层次发展、多种模式并存》,《经济研究参考》2002 年第 9 期。

王允贵:《产业政策的中长期主题:发展中技术产业》,《管理世界》2002 年第 4 期。

王正毅:《东盟国家的工业化战略及其对产业布局的影响》,《人文地理》1994 年第 2 期。

王直、魏尚进、祝坤福:《总贸易核算法:官方贸易统计与全球价值链的度量》，《中国社会科学》2015 年第 84 期。

王志刚、龚六堂、陈玉宇：《地区间生产效率与全要素生产率增长率分解（1978—2003）》，《中国社会科学》2006 年第 2 期。

王忠民、朱争鸣、邵崇：《我国产业结构中的主导产业问题探讨》，《管理世界》1988 年第 1 期。

王子君、张伟：《外国直接投资、技术许可与技术创新》，《经济研究》2002 年第 3 期。

卫志民：《近 70 年来产业组织理论的演进》，《经济评论》2003 年第 1 期。

魏后凯：《区域经济理论与政策》，中国社会科学出版社 2016 年版。

魏后凯：《外商直接投资对中国区域经济增长的影响》，《经济研究》2002 年第 4 期。

魏后凯：《我国地区工业技术创新力评价》，《中国工业经济》2004 年第 5 期。

魏后凯：《西方区域经济学及其发展：西方区域经济学述评》，《开发研究》1990 年第 2 期。

魏后凯：《现代区域经济学》，经济管理出版社 2006 年版。

魏后凯：《现代区域经济学》（修订版），经济管理出版社 2011 年版。

魏后凯：《新中国 60 年区域发展思潮的变革与展望》，《河南社会科学》2009 年第 4 期。

魏后凯：《中国国家区域政策的调整与展望》，《西南民族大学学报》（人文社科版）2008 年第 10 期。

魏华、卢黎歌：《习近平生态文明思想的内涵、特征与时代价值》，《西安交通大学学报》（社会科学版）2019 年第 3 期。

魏下海、张建武：《人力资本对全要素生产率增长的门槛效应研究》，《中国人口科学》2010 年第 5 期。

魏宗财、王开泳、陈婷婷：《新型城镇化背景下开发区转型研究——以广州民营科技园为例》，《地理科学进展》2015 年第 9 期。

乌家培:《社会主义再生产理论的伟大发展——学习毛主席关于农业、轻工业和重工业理论的体会》,《中国经济问题》1978 年第 2 期。

乌家培:《正确处理信息化与工业化的关系》,《经济研究》1993 年第 12 期。

吴传钧:《人地关系与经济布局》,学苑出版社 1998 年版。

吴传清:《黄金水道:长江经济带》,重庆大学出版社 2018 年版。

吴福象、蔡悦:《中国产业布局调整的福利经济学分析》,《中国社会科学》2014 年第 2 期。

吴福象、段巍:《国际产能合作与重塑中国经济地理》,《中国社会科学》2017 年第 2 期。

吴家骏:《研究经济结构,搞好经济调整》,《当代经济科学》1981 年第 2 期。

吴敬琏:《当代中国经济改革教程》,上海远东出版社 2016 年版。

吴先明:《国际贸易理论与国际直接投资理论的融合发展趋势》,《国际贸易问题》1999 年第 7 期。

吴宣恭:《个别企业劳动生产率与商品价值量的关系——与孙连成同志商榷》,《中国经济问题》1964 年第 9 期。

吴延兵:《R&D 与生产率——基于中国制造业的实证研究》,《经济研究》2006 年第 11 期。

吴延兵:《中国工业 R&D 产出弹性测算 (1993—2002)》,《经济学(季刊)》2008 年第 3 期。

吴延兵、米增渝:《创新、模仿与企业效率——来自制造业非国有企业的经验证据》,《中国社会科学》2011 年第 4 期。

武力、温锐:《1949 年以来中国工业化的"轻、重"之辨》,《经济研究》2006 年第 9 期。

习近平:《习近平谈治国理政》(第二卷),外文出版社 2017 年版。

习近平:《在庆祝改革开放 40 周年大会上的讲话》,http://www. xinhuanet. com/2018 – 12/18/c_1123872025. htm,2018 年 12

月 18 日。

夏京文：《我国产业集群的外生性、嵌入性与内生性缺陷》，《税务与经济》2007 年第 3 期。

夏良科：《人力资本与 R&D 如何影响全要素生产率——基于中国大中型工业企业的经验分析》，《数量经济技术经济研究》2010 年第 4 期。

夏友富：《外商投资中国污染密集产业现状、后果及其对策研究》，《管理世界》1999 年第 3 期。

〔日〕小宫隆太郎、奥野正宽、铃村兴太郎编：《日本的产业政策》，黄晓勇等译，国际文化出版公司 1988 年版。

肖金成：《破题长三角更高质量一体化发展》，《小康》2018 年第 24 期。

肖金成、安树伟：《从区域非均衡发展到区域协调发展——中国区域发展 40 年》，《区域经济评论》2019 年第 1 期。

肖金成、欧阳慧等：《优化国土空间开发格局研究》，中国计划出版社 2015 年版。

肖利平、谢丹阳：《国外技术引进与本土创新增长：互补还是替代——基于异质吸收能力的视角》，《中国工业经济》2016 年第 9 期。

肖兴志、韩超：《中国垄断产业改革与发展 40 年：回顾与展望》，《经济与管理研究》2018 年第 7 期。

肖灼基：《重读马寅初先生的〈综合平衡论〉——兼论当前国民经济调整工作》，《北京大学学报》（哲学社会科学版）1980 年第 1 期。

谢康、肖静华、周先波、乌家培：《中国工业化与信息化融合质量：理论与实证》，《经济研究》2012 年第 1 期。

谢勇、梁惠元：《略论京九线江西段的产业布局》，《江西社会科学》1993 年第 4 期。

新望：《"中部塌陷"现象不容忽视》，《中国改革报》2003 年 12 月

5 日。

邢斐、张建华：《外商技术转移对我国自主研发的影响》，《经济研
究》2009 年第 6 期。

熊贤良：《对外贸易促进经济增长的机制和条件》，《国际贸易问题》
1993 年第 7 期。

徐国弟：《长江流域产业结构调整及产业布局优化研究》，《长江论
坛》1999 年第 4 期。

徐敬俊：《海洋产业布局的基本理论研究暨实证分析》，博士学位论
文，中国海洋大学，2010 年。

徐康宁、冯伟：《基于本土市场规模的内生化产业升级：技术创新的
第三条道路》，《中国工业经济》2010 年第 11 期。

徐梅：《试论日本放松规制》，《日本学刊》1998 年第 4 期。

徐嵩龄：《环境污染成本的经济分析》，《数量经济技术经济研究》
1995 年第 7 期。

徐涛：《引进 FDI 与中国技术进步》，《世界经济》2003 年第 10 期。

许涤新：《论农业在国民经济中的地位和发展农业生产的关键》，
《经济研究》1962 年第 12 期。

许冬兰、李丰云、吕朵：《绿色全要素生产率的测算方法及应用》，
《青岛科技大学学报》（社会科学版）2016 年第 4 期。

许和连、邓玉萍：《外商直接投资导致了中国的环境污染吗？——基
于中国省际面板数据的空间计量研究》，《管理世界》2012 年第
2 期。

许和连、栾永玉：《出口贸易的技术外溢效应：基于三部门模型的实
证研究》，《数量经济技术经济研究》2005 年第 9 期。

许建伟、郭其友：《外商直接投资的经济增长、就业与工资的交互效
应——基于省级面板数据的实证研究》，《经济学家》2016 年第
6 期。

许庆瑞、吴晓波：《技术创新、劳动生产率与产业结构》，《中国工
业经济研究》1991 年第 12 期。

许贻婴:《试论用经济手段控制环境污染》,《南方经济》1987 年第
3 期。

薛荣久:《第三世界的对外贸易及其反帝反霸斗争》,《国际贸易问
题》1975 年第 1 期。

[英] 约翰·邓宁、萨琳安娜·伦丹:《跨国公司与全球经济》,马
述忠译,中国人民大学出版社 2016 年版。

严瑞珍:《"先工后农"并非工业化的客观规律》,《经济研究》1991
年第 5 期。

杨春旭:《技术进步对提高工业生产率的评价体系》,《冶金经济与
管理》1991 年第 4 期。

杨海生、贾佳、周永章、王树功:《贸易、外商直接投资、经济增长
与环境污染》,《中国人口·资源与环境》2005 年第 3 期。

杨宏林、田立新、丁占文:《能源约束与"干中学"经济增长模
型》,《企业经济》2004 年第 6 期。

杨坚白:《论国民经济根本性的比例关系》,《经济研究》1959 年第
10 期。

杨坚白:《试论农业、轻工业、重工业比例和消费、积累比例之间的
内在联系(下)》,《经济研究》1962 年第 1 期。

杨坚白、于光远、钟兆修:《首都经济理论界继续座谈生产劳动与非
生产劳动问题》,《经济学动态》1981 年第 9 期。

杨军、黄洁、洪俊杰、董婉璐:《贸易便利化对中国经济影响分析》,
《国际贸易问题》2015 年第 9 期。

杨开忠:《区域经济学概念、分支与学派》,《经济学动态》2008 年
第 1 期。

杨玲、杜运苏:《生产性服务业提升"中国制造"效率的实证研
究》,《当代经济研究》2012 年第 10 期。

杨沐、杨世涛:《从工业看国民经济增长的几个问题》,《经济研究》
1985 年第 9 期。

杨宁:《消化 吸收 开发 创新——玉溪卷烟厂技术引进和技术改

造的调查》,《管理世界》1989 年第 4 期。

杨汝岱:《中国制造业企业全要素生产率研究》,《经济研究》2015
　　年第 2 期。

杨汝岱、朱诗娥:《中国对外贸易结构与竞争力研究:1978—2006》,
　　《财贸经济》2008 年第 2 期。

杨屹、薛惠娟:《产业技术自主创新能力的区域差异性研究》,《中
　　国工业经济》2010 年第 11 期。

杨治:《产业经济学导论》,中国人民大学出版社 1985 年版。

杨忠伟、陆媛、华晔:《分类指导下的开发区土地合作再开发模式研
　　究》,《现代城市研究》2014 年第 3 期。

姚芳:《开放条件下的中国区域经济发展战略研究》,硕士学位论文,
　　苏州大学,2005 年。

姚士谋等:《中国的城市群》,中国科学技术大学出版社 1992 年版。

姚士谋、朱英明、陈振光等:《中国城市群》,中国科学技术大学出
　　版社 2001 年版。

姚士谋、周春山、王德等:《中国城市群新论》,科学出版社 2016
　　年版。

姚战琪:《工业和服务外包对中国工业生产率的影响》,《经济研究》
　　2010 年第 7 期。

叶林祥、李实、罗楚亮:《行业垄断、所有制与企业工资收入差
　　距——基于第一次全国经济普查企业数据的实证研究》,《管理世
　　界》2011 年第 4 期。

尹稚、林澎、卢庆强等:《中国都市圈发展报告》,清华大学中国新
　　型城镇化研究院,2019 年。

应瑞瑶、周力:《资源禀赋与绿色创新——从中国省际数据的经验研
　　究看"荷兰病"之破解》,《财经研究》2009 年第 11 期。

于洪俊、宁越敏:《城市地理概论》,安徽科学技术出版社 1983
　　年版。

于立、肖兴志:《规制理论发展综述》,《财经问题研究》2001 年第

4 期。

于良春、鞠源：《垄断与竞争：中国银行业的改革和发展》，《经济研究》1999 年第 1 期。

于良春、张伟：《中国行业性行政垄断的强度与效率损失研究》，《经济研究》2010 年第 3 期。

余东华、孙婷：《环境规制、技能溢价与制造业国际竞争力》，《中国工业经济》2017 年第 5 期。

余淼杰：《中国的贸易自由化与制造业企业生产率》，《经济研究》2010 年第 12 期。

余振、周冰惠、韩旭斌、王梓楠：《参与全球价值链重构与中美贸易摩擦》，《中国工业经济》2018 年第 7 期。

袁富华、张平、刘霞辉、楠玉：《增长跨越：经济结构服务化、知识过程和效率模式重塑》，《经济研究》2016 年第 10 期。

袁嘉新：《探讨测算科技进步在经济增长中的贡献份额》，《中国软科学》1991 年第 1 期。

原崇信、温武秀：《轻工业生产要面向市场》，《经济问题》1982 年第 1 期。

原毅军：《经济增长周期与产业结构变动研究》，《中国工业经济研究》1991 年第 6 期。

岳昌君：《遵循动态比较优势——中美两国产业内贸易对比实证分析》，《国际贸易》2000 年第 3 期。

岳鸿飞：《基于环境规制的我国绿色技术创新效率测算》，《统计与决策》2018 年第 8 期。

岳书敬、刘朝明：《人力资本与区域全要素生产率分析》，《经济研究》2006 年第 4 期。

岳希新：《谈谈南方煤田分布规律及找煤方向》，《中国地质》1961 年第 2 期。

岳中刚：《双边市场的定价策略及反垄断问题研究》，《财经问题研究》2006 年第 8 期。

《〈国家高新区创新能力评价报告（2018）〉显示：2017 年国家高新区 GDP 达 95171.4 亿元》，http：//www. gov. cn/xinwen/2018 – 12/26/content_5352256. htm。

《中共中央、国务院印发〈关于加强和改进新形势下民族工作的意见〉》，《中国民族》2015 年第 1 期。

《中国共产党中央委员会关于建国以来党的若干历史问题的决议》，人民出版社 1981 年版。

曾凡银、郭羽诞：《绿色壁垒与污染产业转移成因及对策研究》，《财经研究》2004 年第 4 期。

曾国祥：《消费资料供给和需求必须平衡增长》，《学术评论》1982 年第 5 期。

曾培炎：《西部大开发决策回顾》，中共党史出版社、新华出版社 2010 年版。

曾淑婉：《财政支出、空间溢出与全要素生产率增长——基于动态空间面板模型的实证研究》，《财贸研究》2013 年第 1 期。

翟凡、李善同：《结构变化与污染排放——前景及政策影响分析》，《数量经济技术经济研究》1998 年第 8 期。

翟简：《产业组织理论研究综述》，《合作经济与科技》2018 年第 24 期。

詹其桎：《我国经济技术开发区面临的新挑战及战略转型》，《亚太经济》2001 年第 1 期。

张宝珍：《国外综合治理环境污染的经验及对我国的启示》，《世界经济与政治论坛》1987 年第 1 期。

张春霖：《结构调整的制度基础和判断标准——读〈体制转轨中的增长、绩效与产业组织变化〉随想》，《经济研究》2000 年第 9 期。

张帆：《多因素交叉影响的企业的创新激励效应及动力机制研究——基于博弈关系的视角》，《当代经济科学》2017 年第 6 期。

张峰、黄玖立、王睿：《政府管制、非正规部门与企业创新：来自制造业的实证依据》，《管理世界》2016 年第 2 期。

张复明：《欠发达地区产业调整问题的若干断想》，《山西大学学报》
（哲学社会科学版）1991 年第 1 期。

张国胜：《本土市场规模与产业升级：一个理论构建式研究》，《产
业经济研究》2011 年第 4 期。

张海洋、史晋川：《中国省际工业新产品技术效率研究》，《经济研
究》2011 年第 1 期。

张辉、刘鹏、于涛等：《金融空间分布、异质性与产业布局》，《中
国工业经济》2016 年第 12 期。

张建国：《加强林业经济研究　迅速发展林业生产》，《经济研究》
1979 年第 1 期。

张江雪、蔡宁、杨陈：《环境规制对中国工业绿色增长指数的影响》，
《中国人口·资源与环境》2015 年第 1 期。

张杰、古斯达·克里斯坦森：《引力模型在国际贸易理论中的发展和
应用——兼论欧共体与其他国家（地区）的贸易》，《国际贸易问
题》1996 年第 1 期。

张军：《垄断和竞争的新理论——可竞争市场理论和公共产业》，
《世界经济文汇》1987 年第 3 期。

张可云：《区域经济政策》，商务印书馆 2005 年版。

张立群：《中国产业结构矛盾再认识》，《经济研究》1992 年第 4 期。

张连众、朱坦、李慕菡、张伯伟：《贸易自由化对我国环境污染的影
响分析》，《南开经济研究》2003 年第 3 期。

张培刚：《农业与工业化（上卷）——农业国工业化问题初探》，华
中工学院出版社 1984 年版。

张平：《中国区域产业结构演进与优化》，武汉大学出版社 2005
年版。

张庆芝、何枫、赵晓：《基于超效率 DEA 的我国钢铁产业能源效率
研究》，《软科学》2012 年第 2 期。

张全红：《进口贸易、人力资本与技术溢出》，《世界经济研究》
2008 年第 11 期。

张世贤：《阀值效应：技术创新的低产业化分析——以中国医药技术产业化为例》，《中国工业经济》2005 年第 4 期。

张曙光、张问敏：《关于农业、工业生产以及投资和新技术经济效果的讨论情况》，《经济学动态》1980 年第 3 期。

张维迎、盛洪：《从电信业看中国的反垄断问题》，《改革》1998 年第 2 期。

张文尝、金凤君、樊杰：《交通经济带》，科学出版社 2002 年版。

张文合：《建设流域工业走廊与产业密集带的探讨》，《求索》1991 年第 6 期。

张小济：《从产业政策着手——开拓加工贸易中间投入品市场》，《国际贸易》1998 年第 7 期。

张晓云、孙殿明、王正明：《我国产业转型升级的合理定位和财政政策框架》，《财政研究》2009 年第 10 期。

张昕竹：《规制制度的交易成本与政治经济学——兼谈中国规制改革》，《数量经济技术经济研究》1999 年第 3 期。

张学良：《加快发展大都市圈的战略与政策研究报告》，中国经济改革研究基金会，2018 年。

张学良、胡彬：《2017 中国区域经济发展报告——"一带一路"建设与中国城市群发展》，人民出版社 2018 年版。

张学良、刘乃全：《2016 中国区域经济发展报告——长江经济带建设与中国城市群发展》，人民出版社 2017 年版。

张耀辉：《产业创新：新经济下的产业升级模式》，《数量经济技术经济研究》2002 年第 1 期。

张玉春、李宗植：《我国工业结构优化升级的战略思考》，《经济经纬》2006 年第 5 期。

章元、许庆、邬璟璟：《一个农业人口大国的工业化之路：中国降低农村贫困的经验》，《经济研究》2012 年第 11 期。

赵文军、于津平：《市场化进程与我国经济增长方式——基于省际面板数据的实证研究》，《南开经济研究》2014 年第 3 期。

赵晓雷：《中国工业化思想及发展战略研究》，上海财经大学出版社2010 年版。

赵雨霖、林光华：《中国与东盟 10 国双边农产品贸易流量与贸易潜力的分析——基于贸易引力模型的研究》，《国际贸易问题》2008 年第 12 期。

郑国、张延吉：《基于要素演替的国家级开发区转型研究》，《经济地理》2014 年第 12 期。

郑京海、胡鞍钢：《中国改革时期省际生产率增长变化的实证分析（1979—2001 年）》，《经济学（季刊）》2005 年第 1 期。

郑经青：《我国社会主义建设十年来的伟大成就》，《经济研究》1959 年第 10 期。

郑玉歆、张晓、张思奇：《技术效率、技术进步及其对生产率的贡献——沿海工业企业调查的初步分析》，《数量经济技术经济研究》1995 年第 12 期。

中国经济增长与宏观稳定课题组、张平、刘霞辉、张晓晶、张自然、王宏淼、袁富华：《资本化扩张与赶超型经济的技术进步》，《经济研究》2010 年第 5 期。

中国社会科学院财贸经济所课题组：《中国高新技术专利引进与创新的分析》，《经济研究》2002 年第 7 期。

中国社会科学院工业经济研究所：《中国工业发展报告（2008）：中国工业改革开放 30 年》，经济管理出版社 2008 年版。

中国社会科学院工业经济研究所课题组：《第三次工业革命与中国制造业的应对战略》，《学习与探索》2012 年第 9 期。

钟晟、徐刚、邹鑫：《文化创新促进高新区产业转型升级研究——以中山市火炬开发区为例》，《科技进步与对策》2014 年第 17 期。

周建军：《美国产业政策的政治经济学：从产业技术政策到产业组织政策》，《经济社会体制比较》2017 年第 1 期。

周京奎、龚明远、张朕：《京津冀产业协同发展机制创新研究》，《长白学刊》2019 年第 2 期。

周林、杨云龙、刘伟：《用产业政策推进发展与改革——关于设计现阶段我国产业政策的研究报告》，《经济研究》1987 年第 3 期。

周起业、刘再兴、祝诚等：《区域经济学》，中国人民大学出版社 1989 年版。

周绍森、王志国、胡德龙：《"中部塌陷"与中部崛起》，《南昌大学学报》（人文社会科学版）2003 年第 6 期。

周叔莲：《国外产业政策研究》，经济管理出版社 1988 年版。

周叔莲、金碚：《产业政策与有计划商品经济的发展》，《经济理论与经济管理》1991 年第 5 期。

周叔莲、吕铁、贺俊：《新时期我国高增长行业的产业政策分析》，《中国工业经济》2008 年第 9 期。

周叔莲、王伟光：《科技创新与产业结构优化升级》，《管理世界》2001 年第 5 期。

周叔莲、王延中：《深化国有企业改革与经济结构战略性调整》，《中国工业经济》2000 年第 4 期。

周叔莲、杨沐：《国外产业政策研究》，《中国工业经济》1988 年第 2 期。

周五七、武戈：《绿色 TFP 增长来源及其对工业碳生产率的影响差异——基于中国省际面板数据的实证分析》，《现代财经（天津财经大学学报)》2013 年第 12 期。

周一星、史育龙：《建立中国城市的实体地域概念》，《地理学报》1995 年第 5 期。

周振华：《我国产业政策效应偏差分析》，《经济研究》1990 年第 11 期。

朱德禄：《我对劳动生产率指标计算方法的意见》，《统计工作通讯》1956 年第 21 期。

朱军：《技术吸收、政府推动与中国全要素生产率提升》，《中国工业经济》2017 年第 1 期。

朱廷珺：《国际贸易学科发展的若干思考》，《兰州商学院学报》

1994 年第 3 期。

朱卫平、陈林：《产业升级的内涵与模式研究——以广东产业升级为例》，《经济学家》2011 年第 2 期。

朱新镛：《为"综合平衡"理论而抗争的马寅初》，《广东省社会主义学院学报》2007 年第 1 期。

朱耀明：《轻重工业的划分问题》，《经济学动态》1981 年第 3 期。

朱英明、于念文：《沪宁杭城市密集区城市流研究》，《城市规划汇刊》2002 年第 1 期。

朱章国：《论发展中国家工业发展中的生产规模和市场规模》，《学习与思考》1982 年第 6 期。

朱仲羽：《经济国际化进程与经济性特区功能形态的演变：兼论中国开发区的转型取向》，《世界经济》2001 年第 12 期。

祝继高、韩非池、陆正飞：《产业政策、银行关联与企业债务融资——基于 A 股上市公司的实证研究》，《金融研究》2015 年第 3 期。

庄志毅：《我国西部产业布局问题研究》，《中国工业经济》1990 年第 2 期。

左大培：《在调整产业布局中调整产业结构》，《辽宁大学学报》（哲学社会科学版）1992 年第 6 期。

Acemoglu, D., Restrepo, P., "Artificial Intelligence, Automation and Work", National Bureau of Economic Research, 2018.

Aghion, P., Jones, B. F., Jones, C. I., "Artificial Intelligence and Economic Growth", National Bureau of Economic Research, 2017.

Balogh, L. S., "Could Chinabe the Winner of the Next Industrial Revolution", *Financial and Economic Review*, 2017, 16: 73 – 100.

Boschma, R. A., Lambooy, J. G., "Evolutionary Economics and Economic Geography", *Journal of Evolutionary Economics*, 1999, 9 (4): 411 – 429.

Boschma, R., Martín, V., Minondo, A., "Neighbour Regions as the

Source of New Industries", *Papers in Regional Science*, 2017, 96 (2): 227 – 245.

Breinlich, H. , Ottaviano, G. I. P. , Temple, J. R. W. , "Regional Growth and Regional Decline", in *Handbook of Economic Growth* (Vol. 2), Elsevier, 2014.

Fingleton, B. , Garretsen, H. , Martin, R. , "Recessionary Shocks and Regional Employment: Evidence on the Resilience of U. K. Regions", *Journal of Regional Science*, 2012, 52 (1): 109 – 133.

Forman, C. , Goldfarb, A. , Greenstein, S. , "How Geography Shapes and Is Shaped by the Internet", in Clark, G. et al. , eds. , *The New Oxford Handbook of Economic Geography*, Oxford: Oxford University Press, 2018.

Frenken, K. , Van Oort, F. , Verburg, T. , "Related Variety, Unrelated Variety and Regional Economic Growth", *Regional Studies*, 2007, 41 (5): 685 – 697.

Glaeser, E. L. , Ponzetto, G. A. M. , Zou, Y. , "Urban Networks: Connecting Markets, People, and Ideas", *Papers in Regional Science*, 2016, 95 (1): 17 – 59.

Glaeser, E. , S. Rosenthal, and W. Strange, "Urban Economics and Entrepreneurship", *Journal of Urban Economics*, 2010, 67 (1): 1 – 14.

Hodgson, G. M. , "The Approach of Institutional Economics", *Journal of Economic Literature*, 1998, 36 (1): 166 – 192.

Holling, C. S. , "Resilience and Stability of Ecological Systems", *Annual Review of Ecological Systematics*, 1973, 4 (1): 1 – 23.

Hoover, E. M. , Giarratani, F. , *An Introduction to Regional Economics*, New York: Alfred A. Knopf, Inc. , 1971.

Kim, J. , "Are Countries Ready for the New Meso Revolution? Testing the Waters for New Industrial Change in Korea", *Technological Forecasting and Social Change*, 2018, 132: 34 – 39.

Lu, Y., Shi, H., Luo, W., et al., "Productivity, Financial Constraints, and Firms' Global Value Chain Participation: Evidence from China", *Economic Modelling*, 2018.

Martin, R., "Regional Economic Resilience, Hysteresis and Recessionary Shocks", *Journal of Economic Geography*, 2012, 1 (12): 12.

Neffke, F. M. H., Otto, A., Weyh, A., "Inter-Industry Labor Flows", *Journal of Economic Behavior & Organization*, 2017, 142: 275 – 292.

Redding, S. J., Rossi-Hansberg, E., "Quantitative Spatial Economics", *Annual Review of Economics*, 2017, 9: 21 – 58.

Shen, G., Chen, B., "Zombie Firms and Over-Capacity in Chinese Manufacturing", *China Economic Review*, 2017.

Wei, S. J., Xie, Z., Zhang, X., "From 'Made in China' to 'Innovated in China': Necessity, Prospect, and Challenges", *Journal of Economic Perspectives*, 2017, 31 (1): 49 – 70.

后　　记

　　今年是新中国成立 70 年，经过 70 年中国社会主义工业化建设，中国已经成为世界第二大经济体、制造业第一大国、货物贸易第一大国、商品消费第二大国、外资流入第二大国，我国外汇储备连续多年位居世界第一。以中国伟大的社会主义工业化进程为实践背景，中国产业经济学研究和区域经济学研究蓬勃发展，本书试图对新中国 70 年产业经济研究和区域经济研究进行梳理与总结。

　　本书共分三部分，第一部分作为导论，对新中国 70 年工业化进程进行了简要回顾，对新中国 70 年工业化取得的历史性成就和经验进行了总结。这部分内容构成了后面产业经济和区域经济研究的宏观实践背景。第二部分是产业经济篇，从工业化问题、产业升级问题、工业技术创新、工业效率、产业组织、对外开放、产业政策、工业绿色发展等方面对 70 年来新中国产业经济学研究关注的重大问题进行了论述和研究。第三部分是区域经济篇，从区域经济学发展、区域发展战略研究、产业布局、产业园区发展、城市群发展等方面论述了 70 年来中国区域经济发展情况和区域经济学研究的进展状况。

　　本书由我和李晓华、叶振宇担任主编，我负责总体设计和最终审阅定稿，李晓华负责产业经济学部分，叶振宇负责区域经济学部分。具体各章执笔人为：导论黄群慧，第一章邓洲，第二章许明，第三章邓洲，第四章许明，第五章王海兵，第六章王海兵，第七章李雯轩，第八章渠慎宁，第九章皮亚彬、安虎森、孙久文，第十章魏后凯、安树伟、邬晓霞、姚鹏、黄艳、吴传清、邓明亮，第十一章胡安俊、李雯轩，第十二章刘佳骏，第十三章徐鹏程、叶振宇。本书得到了中国社会科学院"登峰战略"企业管理优势学科和区域经济学重点学科的经费资助。

限于时间及能力，本书还存在很多不足。面对繁荣的产业经济学和区域经济学，加之70年的长时间研究积累，产业经济学和区域经济学研究文献可谓汗牛充栋，本书的梳理和论述一定是挂一漏万的，对文献内容把握也不一定准确，本书由于各章作者不同，也存在水平参差不齐的问题。诚恳欢迎读者批评指正！

黄群慧

2019 年 8 月 9 日